佛藏經講義

——第十四輯

平實導師　述著

ISBN 978-986-06961-2-7

佛法是具體可證的，三乘菩提也都是可以親證的義學，並非不可證的思想、玄學或哲學。而三乘菩提的實證，都要依第八識如來藏的實存及常住不壞性，才能成立；否則二乘無學聖者所證的無餘涅槃即不免成爲斷滅空，而大乘菩薩所證的佛菩提道即成爲不可實證之戲論。如來藏心常住於一切有情五蘊之中，光明顯耀而不曾有絲毫遮隱；但因無明遮障的緣故，所以無法證得；只要親隨眞善知識建立正知正見，並且習得參禪功夫以及努力修集福德以後，親證如來藏而發起實相般若勝妙智慧，是指日可待的事。古來中國禪宗祖師的勝妙智慧，全都藉由參禪證得第八識如來藏而發起；佛世迴心大乘的阿羅漢們能成爲實義菩薩，也都是緣於實證如來藏才能發起實相般若勝妙智慧。如今這種勝妙智慧的實證法門，已經重現於臺灣寶地，有大心的學佛人，當思自身是否願意空來人間一世而學無所成？或應奮起求證而成爲實義菩薩，頓超二乘無學及大乘凡夫之位？然後行所當爲，亦不行於所不當爲，則不唐生一世也。

——平實導師

如聖教所言，成佛之道以親證阿賴耶識心體（如來藏）爲因，《華嚴經》亦說**證得阿賴耶識者獲得本覺智**，則可證實：證得阿賴耶識者方是大乘宗門之開悟者，方是大乘佛菩提之眞見道者。經中、論中又說：證得阿賴耶識而轉依**識上所顯真實性**、**如如性**，能安忍而不退失者即是**證真如**，即是大乘賢聖，在二乘法解脫道中至少爲初果聖人。由此聖教，當知親證阿賴耶識而確認不疑時即是開悟眞見道也；除此以外，別無大乘宗門之眞見道。若別以他法作爲大乘見道者，或堅執**離念靈知**亦是實相心者（堅持意識覺知心離念時亦可作爲明心見道者），則成爲實相般若之見道內涵有多種，則成爲實相有多種，則違**實相絕待**之聖教也！故知宗門之悟唯有一種：親證第八識如來藏而轉依如來藏所顯眞如性，除此別無悟處。此理正眞，放諸往世、後世亦皆準，無人能否定之，則堅持離念靈知意識心是眞心者，其言誠屬妄語也。

——平實導師

目次

自序

《佛藏經》之所以名爲「佛藏」者，所說主旨即以諸佛之寶藏爲要義。諸佛之寶藏即是萬法之本源——如來藏，《楞嚴經》中說之爲「如來藏妙眞如心」，《入楞伽經》卷七〈佛性品〉則說：「大慧！阿梨耶識者名如來藏，而與無明七識共俱，如大海波常不斷絕，身俱生故；離無常過，離於我過，自性清淨。餘七識者心，意、意識等念念不住，是生滅法。」大略解釋其義如下：

【所謂阿梨耶識（通譯阿賴耶識）又名如來藏，含藏著無明種子與七轉識種子，並與所生之無明及七轉識同時同處，和合相共運行而成爲一個五陰有情。七轉識與無明相應而從如來藏中出生，每日運行不斷；意根每天一早促使意識等六心生起之後相續運作，與意識等六心和合似一，看似常住而不斷之心，其實是從如來藏中種子流注才出現的心，就是一般凡夫大師說的「清清楚楚明明白白」的心，早上睡醒再次出生以後，就與處處作主的意根和合運作看似一心。這七識心的種子及其相應的無明種子，每天同時從如來藏中流注出來，猶如大海波一般「常不斷絕」，因爲是與色身共俱而出生的緣故。

如來藏離於無常的過失，是常住法，不曾剎那間斷過；無始而有，盡未來際永無中斷或壞滅之時。如來藏亦離三界我等無常過失，迴無我見我執或我所執；其自性是本來清淨而無染污，無始以來恆自清淨，不與貪等六根本煩惱及其餘隨煩惱相應。其餘七轉識都是心，即是意根、意識與眼等五識，即是面對六塵境界時清楚明白的前六識，以及處處作主的意根；這七識心與無明種子都是念念不住的，因爲是從如來藏中流注這七識心等種子於身中才有的，當色身出生以後，意根同時和合運作，意識等六識也就跟著現行而與色身同在一起，所以是與色身同時出生而存在的。而種子是剎那剎那生滅的，以此緣故說意根與意識等七個心是生滅法。若是證阿羅漢果而入無餘涅槃時，由於我見、我執、我所執的煩惱已經斷除的緣故，這七識心的種子便不再從如來藏流注出來，死時就不會有中陰身，不會再受生，便永遠消滅了，亦因此故是生滅法。】

在三種譯本的《楞伽經》中，都不說此如來藏心是第八識（第八識是通俗的說法），而是將此心與七轉識區分成二類，說如來藏一心是常住的，是出生「意」與「意識等」六識者，也說是出生色身者，不同於七識等心。所援引的上開經文，亦已明說如來藏「離無常過，離於我過，自性清淨」；從如來藏中出生的「餘七識者心，意、意識等」，都是「念念不住，是生滅法」。這已經很明確將如來藏的主要體性與七轉識的主要體性區分開來：一是能生，一是所生，能生與所生之間互相繫屬；能生者是常住的如來藏心，沒有三界我的無常過失，沒有我見我執等過失，自性是清淨的；所生的七識心，是念念生滅的，也是可滅的，有無常的過失，也有三界我的我見與我執等過失，是不清淨的，也是生滅法。

今此《佛藏經》中所說主旨即是說明此心如來藏的自性，名之為「無名相法」或「無分別法」，仍不說之為第八識，而是從各方面來說明此心；並且希望後世仍有業障而無法實證佛法的四眾弟子們，未來世中都能滅除業障而證得解脫及實相智慧。以此緣故，先從「諸法實相」的本質來說明如來藏，兼及實證此心者於實證前必須留意避免的過失，才能有實證的因緣；若墮邪見或誤導眾生，並有犯戒不淨等事者，將成就業障；於其業障未滅之前，縱使未來歷經無量無邊不可思議阿僧祇劫，奉侍供養隨學九十九億諸佛以後，仍無實證之可能。以此緣故，釋迦如來大發悲心，首先於〈諸法實相品〉廣釋實相心如來藏之各種自性，隨即教導學人如何了知惡知識與善知識之區別。善於選擇善知識者，於解脫及諸法實相之求證方有可能，是故以〈念佛品〉、〈念法品〉、〈念僧品〉中的法義教導，令學人以此爲據，得以判知何人爲善知識、何人爲惡知識，從而得以修學正確的佛法，然後得證解脫果及證入諸法實相，發起本來自性清淨涅槃智，久修之後亦得兼及二乘涅槃之實證，再發十無盡願而起惑潤生乃得以入地。

若未慎擇善知識，誤隨惡知識者（惡知識表相上都很像善知識），不免追隨惡知識於無心之中所犯過失，則未來歷經無數阿僧祇劫奉侍九十九億佛之後，於解脫道及實相了義正法仍無順忍之可能，欲求佛法之見道即不可得，遑論入地。以此緣故，世尊隨後又說〈淨戒品〉、〈淨法品〉等法，教導四眾弟子們如何清淨所受戒與所修法。又爲杜絕心疑不信者，隨即演說〈往古品〉，舉出過往無量無邊不可思議阿僧祇劫前 大莊嚴佛座下，苦岸比丘等四人爲惡知識，執著邪見而誤導眾生，成爲不淨說法者；以此緣故與諸眾生相率流轉生死，於人間及三惡道中往復流轉至今，反復經歷阿鼻地獄等尤重純苦及餓鬼、畜生、人間諸苦，終而復始、受苦無量之後，終於來到 釋迦如來座下精進修行，然而竟連順忍亦不可得，求證初果仍遙遙無期；至於求證諸法實相而入大乘見道，則無論矣！思之令人悲憫，設欲助其見道終無可能，對彼諸人助益無門，只能待其未來甚多阿僧祇劫受業滅罪之後始能助之。

如是警覺邪見者之後，世尊繼以〈淨見品〉、〈了戒品〉而作補救，期望以此二品能轉變諸人的邪見，勸勉諸人清淨往昔熏習所得的邪見，並了知清淨戒之所以施設的緣由而能清淨持戒，未來方有實證解脫果與佛菩提果的可能。如是教導之後，於〈囑累品〉中囑累阿難尊者等諸大弟子，當來之世以善方便攝受諸多弟子，得能清淨知見與戒行，滅除往昔所造謗法破戒所成之業障，而後方有實證之世到來。由此可見 世尊大慈大悲之心，藉著舍利弗尊者之因緣，在與舍利弗對答之時演說此實相法等，期望後世遺法弟子得能滅除業障而得證法。普察如今末法時代眾多遺法弟子，精進修行仍難遠離邪見與邪戒，求證解脫果及佛菩提果仍將難能可得，令人不覺悲切不已，是故將此經之講述錄音整理成書，流通天下，欲以利益佛門四眾。

佛子　平實　謹誌

於公元二〇一九年　夏初

第十四輯：

《佛藏經》卷中

〈淨戒品〉第五之二（延續上一輯未完部分）

那麼出家眾在古時的規範或約束是很多的，現代僧眾的約束比較少，這是因爲古時聖眾很多，容不得一點點小錯誤；但現在因爲大道場很多都是虛妄說法，所以有很多人離開，自己另外去建立精舍獨自修行，不跟他們共負惡業，當然約束也就很少。古時約束是很多的，如來在世時有各項規定；比如大比丘可以畜養沙彌作爲侍者，因爲一般說來大比丘年紀較長，所以需要有沙彌服侍，可是大比丘或者大長者，也不一定年紀都很大，有的比丘才三十幾歲就已經成爲長老比丘或大比丘了，他們同樣也可以畜養沙彌作侍者，這是爲了崇隆聖位；因爲他們已經是大阿羅漢或是大菩薩，而且又善於說法而成爲大比丘，因此可以畜養沙彌。

那麼沙彌一定都是小孩子嗎？不，三、四十歲剛出家時也叫作沙彌；原則上是要身體健康，那依照戒律，假使今天我把家累丟了去出家行不行？啊？行不行？不行，因爲年紀太大；若是法主，才能另當別論。因爲出家不是要給人家奉侍的，出家是要弘法修行、利樂眾生，是要有能力、有力氣爲眾生、爲正法作事的，不是要去那邊養老；佛寺不是養老院（如果另外建造了一座養老寺，當然老人可以去那裡出家），所以我現在要去出家也不行。那麼世尊對於畜養沙彌有規定，最多不可以超過三個人，假使是年紀很大的大迦葉尊者，他要畜養沙彌的話，可以畜養三個人；但是如果超過了，聖眾就會要求他改過。一般的大比丘，他們年輕時都寧可自己作生活上的各種事情，不願意畜養沙彌，除非他覺得某個人很有緣，他想要教導他，否則原則上都是自己縫衣服、洗缽盂。

可是有的人貪圖安逸，而且他的心不安靜，喜歡熱鬧，所以畜養沙彌很多。我查出來有一位摩訶羅（這是律部裡講的），他畜養了十位沙彌；他既不是大阿羅漢又不是長老，結果養了十個沙彌，因爲他愛攀緣，因此就受僧眾責備了。以一般人的想法，只要養得起就多畜養幾個，有什麼關係；但戒律上的規定就是不可以。這是因爲他喜歡眷屬、貪圖熱鬧，讓人家覺得他幾乎是眾望所歸，所以一出門就十個沙彌跟著他。以現代的話來講叫作愛現，於是就被責備。那你想，這還只是生活上的表相，世尊也說這樣的人「得罪」。

如果已經破重戒了，而又對「**如實說**」佛法的比丘們或菩薩們「**心不清淨**」，老在心裡嘟嘟囔囔罵個不停，這樣的人就在原有的地獄罪上再增益他的罪。如果是名聲錢財或者社會地位，他們想的是越增益越好，可是這種地獄業千萬不要增益，一定要設法損減才好。但這樣的人，你把這個道理講給他們聽，他們聽不進去，會認爲你在責備他們。這類人從來沒有想過說：「**有人願意責備我，讓我道業進步，真是好朋友呀！**」如果沒有人願意責備，表示他們是沒人要親近或攝受的人，就無藥可救。

他們難道不知道這個道理嗎？當然知道，因爲如來開示很多了，所以每天到了晚上安板之後，心裡總會想到這些事；只是控制不了自己，於是對善知識又加以公開或背地裡毀謗，但他們知道自己這樣是「**重更爲罪，增益地獄**」，心中又生起另一分「**憂惱**」。所以 如來說：「**舍利弗！是名破戒比丘五憂惱箭，必墮地獄。**」出家修行是天下第一的大善心，結果修到後來要下墮地獄，就變成天下第一的大冤枉，多可憐！但是如來說「破戒比丘」的「憂惱箭」，不是這五支而已，後面還有，我們來恭聆如來的開示：

經文：【「復次舍利弗！破戒比丘無有羞恥，諸根散亂，成就不淨身口意業、不淨威儀，所著衣服皆不如法；好喜妄語不能護口，心常馳騁染於垢穢。舍利弗！如新瓦器盛以屎尿臭爛膿血，後去不淨，著栴檀香；復去栴檀，如是瓦器有何等氣？」「世尊！是新瓦器先盛屎尿，臭氣堅著，唯有臭氣，無栴檀香。」「舍利弗！人以清淨信等諸根出家學道，遇惡知識而隨其教；舍利弗！何等爲惡知識？惡知識者常好調戲，輕躁無羞；言語散亂，不攝諸根；心不專一，癡如白羊。親近如是惡知識者，失須陀洹果、斯陀含果、阿那含果、阿羅漢果，乃至失於生天之樂，況涅槃道？但能修集破法罪業，與破法者而共從事；是人成就不淨身業、不淨口業、不淨意業、不淨持戒，身死之後入於惡趣。云何惡趣？惡趣名爲地獄、畜生、餓鬼、阿修羅道。」】

語譯：【世尊又開示說：「舍利弗啊！破戒的比丘心中沒有羞恥，而他的六根也是散亂的，所以成就不淨的身業、口業、意業，也成就不清淨的四威儀，他所穿著的衣服都不如法；喜好妄語欺瞞別人而且不能善護口舌，他們那樣的心總是像馬一樣快地馳騁而不能安住，並且染汙於種種垢穢法之中。舍利弗！譬如新造成的瓦器，在裡面盛放了屎尿或者臭爛的膿血，然後把這些不淨物除去，在裡面裝入栴檀香；接著再把栴檀倒掉，像這樣的瓦器會有什麼樣的氣味？」舍利弗尊者回答說：「世尊！這一個新的瓦器已經先盛入了屎尿，臭氣很堅固地附著了，就只是有著臭氣，都沒有栴檀的香味。」世尊接著開示：「舍利弗啊！人是以清淨的信心和精進心等五根來出家學道，遇到了惡知識的邪教導而隨順那樣的教導；舍利弗！什麼樣的人稱之為惡知識？惡知識這一種人永遠都喜好掉散和遊戲，他們的心輕浮而且躁動、沒有羞恥之心；他們的言語是散亂的，不能收攝自己的六根；心總是不專一，而且愚癡到就像一隻被俗人推崇的白羊。親近像這種惡知識的人，他就失掉了須陀洹果、斯陀含果、阿那含果、阿羅漢果，乃至連生天之樂的世俗善法都會失去，更何況能證得涅槃之道？他們只能修集破法的罪業，與破法的人共同造作一切事情；這樣的人成就不清淨的身業、不清淨的口業、不清淨的意業、不肯持清淨的戒，而且都是以不淨心來持戒，當他們色身死亡之後就下

墮於惡趣之中受苦。什麼樣叫作惡趣？惡趣的名稱叫作地獄、畜生、餓鬼、阿修羅道。」】

講義：世尊點了出來說，破戒的比丘們「無有羞恥，諸根散亂」，而且成就不清淨的三業，所穿的衣服和各種行爲也都不如法。破戒的比丘們如果懂得羞恥，他們一定會對眾懺悔；懺悔以後會不會接二連三繼續再犯？一定不會。在戒律中我所讀過犯戒最嚴重的大概就是優陀夷阿羅漢，他成爲阿羅漢之前犯的邪淫戒是非常嚴重的，人家說一犯再犯三犯四犯，我告訴你他是十犯、二十犯、三十犯，是不斷地犯；所以比丘受持的淫戒方面的細行，大部分都是爲他而施設的。可是這樣的人 如來也可以讓他證阿羅漢果，就知道 如來的威德、福德有多大，從這裡就可以想像出來。

但優陀夷畢竟還是有羞恥心，所以 如來規定了這一項不許再犯，以後他就眞的不犯；但他會換個方式來犯，不會犯同樣的過失。所以，以前女信徒來供養禮拜他時，他一把將人家抱住，如來說以後不許那樣，他不抱了；不抱以後他就換拉手，世尊又說在任何公開的場合這樣都不許，他就不犯。然後他就常常待在寮房裡，人家來供養他時，他就請人家進寮房，進了寮房他又一把將人家抱住，人家就責備他：「你不是說你不再犯了嗎？」他說：「我沒有再犯，我這是在寮房，不是在外面。」於是又有人去向 世尊檢舉，世尊就這樣一條一條爲他施設，僧眾當然就一體通用，但是他犯過的模式一定不會再犯。

那爲什麼他不重犯？因爲 世尊找他來羯磨之後，他承諾不再犯；另外犯的卻是另一種狀態而不是前面所制的那一條戒，所以 如來規定的那幾條他都沒有犯，他犯的都是新模式的威儀戒；如來就爲他施設很多種以後，最後沒有一種辦法可以再犯，他死了心以後，好好觀行就成阿羅漢了。所以他不能證阿羅漢果的原因不是智慧不夠，他的智慧很好，但就是過在於貪；如來叫他把貪斷了，他就證阿羅漢果；那爲什麼他不會重犯同一種威儀戒的過失呢？因爲他有羞恥心。

可是「破戒比丘」們「無有羞恥」，所以大妄語業犯了以後，人家幫他指點出來，他們還是會繼續大妄語；假使他們有羞恥心，就要趕快聚眾懺悔，這才是羞恥心。那麼像這種「無有羞恥」的人，他們有沒有辦法把心定下來？不可能的，因爲他都在想著怎麼樣討好人家，怎麼樣說大話，怎麼樣欺騙人家，怎麼樣去獲得更多的名聞和利養，他想的大多是這樣。當他們在想怎樣去獲得更多的五欲時，心思當然散動，因此見人說人話、見鬼說鬼話。那他跟任何人講過什麼話，或是跟鬼講過什麼話都得記住，否則有一天前言不對後語時該怎麼辦？像我說法時總是講過就忘了，不去記憶跟誰講過什麼，又是跟誰講過什麼，也不記得所講的內容；講過就忘了，這樣心中都沒有煩惱。

跟人家講話，那算不算閒事？怎麼不是閒事？講的都是世間事，那就是閒事。禪宗祖師講得很好：「若無閒事掛心頭」，後句怎麼樣呢？「便是人間好時節。」諸位都知道，但是這樣輕鬆的日子不過，他們偏要去記那一些事情：我跟某甲講過什麼，這件事情我跟某乙講時又不一樣，得要記住；我跟某甲講前半段，跟某乙講後半段，後來我遇到某丙時，前段、後段都砍掉一部分，只講中間那一段，因爲我有目的。那他就得要全部記憶起來，不能忘記，否則後來遇見某甲、某乙、某丙時，前言不對後語，豈不是死定了？這樣子過日子多辛苦啊！

這樣的人一上座又開始想：「我跟誰講過這件事，跟另一人講過那件事，現在面對第三人，我接著應該跟他講什麼？而我對另外一個人得另外講一種說法。」他得要去規劃，這樣的人一定是「**諸根散亂**」，因爲他不是只有意根散亂。意根散亂、意識散亂是在打坐時，坐完時他已經想好了，接著身口意行付諸於實行以後，那六根就跟著全部散亂，所以這種人眞叫作「**諸根散亂**」，定力一定修不好，像這種人當然會成就不清淨的身業、口業、意業。

身業、口業、意業清淨的人，講過就講過，不去記說「**我跟誰講過什麼**、**又跟誰講過什麼**」，都不用記，因爲將來再遇到而又提起同一件事，還是講同樣的話；如果見到不同的人，同一件可以講不同的話，那就要全部記住，就很麻煩，不好修行了。像他們那樣就得要不斷地記憶那一些不同的言語，記憶那一些的目的就是爲了他個人的私利，所以他成就了不清淨的「**身業**、**口業**、**意業**」，這便是「**不淨威儀**」。當他這樣作時會不會犯下兩舌、妄語、綺語的惡業？就算他不犯惡口，這三業也跑不掉的。

那他如果是對「**如實說**」法的善知識很不滿，當他遇到別人時篤定要惡口毀謗善知識，那麼請問菩薩十重戒之一是不是犯了？對了！像這樣子，當他惡口毀謗善知識時，心中的瞋是不是故意的？這不是被人家激怒而生起的，而是故意要生氣去罵善知識，這又加上一條重罪——故瞋。這樣的人都是以聚斂爲事，你要叫他好好作大布施，門兒都沒有，但他們有時會作個表相給你看，就說：「某人疾病困苦，我也有幫助他啊！」但是你要叫他們大筆錢捐出來幫助對方，他們一定不肯的。明明錢財多得不得了，可是從他身上捐出去一萬元臺幣就好像割掉身上一大片肉一樣，他們都很心痛。像這樣的人不是又成爲故慳了嗎？依此類推，他們所犯的威儀戒，一定不會只有一條、二條，所以說他們成就「不淨威儀」。因爲人家有智慧的佛弟子們，嘴裡不說心裡一定想：「這比丘、這比丘尼一天到晚在講善知識的壞話，一天到晚在講大比丘的壞話，眞是不淨威儀。」就說他們「不淨威儀」。

這樣的破戒比丘著衣時往往也不如法，怎麼樣不如法呢？比如他做一件僧服，得要去買英國進口的最好毛料。現在不曉得哪一國生產的是最好的毛料，可能是達蘭莎拉的毛料最好，因爲那是用藏羚羊的毛做的，那最好。可是現在用藏羚羊的毛去織成可以做僧服的布料，到底要花多少錢？大概很難想像。藏羚羊的毛織起來的圍巾很暖和很輕，幾乎沒有感覺到圍在脖子，但現在大部分都是假的。眞正的藏羚羊圍巾，人家是怎麼檢驗的？就把手上戒指拔下來拿著，再把藏羚羊圍巾取來，揑住其中一個角，從戒指中穿過去，就這樣整條穿過去。八、九年前聽說一條就要賣兩千美元，如果製成僧服那要多少錢？

那他們穿衣服就很講究布料，這就不如法；因爲依佛法修行，理論上出家人穿衣服，是有什麼料子就用什麼料子做；假使整個寺裡所有僧眾穿著僧衣的布料，全部都是藏羚羊毛的布料，你不想和他們一樣花錢去買那種布料來做；剛好寺裡有布料，全部都是特多龍，那你就用特多龍去做，不可以花錢再去買，出家爲僧就是這樣生活的，目的只是在修行。不要抱怨說：「我出家了爲什麼穿這麼差，別人都穿那麼好？」我要說眞的，古時大阿羅漢們穿得更差，都是去棄屍林撿來的，那是狼、狗啃過屍體身上的裹屍布，撿回來用泥土去洗，洗了以後當然斑駁不堪很難看，所以用樹枝或者用紅土去染，也有人再用很黑的土去染，就這樣子裁剪後縫起來穿。特多龍布料可以讓你隨便穿，隨便糟蹋它，都不會破，有什麼不好？比佛世的大比丘們穿的還好。

如果滿屋子都是英國毛料，那你就用英國毛料做僧服，不要再去常住領錢買較差的布料來做，有什麼布你就做。如果你就是那一位燈指比丘，人家供養了一件粗布料，你拿來時用這根手指拿起，就成爲金縷衣的僧服。若是用鐵針縫製好了，讓燈指比丘的手指碰到，它就變成金縷衣，那你就穿金縷衣，不要再去化緣買較差的布料來做僧服，就是應該這個原則。一般來說出家就是要穿染衣，就是用樹枝或者用紅土、黑土染成壞色；爲什麼叫作壞色呢？就是看起來人家不喜歡的顏色，人家看在眼裡都知道僧眾所穿壞色衣沒什麼價值。

如果晚上有人要偷時，就告訴他：「你帶走以後別說是偷來的，就說是我送給你的。」這樣就好，因爲不值得珍惜。如果整個寺院裡面一大堆的藏羚羊的毛織成的布料，你就用這布料做僧衣，對你來說也不必珍惜，因爲多的是。那時你想要送給別的比丘，別的比丘還說：「我這一套都穿兩年了還不破，不需要和您換。」因爲如果換的話，還要去裁、去縫，多麻煩，所以對你來說不過是花一點功夫；反正那布料多的是，有人來偷就送給他，一樣是如法。可是有的人喜歡標新立異，他覺得：「我這裡再做個什麼，在這裡另外打個褶，這樣做起來比較好看、比較莊嚴。」原來他的心思落在我所上面了。

所以你們看，到末法時代比丘、比丘尼穿的僧服，顯得很奇特時究竟好不好？我們不說她穿得奇怪，說她穿得很奇特。有的出家人在僧服上印了花，有的出家人在僧服上別個銀針或裝飾。假使有個人出家以後，穿的僧服或白或紫或藍，看起來漂亮，然後跟出家前一樣在電視臺上表演，那她是不是出家人？眞的不是。她依舊是個演藝人員，只是換個方式、換個地方住，然後換個方式表演而已，實質上還是在表演，全都只在世俗法上用心。這樣有眞的在修行嗎？沒有。這些就是「**所著衣服皆不如法**」。

出家以後所穿僧服規格是固定的，假使僧服規格違背 如來所制，他的目的是什麼？例如 世尊的僧服很長，一直到遮住腳踝，那一般比丘不許如此；所以古時畫的大阿羅漢們的畫像，他們穿的僧服腳踝都露在外面；那如果有人穿得很長都遮住腳踝，而袖子也很長，跟 如來一樣長，那也不如法。穿起不同於一般比丘的衣服來，目的在哪裡？讓人家遠遠一看見就誤以爲是世尊，或是遠遠一見就知道是某人而想要供養他，或是想要爲他作什麼，都很方便認得；或者他想要表現自己跟 佛一樣的威儀，這些都不如法。因爲出家有一定的規矩，衣著不能隨心所欲，必須依照僧團規矩來作。

那你如果出家了，而且修到了八地、九地、十地、等覺、妙覺，眞當大菩薩了，那時也有規矩，八地以上的菩薩們可不能衣服穿了出去，讓人家看著寒寒傖傖的，得要顯示出你的福德。假使大菩薩們不戴瓔珞，如來是要責備的；你們看天宮裡的彌勒菩薩還戴著寶冠、手戴臂釧，不是只有瓔珞而已，那都是價値連城的。到了八地以上時，你可不能像出家的比丘、比丘尼們那樣，雖然你依舊是出家人，但衣著就是要有不同。出家當比丘、比丘尼以後，當然不會戴項鍊，但是卻換戴另一種項鍊——一百零八顆渾圓又大的蜜蠟做的，十年前一串要價五百萬臺幣，這還叫出家喔？因此出家人所著衣服必定要中規中矩。不說出家，單說在家人吧，譬如諸位，你們以在家身來講堂聽經或者來講堂共修，如果穿著短褲截兒，一定有人會告訴你：「下一回請您換裝，不要再穿短褲來。」如果有女眾穿著裙子來，也一定會有人勸告她：「下回請您換著長褲。」因爲身爲佛弟子，衣著本來就應該如法。

那你如果在家裡作事，在庭院裡、或者田裡、或者你在廚房裡幹什麼，沒關係啊！你穿短褲都無所謂，沒有人管你，因爲那是你個人獨處的時間。但是男眾要注意，可別說：「夏天熱，冷氣又壞了，不然我就打赤膊睡覺。」

告訴你不行，受了菩薩戒以後睡覺不許打赤膊。因爲雖然沒有人看見，只有你老婆看見，你覺得無所謂，可是鬼神看見了會怎麼說？馬上傳開了說：「這個人是菩薩弟子，四威儀這麼差。」請問四威儀中包括什麼？對啊！包括睡覺，這一些事情都要注意。

可是破戒比丘才不管這個，因爲他有自己的目標，他爲了想要達到那個目標，其他的種種施設方便都是自己決定就去作了，才不管如來怎麼制戒的；像這樣的人，他的心性作爲就出來了，如來說這種人「好喜妄語不能護口」；所以他說話不會老實的，就是常常說謊。說謊這件事情是打從一開始就不要作，如果有了一次以後而不知警覺，再講第二次謊言，然後第三次就講得很輕鬆，接著就變習慣，成爲家常便飯；當他說謊成爲一個習慣，不覺得是怎麼樣了，卻對道業有很大的遮障。

「好喜妄語」的人，妄語到最後人家問他說：「欸！你開悟了吧！」隨口就答：「出家這麼久，怎麼可能不開悟。」當他跟第一個人講了以後，就會變成很習慣，以後遇到誰問都說開悟了。等到人家問他說：「你到底悟個什麼？」他會說：「我悟個什麼不能告訴你。」緊接著轉身他馬上想：「糟糕！

我怎麼沒想到這個問題；開悟應該有個內容，那我到底悟個什麼？」然後他就開始想方設法編派開悟到底是個什麼，這就變成大妄語了，所以這種人是不會護口的——他對於口業完全不懂得去保護預防。

像這種人當然心不得定，所以「心常馳騁染於垢穢」，一天到晚想東想西，就好像世俗法中喜歡下圍棋的人，一天到晚腦袋都在想圍棋怎麼下；喜歡下象棋的人也是一天到晚都在想著象棋怎麼下，有時夢中都還在想著怎麼下棋，這都是很正常的。如果一個人很看中世間法時，他的心一定會跟垢染諸法相應，於是心中一定不清淨；這樣的破戒比丘遠遠看見某甲來了，他馬上高興起來：「又來供養了。」看見某乙來了，眉頭一皺：「又是來供養五百塊錢的。」如果看見某丙來了，當作沒看見，趕快走掉了，因爲某丙只會來問法，不會供養。可如果是遇到某丁，遠遠看見了他就很熱和地跑上前去招呼，因爲這個人難得來寺院裡，每年不過來一、二趟，但每一次來總是幾十萬、幾百萬元供養三寶。這些行爲顯示這犯戒比丘是有垢染心、是不清淨的。假使他的心是清淨的，他爲什麼會犯戒？爲什麼會把比丘戒、菩薩戒給破了？如來講的就是這個道理。

如來又開示說：「舍利弗啊！譬如新的瓦器中先裝了屎尿、臭爛的膿血，然後把它倒掉改裝栴檀香，」古時「瓦器」包含的範圍非常廣，凡是陶作的而不是瓷器，都叫作瓦器；但陶作的有好有壞，有的有上釉，有的沒有上釉。沒有上釉的瓦器，通常會找一些植物放進去煮，或者會先把它拿來煮粥，煮了以後那毛細孔都被塡滿了，那粥倒出來以後不洗它，就把它拿出去晒太陽，這樣煮上幾次以後，那瓦器都不滲水，外緣都不會濕掉，這就是最粗糙的瓦器。如果有上釉，臺灣人的習慣還是會先拿來煮粥，煮過一次以後，你要熬什麼東西再來熬，通常是這樣用的，因爲它有微細的縫；如果沒有上釉的話，雖然製造時非常用心，不斷地用細泥一層一層抹上去，但那個縫還是蠻粗的，比起上釉的瓦器來講還是很粗糙的，所以先要煮粥。

那麼這樣的瓦器通常是沒有上釉的，上釉是中國的發明吧？古時外國似乎沒有。這種瓦器如果先裝了屎、裝了屎，又把臭穢的膿血也裝進去，然後隨即拿去倒掉，再把它洗過而裝了栴檀香，然後你把栴檀倒掉再來嗅一嗅，看會是什麼味道？還是臭屎味，還沒靠近鼻子就受不了，因爲毛細孔都已經滲入了。新瓦器就譬如剛剛出家的人，接著被屎尿臭穢膿血——財色名食睡——

所染污了以後，再叫他趕快修行、努力把五欲去掉，換栴檀香——換上佛法，當他不講佛法時，你聞起來還是臭的；即使他都已在修學佛法了，因爲他的底子就是那樣子，也還是會有許多原來的心行存在，猶如新瓦器裝了垢穢物一樣保留著臭氣。所以出家最怕的是一開始就遇到惡知識，因爲邪知邪見一灌進心中以後就很難改，但這是後話先不談它。

如來講的這個譬喻，大家要懂得其中在指涉什麼。換一句話說，縱使把臭穢不淨的內容物丟棄了，隨即再裝了栴檀香也是一樣會有臭氣，所以當你把栴檀香倒掉後再來聞那個新瓦器，它還是臭。因此世尊這是明知故問，就問舍利弗說：「像這樣的瓦器會有什麼氣味？」那舍利弗回答說：「世尊！像這樣的新瓦器已經先盛裝了屎尿，它的臭氣已經很堅固的附著在裡面，接著裝入栴檀香，這時再倒掉栴檀香時，它還是有濃厚的臭氣被聞到，聞不到栴檀的香味。」

世尊又告訴舍利弗說：「一個人之所以會出家是因爲清淨信，有清淨信而出家的人是依於五種善根之一、之二或者之四、之五來出家的。」這信進念定慧等五個善根不容易有，世俗人都是難得有的，頂多有個信根就算好了。縱使有信根了，他們信根也是很粗淺的；若是能出家的人，通常都是信進念定慧這五根都會有，只是多與少的差別。這就是講信等五根，以這「諸根」來出家學道，等於是新製成的瓦器。還沒有出家之前，譬喻那個製造瓦器的泥土；現在瓦器做好了，也就是說他這個道器已經成功了，所以叫作新瓦器。這個新瓦器剛剛做好就遇到惡知識作了各種邪教導，那邪教導譬如屎尿與臭穢的膿血。你們沒有誰願意人家把屎尿、臭穢的膿血丟到你身上，或者說，人家用一個精美的塑膠瓶，造形也很美，但裡面裝了屎尿跟臭穢的膿血要送給你，那你要不要？當然不要啊！因爲縱使那個容器很漂亮，可是你把其中的不淨物倒掉洗了以後都還是臭的，因爲它第一次就裝這種臭東西，更何況沒上釉的新瓦器。

話頭拉回來，出家以後假使師父要把屎尿臭穢的膿血塞給你，你要不要？你們沒有反應，是要嗎？不要喔？「**沒有反應是因爲不用想也知道一定是不要的，這個何必要回答？**」可是問題來了，有很多人笨到不知道師父給他的是屎尿、臭穢的膿血，而且他們很喜歡，所以到現在都還在爲釋印順辯護。釋印順給她們好多的屎尿跟臭穢的膿血，而她們不知道那是不淨的，很喜歡地每天往臉上塗、身上塗，也在僧衣上抹。那也就罷了，當我們告訴她們說：「這可眞是臭，另外一種才叫作香，妳們聞聞看。」她們也聞過香了，可是依舊喜歡那個臭；嘴裡還告訴你說：「這才是香。」現在不就是這樣嗎？那你們說這些人怎麼辦？渾身沾滿了邪見的氣息，所以出口就是偏邪之言，那你對她們無可奈何的。

這讓我想起世間的一件事情，我要說一下，來刺激刺激她們。我們小時候（其實當我說「我們小時候」，你們就應當知道我是老了），那時才八、九歲，我們住的還是彰化縣一個市鎭的街上，都還不算是偏僻的地方，正是最大一條街上，全都是開店面的，從前面大街直到後面的小巷子一整棟。那時的廁所都跟豬舍建在一起，二者都是在整棟房子的最後面，那屋子一長條，最後面有個巷子，那時沒有沖水馬桶，剛開始時連自來水都沒有，你們想想看那個日子。

後來剛剛有電燈時同時有了自來水，當時大家都用二十燭光的燈泡，一個房間只能開一盞燈；那時還沒有檯燈可用，所以讀書時就只有屋頂脊梁垂下來的二十燭光燈泡，就這樣讀書。那時若要去上大號，廁所的地板高高的，有一個長方形洞，就在那邊蹲著，眼睛一望下去，那蛆在屎尿中爬上來、又鑽進去；我這個年紀的人，以前住在南部待過的人都知道也都看過或用過，大概五十歲以內的人都沒看過了。話說回來，假使那些蛆懂得人類的話，當你告訴牠們：「這裡面好髒，你們趕快出來吧。」牠們會怎麼回答你？對了！諸位都知道，牠們一定告訴你：「你不知道這個多香、多好吃，怎麼還叫我們出去？」你告訴牠們：「外面還有很多好吃的、既香又美！」不信就是不信，因爲牠們的眼界就只有到那裡，牠們只能接觸到那個地方，所以牠們繼續在屎尿中進進出出。釋印順那一派六識論的人，以及學《廣論》的那一派人就是這樣的。

但我還是要把他們作個區分，學《廣論》的那一派人其實遠比釋印順那一派的比丘尼眾還要好太多，因爲我們發現一個事實，就是日常法師教《菩提道次第廣論》時，《廣論》一開始就說要學「十四明禁法」，也就是密宗假藏傳佛教那十四條三昧耶戒，稱爲明禁行，就是告訴你要修雙身法；但是日常法師那個部分都不講，永遠都是就跳過去，所以《廣論》的學人都不知道，日常法師等人也不解釋它；所以大家讀過以後也不懂得什麼叫作明禁行，什麼都不懂。如果那一些人知道：「學《菩提道次第廣論》，一開始就是叫我們要修雙身法。」你想他們會不會繼續學？不會的。換句話說，他們只要一聽懂了就會離開。

可是釋印順派那一些比丘尼們不會離開邪見，寧可身上繼續屎尿臭穢、膿血滿身都無所謂，並且她們還要跟你爭執說：「我們這個才是眞正的香，你們講什麼如來藏法，那是臭穢的，是外道自性見。」她們會繼續這樣講，並且聽說她們有一個法師還寫了一本書，主張她們錯誤的解脫道比佛菩提道更究竟、更好，不正是這一種逐臭爲香的人嗎？不論你怎麼樣說明都沒有用。所以我說那一些人無智的程度，就等於糞坑裡的蛆一樣。今天講重話，將來整理出來不刪掉，還要繼續把這些話流通出去；因爲用棍子戳一戳、戳幾戳都沒用，我現在乾脆用尖尖的矛，一刺就刺到她們心臟、肝臟裡去，看她們醒不醒得來。這一些人其實是非常可憐的，我希望用針砭的方式讓她們痛徹心扉而能夠醒過來；因爲當年她們出家時是以清淨信來出家的，抱著理想而出家，結果遇到了惡知識，隨順釋印順的邪見教導。

那我們來看看釋印順有沒有符合「惡知識」的條件，因爲他向來都是道貌岸然，看起來不貪人家錢財供養，他也指責密宗假藏傳佛教的雙身法不對，看起來似乎是善知識。但他的本質如何呢？咱們來恭閱 如來的教導：「何等爲惡知識？惡知識者常好調戲，輕躁無羞；言語散亂，不攝諸根；心不專一，癡如白羊。」我們用釋印順來檢討看看，來比照一下看看，釋印順是不是「常好調戲」？他死前寫作的書有四十一冊，後來他的徒眾又幫他加上一冊，全部都是戲論；沒有一冊、沒有一章、沒有一頁不是戲論，始終不肯眞參實修，只願意作文字上的研究，因此沒有絲毫定心所，而意識不斷地掉散思惟而產生戲論，這不就是「常好調戲」嗎？

他不斷用自己的意識思惟講一大堆，講了也罷，偏偏自相矛盾，前言牴觸後語；這一本跟那一本自相矛盾就不提，這一章跟那一章、這一節跟那一節矛盾我也不提，往往前後段就已經自相矛盾，而且往往是同一段裡的前句與後句就會自相矛盾。你們看《正覺電子報》連載臺中游宗明老師寫出來的文章，證明釋印順的說法根本就是戲論；他就是喜歡在語言文字上作種種遊戲，這正好是「常好調戲」。因爲他的心靜不下來，假使誰跟我說印順有未到地定的定力，我絕對不相信，因爲他那個腦袋瓜轉個不停；但實證的人不用轉腦袋，直接就講出來啊！是一面講一面現觀，就這樣不假思索繼續講下去。但他不是，他是要用思惟的。所以眞正的善知識，平常腦袋不怎麼動，除非寫書才要動腦筋，除非講經才要一面現觀一面說明，平常反而不在動腦筋，不論誰看著，這善知識外表就不像個修行人，跟一般小老百姓沒什麼兩樣，因爲他不調戲，不需要裝扮，也不需要語言思惟一大堆。可是惡知識都靠意識思惟，然而意識思惟總是有不周到的地方，也有矛盾的地方，他要想辦法去整理，再設法調整，於是就在語言文字上面不斷的運轉，這就是「常好調戲」。

這一種人有一個特性就是死不認錯，這習性跟咱們北方的鄰國很像，他們殺死多少人？他們當年對待臺灣的民眾是以奴隸來看待的，又騙了各國的婦女去當慰安婦，然後再說人家是自願的，林林總總數之不盡，到現在還不認錯。人家德國戰敗就戰敗，他們也至誠認錯；戰爭結束後十週年、五十週年他們還開紀念會，承認和檢討自己國家當年的錯誤，這樣高下立判。至於死不認錯的人都是「輕躁無羞」的。

說到這裡，也許現在有人想：「印順是一個長者之相，他有輕躁嗎？他有不知羞恥嗎？」那咱們來研究看看，十幾年前有一個人，名不見經傳，從來不聞於佛教界，那個名字不曉得是眞還是假的，也許是筆名，他叫作鍾慶吉；那時還有《自立晚報》，每星期天有一個專欄叫作〈自立講臺〉，上面刊出他的一篇文章，質問釋印順，是用嘲諷詼諧的口氣質問釋印順；這釋印順隨即回信，因爲下一週日的〈自立講臺〉就登出他的回信了，還附帶一篇釋昭慧的回信，充滿著謾罵的語氣。那請問諸位，他沉不沉得住氣？眞的沉不住氣。這哪裡有定心所？

而且他從很多方面拉拉雜雜地講，就是不針對鍾慶吉的提問內容答覆，避重就輕；釋昭慧那篇回覆文就不用談它，因爲我們是在講「惡知識」釋印順他這樣就是「輕躁」。可這輕躁的人也有很沉穩的一面，我講他講那麼多年，而且是寫在書中公開流通那麼多本，也都有寄給他，但他很沉穩，從來沒有跟我回應過。他讀後知不知道自己講的法錯誤？知道啦！可是一直到他捨壽爲止，有沒有出來講過一句話：「對不起！我說的法錯了，誤導眾生很不該。」都沒有。人家南老師讀了我的書以後，懂得反省，知道說自己錯了，所以他捨壽前在自己的網頁上貼出一篇文章，大意是說：「大家都說我是個開悟的人，但其實我沒有說我是開悟的；大家都說我在講佛法，我也不是講佛法，只是就自己讀經典所知道的講了出來。所以說我開悟了，那是大家的事情，大家錯誤的認知。」人家還這樣公開的聲明以示負責，這樣至少還有文人風骨，知羞恥。可是釋印順明知道自己誤導了很多人，「輕躁」地寫了許多不負責的佛法文字，錯說了絕大多數的佛法，可是到死爲止不曾一句言語向大家說明，就更別說道歉或懺悔，所以我說他「無羞」；因此如來講的「輕躁無羞」四個字，今天都送給他。今天就講到這裡。

怎麼個開場白好？我從來沒有在週二停過講經或上課，在其他課也是如此，不過上週不得不臨時停課。其實上週二早上我都還在斟酌要不要停課，很想繼續講經，但因醫師很強硬的規定不許再上座說法，沒奈何！只好想開一點；因爲要走遠一點的路，就休息一下吧。（大眾答：對！）對喔？所以就不得不破了例，我的週二講經就第一次停課；希望以後不會再有這個事情發生，因爲現在接下來有健康管理開始實施了，所以未來應該不會再有停課的事。那麼就算是一個經驗，就是血壓高的問題，以後小心照顧好就沒事了。

（編案：這是二〇一六年六月二十八日講的。六月二十一日因導師住院暫停講經一次。）

言歸正傳，《佛藏經》上上週講到二十七頁倒數第四行，今天要從「言語散亂，不攝諸根」開始說。這是說破戒比丘就如同新的瓦器裝了不淨之物，已經不堪爲道器；這樣的人除了「常好調戲，輕躁無羞」以外，「言語」總是「散亂」的，因爲他的心思沒有一貫性，往往前後失準、自相矛盾，並且「不攝諸根」，表示他心思很散亂、一天到晚想東想西。這樣的人，心總是掉散而無定；掉散的結果是不能轉依，所以學什麼都學不好；學不好時你要跟他論起佛法來，他眞的就是這一句「癡如白羊」，因爲就像是被世俗人所推崇的白色的羊一樣，覺得很稀有難得，於是他就自大起來，胡言亂語籠罩別人。

從生物學立場來看，白羊不是不正常，如果一整群都是白羊，那牠就是正常的；偏偏是一大群黑羊裡面出現了一隻白羊，就像有人皮膚得了白斑症一樣，全身都是白斑，那就怪了。就是說，這一隻羊跟其他的羊是不同的，是突變而有變異，這種羊就容易被排擠，所以學什麼都學不好，就變成愚癡。就好像古時有人得了白斑病時，大家就排擠他，什麼都不讓他參與，結果他什麼智慧都沒有；釋印順也是一樣的道理，講的都與別人所說不同，所以他早期很有爭議性，現在依舊是有爭議性，雖然很多人推崇他，但是被我拈提以後他也不敢回應，我就說他「癡如白羊」。

言歸正傳，因爲人家覺得這個比丘是破戒的，很多事都不讓他參與，那他到後來什麼都不懂，那就「癡如白羊」。但是這樣的人也有人跟隨。不管什麼樣的惡知識，不管什麼樣的邪說，都會有世俗人跟隨；所以你們看，六識論的說法或者附佛外道的那些說法，其實荒腔走板得很厲害，但是也有人跟隨，並且打定主意跟到死，你怎麼樣爲他們解說都沒用。

這種「惡知識」還是會有人追隨，但他們「常好調戲」，就是一天到晚說一些俏皮話或者講一些綺語，這樣的人不會覺得自己出家後破戒應該羞恥，所以「輕躁無羞」；只要誰講一句話看不起他或是加以指正，他就會馬上站出來跟你理論，他不覺得應該羞恥，所以「輕躁無羞」。這種人也不少，但一般人不會發覺他的問題所在，因爲一般人盲無慧目，所以會繼續跟隨他；跟隨他以後，這一世「失須陀洹果、斯陀含果、阿那含果、阿羅漢果」，絕不可能證初果，更別說要證第四果。所以你們看六識論的那些印順派學人或法師，他們自稱成佛以後，結果還不是初果——連初果斷我見的智慧功德都還沒有。

他們自以爲是大師，結果全部都沒有斷我見，連須陀洹果都不可能得到；所以你們可以看見已經「成佛」而在人間的釋印順，或者現在還在人間的「宇宙大覺者」，沒一個人斷我見，更別提證眞如；但這樣的人同樣有人跟隨，跟隨的那些人同樣「失須陀洹果」；如果連須陀洹果都無法證得，更深的阿羅漢果就別提了。甚至於連生天之樂都沒有了，因爲這種人一定會同時誹謗正法。他們也是一天到晚謗佛，例如他們老是主張「意識是常住的、意識是不滅的」，或者像宗喀巴一樣公開主張「意識是結生相續識而永遠不壞的」，而他們都說「這就是佛說的」；但是 佛從來沒有這樣講，他們卻說這是 佛講的佛法，那不是謗佛嗎？所以他們都是謗佛者，不單是破法而已。造了這些大惡業，死後要到三惡道去，連生天都不可能，所以 世尊說：「乃至失於生天之樂。」如果連生天的資格都沒有的人，可想而知，涅槃之道更不用想了，所以 世尊說他們：「況涅槃道？」

「但能修集破法罪業，與破法者而共從事；」而這種人有一個特性，就是只能「修集破法」的惡業，一生「與破法者而共從事」。所以他們看來好像在弘法很努力、很辛苦，但他們一天到晚講的佛法都是在謗佛、都是在破法。你們看釋印順一生不就是典型的代表嗎？他說如來藏是爲了怕斷滅空的人才施設的，可是 世尊卻說如來藏眞的存在，而且是能生萬法的主體；並且事實上諸佛都是憑如來藏而成佛的，那他不是謗佛嗎？他其實是在指責說：如來就是怕死、怕斷滅空，所以要有如來藏的建立。那眞是謗佛。佛講的法不是他講的這樣，但他說 佛講的就是這樣，這就是 佛說的，那當然是破法、也是謗佛。所以這一些人「但能修集破法罪業」。諸位想一想，破法的罪業何必修集呢？丟都來不及還要修集喔？他們卻很努力在修集。那這樣的人假使遇到了諸位，有沒有辦法跟諸位和合共事？當然是不可能，因爲一定會與諸位諍論；你一定要告訴他們眞理，但他們一定會跟你諍論，一定要爭到贏。

所以釋印順那一派人，一向都爭到贏，只有遇到蕭平實破了例。因此他們跟諸位是沒有辦法共事的，而這些人永遠會「與破法者而共從事」，所以這些人永遠聚在一起，不會跟異見者相聚，因爲他們跟外面的異見者無法相處。當他們「與破法者而共從事」，這些人因此「成就不淨身業、不淨口業、不淨意業」，而且持戒又不清淨，這都不是好事。身口意業都不淨，持戒時又壞戒，死後入於惡趣，所謂的惡趣就叫作：「地獄、畜生、餓鬼、阿修羅道。」像這樣的人，來世想要重新生而爲人，難矣哉！你們也可以看見那些一天到晚寫文章說：「六識論才是佛講的佛法。」一天到晚指責說：「弘揚如來藏是破法的惡行。」也指責：「弘揚如來藏的人是邪魔，是邪教、是外道。」這一些人死後會生到哪裡去？（有人答：三惡道。）還要再加上一個，四惡道。

那阿修羅爲什麼也叫作惡道？阿修羅道又名無酒，他們無酒可飲，果報是這樣。諸天看見阿修羅就遠遠避開，不想跟他們在一起，因爲阿修羅的心性就像人家說的「天氣陰晴不定」，他們會突然就生氣，突然又跟你和好；他們的心性不定，喜歡發脾氣、喜歡幹惡事，所以很容易下墮三惡道，因此阿修羅也名爲惡道。阿修羅雖然有人蠻有福報，但爲什麼他們會去當阿修羅？是因爲他們德行不好，果報就是沒有酒可以喝；欲界地居天的諸天可以喝酒而他們不能喝，因爲酒會迷亂他們的心性。他們也不能住在天上，所以有住在大海裡，或者住在人間等，雖然也能上到忉利天打仗，但是沒有福德可以住在地居天中；而且他們沒什麼正經的朋友，同樣喜歡喧鬧及起瞋，不免墮落，所以也稱爲惡道。而且也因爲他們跟佛法很難相應，因爲他們不能修忍辱行，也會與其他的惡行相應，因此也稱爲惡道。所以那些一生堅持六識論，容易起瞋而不斷寫文章、不斷罵佛教界的人，死後會到哪幾個惡趣啊？到畜生道等四個惡道去。

假使一生修了很多福德，但因爲心性憍慢剛強、又愛飲酒亂性、脾氣暴躁，由這個緣故，來世只能出生到阿修羅道去。假使一生都沒有修福德，果報就是三惡道了，想一想還眞可憐。出家本來是善心，學佛也是善心，結果得到惡報，多冤枉！那他們會得到惡報的根本原因在哪裡呢？在於惡知識的誤導。那些惡知識還在帶著一群人幹惡事，將來一起墮惡道，我們當然要想辦法救他們，所以到這個時節，該針砭也就針砭，不必考慮他們會不會痛、會不會流血；如果不痛、不流血，有一句成語叫作「不痛不癢」，救護的動作就沒有效果，因爲他們不會警醒，所以我們還是要繼續努力。接下來　世尊又有開示：

經文：【「復有惡道如阿由勒蟲，婆伽羅目呿蟲，浮彌修遮迦蟲，修脂目迦蟲，是人多生此諸蟲中。舍利弗！是人隨惡知識，若生人中，父母生離、死亡、喪失，親里衰惱，國土破壞；生八難中，捨八樂處；多欲怒癡，常好戲調，輕躁無羞，言語散亂不能攝心；癡如白羊，爲貪欲瞋恚愚癡所壞；聾啞盲瞎，手腳攣躄，共惡知識生無佛處。若值佛世，目不喜見，不喜聞法，不與佛眾而共和合；起是惡業，惡人共生，樂下劣法；於正見中生邪見想，於邪見中生正見想，是名下欲、下忍、下慧。舍利弗！下慧之人終不能爲厭離滅道涅槃生心。」】

語譯：【「這樣的惡知識不但生四惡道，還會生到別的惡道去，就是說他們從地獄、餓鬼中回來以後，還會生到這樣的地方去當這樣的蟲類：阿由勒蟲，婆伽羅目呿蟲，浮彌修遮迦蟲，修脂目迦蟲；這一類人於地獄、餓鬼報盡以後，往生旁生道中，大部分人會受生在這一類蟲當中。舍利弗！這一些人隨著惡知識若生在人中以後，父母活著可是卻得要離別不能共聚，或者死亡或者喪失；而且在親族之中所居住的里巷之中，大家都不跟他們往來，所以他們總是遇到各種衰惱之事；而他們所住的國土往往是破壞不堪的，住得不舒適的；而且一世又一世生在八難之中，離開了八樂之處；而且這樣的人常常都在想著五欲，對五欲很貪著，脾氣也很大，並且還加上愚癡，這樣的人永遠都喜好遊戲和掉散等事，而且輕浮躁動沒有羞恥，言語散亂而沒有辦法攝心一處而住；談論事情時又是什麼都不懂，就好像得了白斑症的羊一樣，而這樣的人常常都被貪欲、瞋恚、愚癡來壞事，所作不成；又往往出生以後成爲聾子、啞巴，或者成爲瞎子都無所見；或者手腳有問題，因此既攣又躄不能伸直，作事行走都會有問題，然後是跟惡知識一起出生在沒有佛的處所。假使僥倖有一世出生在有佛的時代，但人家都去朝禮如來，他們生而有眼卻不想看見如來，也不喜歡聽聞佛法，並且不樂和佛弟子共事，只要遇到佛弟子就會生氣，就要找麻煩；生起了這樣的惡業，一世一世都與惡人共同出生在同一個時間和地點，而他們喜樂的是下劣之法；他們有顛倒見，所以在正見中生起了邪見之想，而在邪見中反而生起正見之想，這樣的人縱使想要修行、也開始在修行了，但他們這樣的欲是下欲、他們的忍是下忍、他們的慧也是下慧。舍利弗啊！下慧的人終究不可能爲了厭離、爲了滅、爲了道、爲了涅槃而生起修行之心。」】

講義：阿由勒蟲就是不釒蟲（金字旁加上寸字，康熙字典讀作九），不釒蟲到底這是什麼蟲，可能中國沒有吧？沒有翻譯出來。婆伽羅目呿蟲翻譯作海目脫蟲，大概類似海蟑螂那一類；浮彌修遮迦蟲沒有資料，查不到，不知道是什麼蟲，就是蟲類。修脂目迦蟲翻譯過來叫作針口蟲，其實就是糞坑裡的蛆；牠們的嘴尖尖的，在糞堆裡鑽進鑽出，所以有人翻譯作針口蟲。這種惡知識在地獄報、餓鬼報完了以後，大多生在這些蟲類之中。所以你們如果看見糞蛆，或是看見海蟑螂那一類，就知道牠們往世是幹什麼的，一定是在往昔很多劫以前破了戒、謗了法，就是這一類人，果報很重。想想看，惡知識死後生而爲這一些蟲，已經夠糟糕了吧？結果跟隨惡知識的人也要倒楣，所以惡知識害人不淺。表面上看來他好像在推廣佛法、好像在弘法，都是行善，可是他其實是在害人。比如他自己都沒有斷我見，卻跟人家印證說：「你是初果，他是三果。」然後自稱是阿羅漢，那是不是害人大妄語呢？可怪的是，我們努力救那些被害的人，他們還來怪罪咱們，很奇怪咧！眾生沒有智慧到這個地步，還很難想像。

前些天也有人打電話去出版社說，有朋友送他一本《心經密意》，他沒有趕快讀，先去翻後面的書目，就說：「你們這家出版社怎麼講達賴的壞話？」又說我們在講誰的壞話；人都能愚昧到這個地步。聰明的人會想：「人家爲什麼要說我們達賴法王是錯的？我要去讀讀看。」他竟然都不肯讀。眞正法寶的書籍拿在他手裡竟還不讀，直接去讀後面書目那一些內容，看有沒有講達賴的法義錯誤。讀了也就罷了，還打電話去出版社嘮嘮叨叨，出版社義工說：「那你到底是要學佛還是學外道？」他說：「學佛啊！」「既要學佛，那對方教給你的外道法，你要繼續當作佛法來學，那你就是學外道，不是學佛啊！」他就是不聽，一直爭執說：「你們不要講人家壞話。」那義工菩薩告訴他：「沒有講壞話啊！有罵他哪一句？都只是在作法義辨正，想要救你們啊！」可是對方聽不進去。

你看，什麼樣的惡知識都有人追隨，並且永遠都不會退轉，所以這才叫怪。後來義工菩薩跟他講：「好了，你大概要講的就是這樣，我們都瞭解了；你要學佛就離開那些外道法，想要學外道法你就繼續跟他們吧。」就對他說Good-bye，就這樣結束對話。所以你們看，惡知識害人有多麼深！因爲有人眞的沒智慧，你告訴他什麼道理他都聽不懂，正是這一句「癡如白羊」。你講了也沒用，告訴他說人家是在救你，他也不覺得你是在救他，他只是想著說：「你在罵別人。」也許他是達賴的親人或徒弟，或是利益共同體，只看這一世的世間利益。像這樣的智慧，只能說是「癡如白羊」，顯示這樣的惡知識害人不淺。

這一些人跟隨著惡知識將來會怎麼樣？如果僥倖，終於從地獄、餓鬼、畜生道回來而生在人中時，往往父母生離。生離就是說，他沒有辦法跟父母住在一起，可能是小時候被父母送給別人養，或者被人家搶了去，他就是沒有辦法得到父母的照顧；或者父母死亡了，也就是說他剛出生不久，父母就過世了，他成為孤兒，很可憐；有父母的孩子都像寶，但是孤兒就很苦，而這種惡知識的果報就是這樣。有時父母喪失，父母雖然沒死，但是跟生離不同；生離是後來知道父母住在哪裡，但沒辦法相見。但父母喪失是說雙方失去了聯絡，根本不知道對方在哪裡，那就等於沒父母是一樣的道理。這樣的人家族不旺，當他家族不旺時，親戚也不喜歡跟他往來，里仁巷弄、左鄰右舍也不會跟他有什麼好交情，所以衰惱之事常常遇見。遇見衰惱之事，左鄰右舍也不會來幫忙，因為他生性就是那個樣子；有時他所住的國土就是破碎的山河，往往都是一天到晚戰爭；國土破壞時往往流離失所。

你們看非洲那些國度，老是搞內戰，正是「國土破壞」，現在歐洲對他們都覺得很頭痛。那他們往世到底幹了什麼？諸位想想看。可是你別跟他們講這個道理，因爲他們聽不進去，他們也不可能信佛，他們只會信外道法，這都是往世造業所得的果報。因此你究竟該對什麼人給什麼法，一定得先觀察；當他們的福報不夠，就信某一些民間信仰，或者信密宗假藏傳佛教那種邪神外道，你不要覺得奇怪說：「唉呀！這個人心性也不錯啊，怎麼老是講不聽？他就是要信那個。」因爲他們有往世的因緣，餘報未盡之前他們就沒有辦法跟三寶相應。我們要理解這一點，就是把因緣給他們就好，不必爲他們覺得苦惱。

「生八難中，捨八樂處」，八難諸位都知道，但是生在臺灣的人到底有沒有八難？有喔？對啊！這眞的沒辦法。你們看生在臺灣而且在佛門出家，也還是不離八難。有時我覺得你們生在這個時候而能在正覺講堂參學，比那一些人生在佛世要幸福多了。他們雖然能親眼看見　佛陀，可是沒有用；那一些人大概都是聰明伶俐，但正因爲聰明伶俐所以障礙了。如果不是自己覺得聰明伶俐，就不會有障礙。像我這個人從小就覺得自己很笨，只覺得有兩樣還算行，就是讀國文，我初二就讀《古文觀止》了；然後還有一種，大概就是音樂還行。但我從來不背歌詞，每一次演唱時都是拿九十幾分，我就是堅持看著歌詞唱，不想要背起來。音樂老師說：「**你如果不背，永遠拿不到一百分**。」我沒關係，九十幾就九十幾分，已經夠高分了；所以那老師很氣我。另有一位唱得比我差，他卻都是拿第一名，我是拿第二名，因為他唱時不用看歌詞。老師很多次說：「**你如果背好歌詞來唱，我就給你一百分。**」我說：「**我不要，我就是不想背，不想記那些。**」我就只是這兩樣還行，所以從小以來都覺得自己笨。

但覺得自己笨是好的，覺得自己笨的人才不笨，覺得自己聰明的人才是笨，後來我懂這個道理。譬如我們同班同學學業最好的、最聰明的，坐在我右手邊，還出國留學，畢業後還開公司，才剛退休，可是現在卻要讀我的書。我笨，從小就是七個兄弟姊妹間最笨的。在學校讀書考試，每次都吊車尾，因為我都在讀自己的東西，不讀課本，也接受學業成績不好，所以我從來沒有慢心。但是笨有個好處就是如實——承認自己笨，對於某一種有興趣的就好好去學；沒興趣而沒學好的，就承認沒有學好，有學好就承認有學好。所以學佛以後，我不懂的就說我不懂，我懂的我就講解；後來悟了我就說我悟了，人家說：「你成佛了。」我說還沒，就老實講。承認自己笨才是聰明，因爲沒有後遺症。老是覺得自己很聰明的都有後遺症，今天看來果眞如此。所以這八難中，我覺得因邪見而作了綺語等都不是問題，就是那些自覺聰明的人，被自己的聰明所耽誤，依於邪見而講了一堆戲論，這才是最重大的障難。

那八難把它反過來就是「八樂處」，其實八難裡面，有的人是可以體諒的，比如他生在有佛住世時、有佛法的地方，可是他忙到沒有辦法撥出時間來學佛，因爲無暇。或者比如現在有的人很有錢，而他的學佛因緣其實看來也都很好，可是他沒辦法學佛，因爲他太忙，忙到沒辦法學佛，那還情有可原吧？對！總比那個世智辯聰、自覺很聰明的人反而好，因爲不會自己障礙自己。可是我要說，其實生在無暇的處境裡，那是一個藉口；「無暇」是個藉口，眞正一心爲法時，無暇我也去啊！把別的東西捨了，時間不就出來了嗎？怎麼可能會有無暇的事？

比如哪一天我當了大老闆，終於遇到我要的東西了——這是可以實證的正法，太好了！那我太忙時該怎麼辦？我可以多聘幾個管理人或作事的人，例如多一位總經理、多兩位副總來幫忙，那我不就有時間了嗎？我指揮他們作事，就可以把時間挪來學法。假使眞的有法，再遠我也要去；走路一個鐘頭就走吧，哪有什麼困難？所以那些困擾其實很多都是可以避免的，但是他竟然會說他沒有閒暇。那表示他落入八難之一，是因爲他的心性把自己給障礙了——放不下世間法。所以生在八難中是這一些人的果報，當然就是遠離了八樂之處。八難反過來就是八樂。

這些人還有個特性就是多欲、多怒、多癡，這些人對五欲總是放不下，又很容易生氣。你跟他討論正理，他以爲你在羞辱他、刁難他，他不接受。而且往往你跟他講道理沒用，因爲他不明白你所說的那些道理，他認爲你只是會講話而已，聽不進去。這樣的人如果你呼朋引件：「**我找了某甲，咱們一起去，你也來，大家一起去。**」去看戲，不然去聽歌劇，他都很有興趣；哪一天某位歌星來開個演唱會，他的興頭就來了；但你要是說：「**學法要靜心、要修定。**」他沒興趣，所以這類人「**常好戲調**」；這種人很輕浮，而且很性急，不知道羞恥。像這樣個性的人，諸位想一想就知道了，他們總是「言語散亂不能攝心」，你要他一心不亂住在定中，那比殺了他更苦。

所以有的人，你教他說：「一念不生，只要一分鐘就好。」他開口跟你說：「你乾脆殺了我吧。」因爲他一向的想法就是：「人有腦袋生來就是要想事情的，爲什麼叫我一念不生？」他覺得那很痛苦，所以這種人「不能攝心」。同樣的，他也是「癡如白羊」，因爲這種人沒辦法好好學法，總是被貪瞋癡三毒所毀壞。而且生來有缺陷，盲聾闇啞，總是跟正常人不同；假使沒有「聾啞盲瞎」，結果是手腳有問題——或者生來就如此，或者是後來因爲小兒痲痺症，所以「手腳攣躄」。

最糟的果報就是跟隨惡知識生在無佛的地方，這對我們來說是不可忍受的事，可是他們覺得無佛之處，日子才好過，什麼都不用拘束。但我們不能忍受，我們想，有一天到了沒有佛法時，要生到兜率陀天內院去，不想生在人間；但他們不同，希望繼續生在人間；但這種人「若值佛世，目不喜見」，佛世有一個老太婆，從來都不樂見 佛，佛想要度她也沒辦法；因爲 佛陀很慈悲，想要度她，結果這老太婆看見 佛走到她屋子裡來，她就想從狗出入的小門爬出去；沒想到狗門就突然關閉了，四周的巷子也都閉塞不能出去，老太婆就用扇子遮住雙眼，佛就讓扇子變成透明的玻璃一樣能看見佛。但她還不想看見 佛，結果這老婦人乾脆蒙起眼來，沒有辦法可以度她，這就是過去世造作不利三寶的惡業而引生的障礙。

還好她有遇見羅睺羅，因爲羅睺羅往世跟她有深厚的因緣，可以攝受她，也有慈悲心，所以那老太婆往世得過羅睺羅的好處，所以於羅睺羅有很深的因緣，因此 佛叫羅睺羅去度那個老太婆，羅睺羅不知道往世的因緣，就說：「**連世尊您都沒辦法了，我哪有辦法？**」佛說：「**不然！你儘管去吧！**」結果這羅睺羅去了，老太婆遠遠看見羅睺羅來了，趕快去把大門打開，很高興招呼他進屋子裡坐。這種人都是有過去世的因緣，我們想，能天天看見 如來多好，她竟然不想見。人家是瞎了看不見，她有眼睛還不想見，眞是愚癡。那這種人也不會喜歡聽聞正法，你如果跟他講世間事，他的耳朵可尖了，很有興趣；但一談到佛法，聽都不想聽，除非是有大因緣的人所說。

「**不與佛眾而共和合；起是惡業，惡人共生，樂下劣法；**」這些人不會跟佛弟子們共和合，一天到晚跟佛弟子吵架，但就是跟外道非常要好。有一句成語說什麼？物以什麼？（大眾答：類聚。）就是這樣，所以心性相同的人會聚在一起。這種人心性跟佛弟子不一樣，所以不容易跟佛弟子「共和合」，當他們不能跟佛弟子「共和合」時，會有什麼果報呢？就是跟佛法絕緣，然後就跟外道法很相應，因為他的心性本然如此。生起這些惡業以後，未來世又跟惡人共生，生在同一處又相聚了；聚到一起之後又同樣是喜歡下劣之法。

「於正見中生邪見想，於邪見中生正見想」，這一些六識論的比丘們將來重新回到人間時，還是一樣會跟印順法師這一類人相應，也會同樣愛樂下劣法；愛樂下劣法的人永遠都有顛倒見，所以「於正見中生邪見想，於邪見中生正見想」。諸位用印順派的那些人來當例子、來比對一下，看是否如此？他們老是說：「緣起性空就是佛法，沒有別的佛法了；如來藏，那是自性見外道法。」或者說：「如來藏是外道神我。」他們以前不都是這樣講的嗎？這就是「於正見中生邪見想」。然後他們把邪見當作正見，所以否定了第八識來講緣起性空，說那樣就是真正的佛法，所以把意識分出一部分來，說那是常住的，說那就是佛法，說那就是能生名色五陰的主體；也就是把常見外道法當作是正法，這就是「於邪見中生正見想」。《楞伽經》不是有說誹謗見和建立見嗎？所以，如來藏是眞實有的，他們誹謗爲無，說「如來藏根本不存在、那只是一個名詞而已」，成就誹謗見；然後把生滅法細意識建立爲常住法，又成就建立見；所以他們主張意識是常住的，是不壞的，從宗喀巴、印順到現在後山那個比丘尼全都一樣。所以我說他們有建立見、也有誹謗見。世尊說有這兩種見的人，死後都要下墮三惡道。

所以我們還是要繼續把正見推廣出去，救救那一些被他們誤導的人不必墮落三惡道。如果那些人都墮落三惡道，將來 彌勒菩薩成佛時哪來的那三次九十幾億人？龍華三會都是聲聞會，那三會都是九十幾億人得阿羅漢，所以我們不管什麼人都要救，這樣才能使他們不墮三惡道，將來 彌勒菩薩來人間成佛時，他們就可以成爲阿羅漢，這個才是最重要的事。

「於正見中生邪見想，於邪見中生正見想，是名下欲、下忍、下慧。舍利弗！下慧之人終不能爲厭離滅道涅槃生心。」這種人看來是有善法欲的，也是有法忍的，也是有正法智慧的，因爲他們通常都會很努力學法，但是他們那個都叫作「下欲、下忍、下慧」。因爲那種善法欲是很低下的，最多只能跟正法結個善緣，不造惡業已經是萬幸了，所以叫作「下欲」。眞正勝妙的法他們無法安忍，只能在很下劣的法裡面接受，成就「下忍」；勝妙的法一聽就不接受，隨即退轉，或者甚至於口有微詞。因此他們學習很久很久之後，所能夠擁有的智慧都是很粗淺的，因此叫作「下慧」。你們去看那些六識論的法師居士們，寫出來的書籍內容不都是很粗淺的嗎？所以叫作「下慧」，「下慧」是他們唯一所能擁有的。

至於要談到眞如、阿賴耶識、異熟識，他們之中很多人是聽都沒聽過。終於第一次聽到你說了，他們卻心中不能安忍，因此這些都屬於「下慧」之人；那他們對於厭離，對於滅、道和涅槃，就不會有興趣。厭離主要是厭離五陰，學佛如果只是在厭離我所上面用心，那不是眞的學佛，只是剛剛入門而在修學次法而已。眞要學佛的話，剛開始入門就是要學「厭離」，對五陰的自我要懂得「厭離」，能「厭離」五陰才有可能斷我見，也才有可能證眞如而不退轉。

那「下慧」之人對這個道理完全不懂，不可能爲「厭離」而生心。如果說要修四聖諦而證滅諦，他們更不能接受。四聖諦最終的目的就是在滅，就是「不受後有」——未來再也不會有五陰、十八界我存在了；苦、集與道，是爲了達到「滅」的境界而修的。知苦是解脫道入門應該有的知見，而斷集是修行人爲了解脫所應該作的事，但是想斷集就要藉八正道來實修，所以才要修「道」，而修「道」最後的目的正是爲了達到「滅」啊！五陰永滅而不復生，那才是「涅槃」，所以修行是爲了達到「滅」的目的而修「道」，但現在看來她們都還無法接受。當你說解脫就是把五陰滅盡了，不再有後世的五陰那就是解脫，但她們沒辦法接受。那你如果告訴她們說，修八正道的目的是要滅盡自己，她們一定跟你頂嘴說：「**那我幹嘛要修八正道把自己滅了？我活得好好的。**」

諸位可以觀察現在的佛教界不就是如此嗎？現在有哪一個道場曾經說過五陰是虛妄的？到現在爲止都還沒有。我們告訴他們說：修解脫道的人要知道意識是生滅的，是應該滅掉的。到現在沒有任何一個道場支持。你想，我們弘揚正法二十幾年了都還是如此，如果是一般人或是那些破法的人，你教他們說：「**你要修八正道，八正道修行最後的結果就是把自己給滅掉。**」他們一定不接受，所以「滅」與「道」都不可能被他們接受，因此他們都不可能為「滅」生心，不可能為八正「道」生心。那你如果說：「你只要努力，一定可以證涅槃。」他會問你：「涅槃怎麼證啊？無餘涅槃中的境界是什麼？」他本來想：「涅槃，涅槃很好啊！可以一念不生、不生不死了！」你告訴他說：「涅槃就是自己給滅掉了，永遠死盡，不再活過來。」他一聽：「那我才不要。」對吧？所以他不可能「為涅槃生心」。

所以你們看《邪見與佛法》是多久以前出版的？書中說涅槃就是如來藏獨住的境界，是五陰、十八界永遠不再出生的境界。我們已經出版流通十幾年了，他們現在都還不接受，那你想這一些人是不是「下欲、下忍、下慧」呢？但是說到這裡，我還是要為他們叫屈，因為根本的原因不在他們自己，他們是被誤導的，特別是被宗喀巴的《菩提道次第廣論》所誤導，而釋印順的《成佛之道》只是從《廣論》中抄出來編成書，都是邪見。不幸的是這種我見境界的《廣論》邪見，現在還在繼續弘揚；所以我們親教師們針對這個時弊，想要救護大眾，故意選了「廣論的平議」這個題目來錄影，明年開始就要評論《廣論》，因為要這樣才能救那些無辜的人。

好多人學《廣論》是善心，而且他們心性真的很好，可是被誤導了。日常法師心地不好，那《廣論》中明明一開始就叫大家要修雙身法，但他怕人家畏懼，故意把它跳過去，讓人家把前面的學完了，後面的止觀絕對不講，又從頭開始再學起，永遠都在常見邪見中繞來繞去，那不就是居心不良嗎？所以他才說：「你們這些居士們都是一壺永遠燒不開的水。」因爲他們雙身法只對出家人中的部分傳授，絕對不傳給學《廣論》的居士們。所以他們定義的「水燒開了」是怎麼回事？就是學雙身法，學完就是水燒開了。而他不把雙身法教給居士們，那居士們永遠也燒不開，這樣說也沒錯，但仍然錯在日常法師，是因爲他不肯教給居士們。

可是日常法師他們其實不懂什麼叫作「水開了」，當有一天某一壺水燒開了，他們就被燙死了，那一壺水叫作正覺清淨水。當他們遇到正覺這一壺熱水，就什麼轍都沒有了。我期望明年開始親教師們破《廣論》的錄影播出來救更多人，這一個功德……是今年喔？提前？提前？喔！今年八月一日就開始播出了；我希望親教師們這個功德可以迅速成就而救更多的人。那這些學《廣論》的人，很多都是知識分子，但是被惡知識誤導了；如果他們也能夠救回來，不用去三惡道，將來 彌勒佛龍華樹下三會都成爲阿羅漢，該多麼棒！我相信親教師們這個功德一定會成就的。好！下一段如來又開示：

經文：【「舍利弗！遇惡知識而得如是諸衰惱患，有是相貌：是人聞是諸深經法，驚疑怖畏如墮深坑，則墮大罪深坑塹中。何以故？舍利弗！如經中説破戒比丘有大重罪；何因緣故名爲破戒？破所受戒，難可教語；行無常准，多所違逆；常行貪著，多雜糅行、貪瞋癡行，樂諸雜語，名爲破戒。復有樂多事務，樂多諷誦，樂多睡眠；所言不順，無有次第；説不清淨，貪著我人壽者命者，是故名爲弊惡比丘。不知節量，不知沙門法，不知婆羅門法，樂行醫術販賣求利，樂爲國使污染諸家，樂與白衣給使作務，以諸樹葉華果奉上；好爲白衣説外道法，心常捨離出世間法；未滿二十受具足戒，受戒事中有諸不具，形體缺少不應於法；受生米穀、錢帛、金銀，不順教誨，拒逆師命；不自知身，不知他人，不能分別貴賤差品；好喜妄語，貪著惑取；行事散亂心不專一，面有瞋相；慳貪不信，不識恩義，多懷貪欲、睡眠、調戲、疑悔、瞋恨；覆藏罪惡，好自專執；嫉妒諂曲，無所慚愧；自大放逸，憍慢、我慢、大慢、邪慢，好行欺誑讚美其身，多作方便開利養門；凌踐白衣僞現親厚，因勢得財以誇眾人；毀破戒品、定、慧、解脫品、解脫知見品，於佛法眾心不定信，不信業報；貴於現利，謂無後世；多諸疑悔，志性淺弱常好驚怖，舍利弗！是名弊惡比丘。如是癡人於我法中，便是屎尿臭穢不淨；是人成就身口意惡，命不清淨故，命終之後墮在惡道，入大地獄。」〉

語譯：【如來又開示說：「舍利弗！遇到惡知識而得到像這樣的各種衰惱災患，就有這樣的相貌；這些人聽聞各種深妙的經中說法，心中總是驚疑恐怖畏懼猶如墮入深坑一般，那麼就會墮於大罪深邃坑塹之中。為什麼呢？舍利弗！猶如經中說破戒的比丘有大重罪；是什麼因緣而說這樣叫作破戒呢？是因為他毀破了所受的戒法，很難可以教導他以及為他說明；而他們的行為沒有一定的準則，常常是違背或者牴觸戒法；永遠都是行於貪著之中，有許多不純粹修行的雜染行為出現，並且有三毒之行，愛樂種種雜語，名為破戒。還有很多種的事物是他們所喜歡的，並且只喜歡課誦不喜歡修行，而且樂於多多的睡眠；他們所說的話總是不調順，而且前後違背沒有次第；所說的事情也不清淨，貪著於我人壽者命者等，由於這樣的緣故就稱為弊惡比丘。他們作各種事情時不知道樽節與量度，也不知道出家人的法，更不知道在家時是應該怎麼樣的修行，而出家之後喜樂於行醫、用醫術來換取利益，並且喜歡爲國家作爲通使，來換取世間的利益而染汙許多白衣居士們的家庭，而且最愛跟在家人作事情，爲白衣作事時希望人家供養好的樹或者某一些葉子花果等，有時在家人也以這些事情來回報；而這樣的人往往又妄自尊大喜歡爲在家人說一些外道法，他們的心永遠是捨離出世間法；有時還沒有滿足二十歲就受了具足戒，在受戒的這些事相中卻有許多的不具足，甚至這裡面也有許多人形體缺少本來不應該出家的人，他也出家了，這是與佛法不相應的；而他們也接受世人布施生米生穀、或布施錢帛金銀等物，並且不肯隨順教誨，抗拒或者違背上師的命令；也不知道自己所修證的實質，或者心量是不如他人的，對於別人的心量或者證境，他也無法觀察無法判定，對世間人也不能了別何謂貴賤的差別和品級；這種人喜歡妄語，貪著迷惑而喜歡取得世間的種種財物；他們作事時散亂心不能夠專一，而且臉上帶有瞋恚之相；並且心是慳吝貪著而對法不信受，也不能識知別人所作的事情對他是有恩或是有義利，心中大部分時間懷著貪欲、睡眠、調戲、疑悔、瞋恨等不良的想法；常常都要覆藏著罪惡，喜歡自己專斷獨行而且很執著；對別人又嫉妒或者生起了諂曲之心，所以心中沒有慚與愧之可言；這些人又會自大而放逸，所以因憍而起慢、因自我而起慢、或者生起大慢心，甚至於因邪見而生起慢心，總是喜歡對別人欺瞞而讚美別人，想要獲得不當的利益，為了獲得利養所以施設各種的方便讓人家多多供養他；但是對於在家人卻高高至上，不顯示他鄙視的心行而假裝很親厚，因為有一些勢力的緣故，所以得到了財物就來向他的同修們誇耀；這種人毀破了戒品也毀破了定、慧、解脫品以及解脫知見品，在佛法大眾之中心不能生起決定信，而且還不相信會有業報；他們看中的是現世的利益，而說沒有後世的惡報；並且有許多的懷疑以及反悔，所以心志和心性都是膚淺而薄弱的，常常很容易被別人所恐嚇而驚怖，舍利弗！這樣的人就叫作弊惡比丘。像這樣的愚癡人在我的法中，就是屬於屎尿臭穢不淨；這樣的人成就了身口意三種惡行，由於他們的命不清淨的緣故，所以命終之後下墮在惡道之中，要入於大地獄中受苦報。」

講義：這一段經文讓人聽得有一些難過，但是卻事實上存在著，那我們能不能跳過去不講呢？也不能。佛都講了，我們怎麼能不講。請諸位忍耐忍耐，所謂有則改之，這句話到外面去講；無則勉之，就在這裡跟諸位講。遇到惡知識會得到這樣的衰惱之患，那麼這一些衰惱之患咱們不再重提。這些人有一個特性就是諸經中的深妙法他們都不喜歡。假使有人演說了出來，他們聽聞之後心中會覺得驚訝；就像我們正覺剛弘法講阿賴耶識、講如來藏、講眞如，他們覺得驚訝，然後就是懷疑：「眞的有眞如可證嗎？阿賴耶識眞的存在嗎？如來藏不是外道神我嗎？」他們懷疑而驚懼。

接著我們證實第八識眞的存在，是可證的，所謂開悟一定是只有這一件事，就是證眞如。那他們知道後開始恐怖，因爲以往師父這樣自稱開悟，徒弟也這樣被師父印證開悟，同樣都是離念靈知。現在正覺說：「開悟的唯一標的就是證如來藏。」所以他們心中覺得恐怖，之後只要一聽到人家談如來藏，轉身就走，怕聽到「如來藏」這三個字；因爲一聽到這三個字，就怕人家會繼續跟他討論這個第八識的問題，所以他們畏懼，這就是他們的驚疑怖畏，當時心境猶如墮深坑中一般；所以有的人看到一本書，知道書中是講如來藏的法義，你才剛遞出去、他縮手轉身就走了；你都還沒有開口說要送給他，才遞出去而已，他轉身就走了，爲什麼？因爲他心中害怕；這樣的人就是墮入大罪之中了，因爲這樣的人心中或者嘴裡就是會毀謗這第八識，但毀謗第八識是大罪，就是墮在大罪的深坑塹中，根本爬不起來了。

那麼 如來解釋這個道理說：就像經中有說破戒的比丘有大重罪。那爲什麼說他是破戒呢？因爲他們毀破了所受的菩薩戒、比丘戒之後，沒有辦法再繼續教導他們了。你再爲他們說什麼言語開示都沒有用，由於已經破戒了而且不聽教誨的緣故，所以「行無常准」；「准」就好像一條繩子懸在那邊，就是不許超越，永遠都要處在那個範圍中，叫作「准」。那「行無常准」是說他們的行爲不可預測，隨時會作出一些出乎你意料的事。所以破戒的人作事難以預料，我們通常都瞭解某一個人受了什麼戒，他的行爲大約會怎麼樣，有一個預定的規範在那邊，你可以知道他們不會幹什麼；但破戒的人不可預料，因爲他們想幹什麼就幹什麼，所以「多所違逆」。

他們爲什麼會這樣作？因爲「常行貪著」，所以他們很多事情都要去參與一分，參與多了事情繁雜就叫作「多雜糅行」，雜糅行多了就會與貪瞋癡相應——不然就是起貪，不然就是爲了不同的作法或者利益對別人起瞋，而這一些都是愚癡的行爲；所以他們喜歡攀緣，樂於各種的雜語而講一些與佛法無關的話，已經受戒出家修行的比丘本來就應該爲法修行，結果他們都是作這些事情，那就叫作破戒。這樣看來破戒的人很多，因爲「常行貪著，多雜糅行……樂諸雜語」，這就是破戒。還不說「貪瞋癡行」，顯然這樣破戒的人太多，爲什麼會這樣講？因爲在佛世出家就是專心一意修行沒有別的事，所以佛世出家人沒有什麼打掃寺院，或者種菜、種稻子、收割、煮食，這些事情都不存在，但是後來就是會有這些事情，那叫作「雜糅行」，有雜糅行就會多「貪瞋癡行」，因此言語都是與法不相干的事，這樣作就說爲「破戒」。

然後這一些人一天到晚都在忙，事務非常之多，沒有辦法靜下心來；如果要談到修行，他們就是諷誦。諷誦是什麼呢？在中國叫作早課、晚課，除了這兩課以外沒有別的了。但是「諷誦」是不是修行？要看諷誦的定義是什麼？如果是一面誦讀一面瞭解其中的意思，那就是修行；如果只是課誦而不管經文的意思，把它當作一個工作來作，每天就只是把它唸完就沒事了，根本不想去瞭解經文中的意思是什麼，那就變成一個工作，就不是修行。可是現在很多道場(可以說絕大多數)作早課、作晚課，但不想瞭解其中在講什麼，所以《心經》課誦時咕嚕咕嚕就誦過去了，也不去瞭解裡面到底在講什麼；他們都不想瞭解，像這樣課誦便叫作工作，不是在修行。

課誦完了接下來睡覺去，因爲早上四點就打板，課誦完了不睡覺幹嘛，所以他們就去睡覺，大概都是這樣。所以有好多寺院我所知道的是課誦完了以後出坡，出坡完了以後就是五觀堂去，五觀堂完了休息一下就睡覺去了。早上也睡覺的，有不少寺院是這樣的；下午當然還要睡一下，所以晚上忙到十點才睡覺，四點就可以起床。因爲一天睡三次，比我好命，所以是「樂多睡眠」。睡眠足夠了就好，如果睡不夠精神不濟當然要補睡一下，但是睡眠已經夠了還繼續睡，越睡就越昏沉，越昏沉又會越想睡，結果後來就變成瞌睡蟲。每一次堂頭和尚說法時，他一聽法就開始眼皮沉重、開始睡覺，那就是睡習慣了——「樂多睡眠」。大家在討論法時或者在討論某些事情時，人家上面交代，他正在打瞌睡，因此他的所言就不順，亂講一通；在法上也是一樣的道理，都是「所言不順」，當他爲人轉述所謂的佛法時就是雜亂無章而沒有次第；聽聞的人可就倒楣了，這樣說法就是「說不清淨」。所說不清淨的人，一定離不開事相，永遠都在我人眾生壽者的範圍中打轉。

諸位可以看看佛教界，不論臺灣或大陸都一樣，或者南洋也是一樣，他們所說的法不都是在我人眾生壽者之中嗎？像這樣就是戕害眾生的法身慧命，因此這樣的人就名為「弊惡比丘」。這種人也「不知節量，不知沙門法，不知婆羅門法」。節量很重要，不論你修行或者在世間法中，首先要看時節因緣；時節因緣許可了才可以作什麼，不是那個時節就不應該作。還有作的事情應該到什麼地步，到那個地步時就應該適可而止；假使不懂得節與量，所作逾分或者所作超過了，就會出問題。在弘法時也是要遵守節量的原則，什麼時候應該說什麼法、不該說什麼法，什麼時候所說的那個法是應該講到什麼地步，面對不同的對象說法時應該講到什麼樣的層次，這就是量，這些都要觀察。

那麼如果不知節量，出事了就很難收拾；而且出家說法還得要懂沙門法、婆羅門法，也就是說出家人修行是怎麼的修行法，環境、時間、對象都不一樣；而在家人修行也不同，所以應該要區分開來。但是「弊惡比丘不知節量」，也不知出家在家的修行之法。那麼出家人究竟應該作什麼，而在家人應該作什麼；出家不該作什麼，在家人又不該作什麼，也都應該知道；可是「弊惡比丘」都不知道，他們樂於行醫或者教導人家學習醫術，但這是不對的；出家人應該修行以及教導信眾修行，行醫或者教導醫術不是出家人該作的事；也不應該販賣——作生意，可是現在出家人在作生意好像很正常了，佛教界對這一點好像都沒意見。在聲聞律中出家人是不應該作生意的，因爲依聲聞律來講，出家人只能弘法、接受供養，不應該販賣營利。

結果現在出家人開商店，而且開很多家、規模很大。你們看新竹鳳山寺開里仁商店，還開了什麼生機飲食的商店，他們在作生意；作生意也就罷了，賺的錢還拿去給達賴喇嘛幫助推廣邪魔外道法，這眞的很奇怪。出家人作生意已經犯戒了，犯戒作生意的所得還拿給外道用，罪加三等。「廣論」團體這樣子求利，對附近的商家很不公平，因爲「廣論」團體不用花錢請職員來作生意，都是免費義工；所生產的商品也是學員們當義工去種菜生產的，這樣附近的商家如何能競爭？更何況他們這樣作是犯戒的事，可是臺灣佛教界好像已經見怪不怪了。大陸一樣是這個情況，所以這種事情佛教界也應該有人出來講一講，那一群好打抱不平的印順派比丘尼們不是應該出來講嗎？她們看見流浪狗被虐都出來打抱不平，對於佛門這些犯戒、破法、謗佛的事，竟然也悶不吭聲！很奇怪！她們既然不在修行上面用功，至少要在戒律上來努力維護吧！我覺得這是她們應該作的事。

還有「樂爲國使」以及「污染諸家」，出家人不應該作爲國家的特使、密使。也就是說出家人不該涉入政事，不該爲任何人乃至爲國家作爲使節去討論國家大事；那是在家人的事，出家人不應該幹這種事。「污染諸家」是爲什麼污染呢？因爲這種「弊惡比丘」不免會東家長西家短，不就染污了在家居士們的心境了嗎？本來人家跟隨他修學佛法，他卻把這些世間的俗事在那些在家弟子中廣爲談論，那就是「污染諸家」，這是出家人不該作的事情。而這種人「樂與白衣給使作務」，他們喜歡爲在家人作事情，希望人家可以給他們更大的供養，所以有時在家人托他們作什麼他們就去作，他們沒想到自己身穿這一襲僧服、且爲三寶之一，不應該爲在家人去作什麼事。

在家人有事得要自己去作，不應該差遣出家人去作；既然有這些往來就會有「樹葉華果」等物互通有無；有時在家人來到寺院作事，那法師會怎麼樣呢？趕快到竹林挖竹筍或者採果實送給在家人帶回去，這個不應該。但如果是寺裡庭園的那些果樹生長太多，都掉地上去了，根本吃不完，這時居士是可以接受的。那就平常有事沒事就送上供養來寺裡吧，這樣是可以的。如果寺院種的是剛剛好的量，不是多餘的，你根本不應該接受；不能計算一個相對的對價來接受法師贈送這些食物或者財物，這是在家人應該要注意到的地方。

「弊惡比丘」還很喜歡爲在家人說外道法，有沒有遇到過？有啊！這種事情不是末法時代才有，因爲正法時就有了，是因爲現在是五濁惡世，這個年代就是這樣。那爲白衣說外道法，請問什麼是外道法？密宗假藏傳佛教的氣功，還有什麼？「無上瑜伽」那是密宗假藏傳佛教的。算命？對！出家人也有爲信徒算命的，也有公開對世俗人算命收紅包的。可是其餘的那些寺院不是都在講外道法嗎？叫作常見外道法；他們說：「意識是常住的，意識是不壞的。」對不對？那都是常見外道法。他們喜不喜說這種外道法？喜歡得很啊！正是「好爲白衣說外道法」。明明 如來已經說那是生滅法，是常見外道見，但他們還說那是常住法，這就是「弊惡比丘」。

所以他們的心一直都是「捨離出世間法」，一直都是往世間法裡面鑽，跟出世間法不相應；甚至於有的人未滿二十就受具足戒了，但是受戒時不僅如此，有一些事情還是不具足的。出家時受戒有一定的規定，不符合規定時就是「有諸不具」，其實「有諸不具」時出家受戒也沒有用。譬如有一個人只有十五歲，就給他受具足戒，請問這個戒有用嗎？沒用。那有的人說：「唉呀！我快要死了，我有個心願，一直想要出家都沒有機會，這個願懸在心上死得不甘心，趕快去幫我找位師父來吧！要包個大紅包，就算我死了，幫我剃度也好。」請大師父來時，他已經斷氣了。那大師父竟然還爲他剃度出家。但這樣的剃度有沒有用？沒有用，因爲聲聞出家戒是一世受——盡形壽受持，死了就沒有戒體，這表示那位大師父也是個糊塗蛋，因爲聲聞戒是一世受。

這意思就告訴我們：死了就沒有戒體了。那他斷氣了還爲他傳比丘戒，怎麼能得戒？比丘戒是活著才有戒，死了就沒戒，這跟菩薩戒不一樣的。菩薩戒到了中陰身去還是有戒體的，聲聞戒卻不是，死了就沒有戒體了，因爲是一世受。結果竟然人家都死了，大法師還爲亡者剃頭傳比丘戒，如法嗎？眞的不如法。而且受比丘戒之前也還要有一段時間的觀察期以及學戒，但他都沒有，那到底是誰比較愚癡？是受戒者還是傳戒者？欸！正是傳戒的最愚癡。所以這個「有諸不具」是有規定的；大家依據 如來所制的戒來傳，不如法就不能傳。

甚至於「**形體缺少不應於法**」時，也不該給他受戒。假使他因爲出家了以後出事而形體殘缺，那就無可厚非，可以緣開一面繼續保有出家身分；如果出家前他就已經「**形體缺少**」，怎麼可以讓他出家呢？還有就是黃門、半擇迦這一類，也都不許出家，一定要符合 如來的規定。但「**破戒比丘**」就不管這一些，他爲了世俗利益什麼都可以作，不理會 如來的規定。

那「**破戒比丘**」還會作的事情叫作「**受生米穀**」。諸位也許懷疑爲什麼「**受生米穀**」算是犯戒？現在時間超過了，留到下週再講。

《佛藏經》上週講到二十九頁第四行第一句，這週接著說：破戒比丘接受人家贈與「**生米穀**、**錢帛**、**金銀**」的供養，「**不順教誨**」，而且抗拒或者違逆師長的教導。

關於「**受生米穀**」在佛世一直來到中國的早期，由於出家人寺院中不開伙，也就是沒有伙房而不煮食，一切食物都要托缽。一直到百丈大師以後設叢林清規，是因爲叢林距離都市很遠，來往時間很長而不便托缽，所以施設了自耕自食——一日不作一日不食。從那個時候開始，寺院中才有伙房自耕自食；以前並沒有伙房，全部都托缽而且日中一食；這日頭一過中午，不能再吃餐飲，眞要是餓了而且胃不好，可以喝果漿或者喝米漿一類，但是不能有渣。但最早期不開伙，就大家托缽。有的人體質不同，他沒辦法經得起餓，所以佛陀特別允許傍晚或半夜可以喝果漿，但不是整顆水果拿來吃，只能過濾出漿來喝；那有的人就喝米汁，但不能有渣。

也就是肚子還是要維持著半餓的狀態，這樣一方面是讓自己對色身不要太執著，另一方面也因爲在半餓的狀態最好修行，不論修定或者聽經聞法都不會打瞌睡。譬如晚上有的人常常失眠，失眠該怎麼辦？就半夜起來泡一杯熱飲喝一喝，肚子有東西了就容易睡覺。同樣的道理，禪定想要修得好，不能吃太飽，半飽就好，這是事實。我以前有一段時間修禪定，體驗確實也如此，肚子吃太飽血液都跑到胃裡去了，腦袋裡面沒什麼血液很容易打瞌睡。所以半飽、特別是黃昏那時候定力是最好時，因爲吃個半飽走走路然後上坐，坐到黃昏是定力最好時，因爲肚子也餓了，根本就不會打瞌睡；而且經過三個鐘頭下來，定力也已經很精純，所以在古時寺院裡不設伙房，大家不開伙，一切人都去托缽。

既然托缽爲食，就不能「**受生米穀**」，只能接受人家煮好的飯。米穀是不許接受的，因爲「生米穀」表示自己隨時可以煮飯，出家人不可以這樣作。所以「受生米穀」是違犯律儀的行爲。還有接受「錢帛、金銀」的布施，這也不如法，因爲自古比丘、比丘尼不可以「捉持金銀生像」；也就是說，可以有佛像是木頭雕的，不可以黃金去雕了佛像來保存，那就一天到晚記掛著，定也修不好，法就不用談了。那麼有了金銀，心就在那上頭：「什麼時候會失去呢？」不知道，心裡面記掛著，禪定要怎麼修呢？眞的沒辦法修。所以如果大和尚一個山頭一、二百公頃，每天收入幾百萬、幾千萬元，那麼他心裡要記掛說：「這道場裡面錢越來越多，該怎麼用？」他心裡也不得定。所以這一些都不應該收受，因爲出家就是清心寡欲專心修行。

那麼惡比丘「受生米穀、錢帛、金銀」是違戒的，這種戒都可以違背了，師長的教誨便不看在眼裡，當然就是「不順教誨」了。師長告訴他這個不許作、那個也不許作，他偏偏不聽，偏偏要作，這就是「拒逆師命」；這種人「不自知身，不知他人，不能分別貴賤差品」。世俗人很重要的一件事情就是有自知之明，如果沒有自知之明，老以爲自己什麼都贏過別人，老覺得別人不好，都比不上他，這樣的人作事情往往都會失敗，成功的機會很少。也就是說這種人都不只在表相上來看，實際理地他也看不清楚，這就是「不自知身，不知他人」。

「不能分別貴賤差品」，比如有人其實一貧如洗，但人家都會覺得這是個富貴人；有的人很善於花錢，但是老人家常常說這個人不是眞有錢。這種事情不曉得諸位有沒有看過、聽過或者遇過？但我其實是其中之人，因爲我少小時，我父母親一家要養三家人，所以家裡都沒錢，我直到去當兵時還買不起冬季的內衣內褲，去當兵是受凍的，眞的很窮；那時二等兵才領二十五塊錢，我記得升到下士時才領好像是七十五塊錢；但是從部隊回家省親來回，要二十幾塊錢火車票，所以一個下士領了薪餉只夠回鄉三趟；我捨不得花這個錢，每到週末老士官長就問：「你要不要回家啊？」他覺得我好像車票錢花不疼的，因爲他認爲我家很有錢；但我總是不回去，機會讓給別人，我通常都會留在部隊裡。每週都被士官長問要不要回家？從當二等兵時就已經這樣每週被問，一直問到當了下士時都如此。

有一次睡午覺，我們的上士班長跟老士官長聊著聊著聊到我身上來，我還沒睡著，就聽見了；他們在議論說，我家應該很有錢等等，這很奇怪。還有奇怪的事，我剛進部隊裡是二等兵，卻要領著一整班的兵，連上等兵也歸我管，怪不怪？眞怪。我也弄不清楚爲什麼會這樣，那只好就帶吧，不然能怎麼樣？好在大家也都擁護我，也就沒事。這表示一個人的「貴賤差品」，有經驗的老人家是看得懂的；所以我少小很貧窮，但是後來日子倒也不賴，過得好，所以我四十幾歲就退休，專心學佛。在世間法上白手起家四十幾歲就退休學佛的人，大概也不多，我就是其中一個。

這就是說，世間法的經驗看多了，老人家往往可以分別一個人的貴賤；甚至於有的人看多了，對某些人的窮通壽夭也都可以看得清楚。如果是在佛法中以什麼爲貴、以什麼爲賤，這也是久修行的人才能夠看得清楚；如果久修行而看不清楚，表示那個人沒智慧，被無明籠罩，再加上慢心深重；否則看了就會知道說：「這個人將來是可以成爲大器的。」這就是「分別貴賤差品」。但是犯戒比丘這方面是完全不知，他只能看表相；而這樣只看現在表相的人，同時也是「好喜妄語，貪著惑取」，講話不如實，總是喜歡欺瞞人家，大家相處久了都知道他的習慣，就不拿他的話當話；他說的話大家當作風，一陣子過去了，都不記在心裡，因爲他說話沒有公信力。這樣的人往往是貪著，而且什麼該取、什麼不該取他都不知道，凡有所取總是依於無明而取，所以這種人是「貪著惑取」的人。

並且「行事散亂心不專一，面有瞋相；」你們看有的人，大部分時候，人家看見了都想跟他保持距離，因爲他的心沒有柔和又不誠懇；雖然滿臉裝著笑容，但是人家都覺得跟他不相應，都會跟他保持距離，這就是他的心始終在想東想西，跟人家面對面時也想個不停，有自己的想法。人家跟他溝通時覺得他不是很有誠意，那就是「心不專一」的人「行事散亂」。然後有一天提到某一件事情，他說他沒聽到，因爲他正在想他的心事；而這種人往往不服別人，所以當人家爲他說事情或者說法時，他心中總是帶著一個比較的心在作分別，同時在尋找你的言語中有什麼樣的過失；所以他心中不服你所說的那些言語，雖然面帶笑容，可是你會覺得他有一點瞋心在，往往不知不覺就在臉上顯現出來——「面有瞋相」，那麼大家跟他就不相應。

而這種人都是從世俗層面來著眼，所以「慳貪不信，不識恩義」，慳和貪跟不信，爲什麼合在一起？慳與貪具足時就表示他對因果律、對於善法實行以後，未來世所生的因果不相信；表示他的信根不夠，就別提信力。而慳貪不信的人往往「不識恩義」；什麼是對他有恩、什麼是應該行於符合正義的事情，他心中不是很明白。有的人，當你在大眾中爲他的立場說話時他還責怪你，所以這種人不識恩；你對他的恩德他不理解，還會責怪說你老是提他的事；這樣的人所行不會符合正義，一定事事都在自己的利益上著眼，所以是「不識恩義」的人，我們應該少跟他們接觸。而這種人在世間法中相當多，你我都不能理解他爲什麼會這樣。

那在同修會中有沒有這種人？也有。例如我們曾經有一位同修明心後報見性的禪三，那我覺得他心性應該也不錯，每次報名就錄取他；錄取了上山去，看他拜佛功夫不夠，鐵定看不見佛性，不用跟他引導，讓他繼續作功夫；我就每天看他拜佛，看他的功夫層次到了沒有。結果一次禪三、兩次禪三、三次禪三，你們知不知道他報見性的禪三錄取了幾次？七次。我想還是幫他保留著，等他因緣到了再來引導，爲他留著今生可以眼見佛性的因緣。沒想到二〇〇三年他跟著退轉，抱怨說我刁難他，讓他上山去七次都不爲他引導。

有誰能連著上山七次求見性的？給那麼大的面子，連著讓他上七次禪三，那一番善意被他否定了，諸位看這樣能叫作「識得恩義」嗎？人家連一次都上不了，通常眼見佛性這一關，我的感覺不行時就刷掉，連上山都沒機會；他是連著上山七次，可沒想到他不知我的恩情，竟然抱怨說我不為他引導。但他的功夫還差很多，我為他引導後只能解悟，這一世再也沒有見性的機會，為他著想，當然要留到以後看有沒有機會，結果他反而是抱怨而退轉。唉！好人難當。不過難當也是正常的，因為「不識恩義」的人，在世間總是有的；所以說這樣的人不是世間法才有，佛法中一樣也有。

而破戒比丘不但「不識恩義」，而且「多懷貪欲、睡眠、調戲、疑悔、瞋恨」，那這五種現象要叫作什麼？叫作五蓋。貪欲、睡眠、掉散悔恨（掉悔）、生瞋、懷疑，合稱為五蓋。是因為這五法會蓋住行者的法身慧命或者禪定功德，所以想要實證三乘菩提一定要先除五蓋。五蓋的眞正名稱有一點不同，叫作貪欲蓋、睡眠蓋、掉戲蓋、瞋恚蓋、疑蓋，就是這五蓋會使人不能發起初禪，也會使人在法上不能修證。因為這五個法會障礙學法，也會障礙禪定。以前很多人宣稱有禪定，後來我們把禪定的內容解說以後，那些人全都不見了，我就指出來為什麼他們無法證得禪定，其實未到地定修得好的人數量是很多的，在別的道場或者外道中都有，但是他們為何無法發起禪定呢？正是因為五蓋沒有消除。

那五蓋障礙法身慧命，這是很容易說明的。貪著五欲的人心思不會在法上；貪愛睡眠的人也就是睡眠蓋很重的人，他的時間也不夠用來修行；有掉戲蓋的人心思很散亂，沒有辦法在法義上思惟整理，乃至聽經聞法時還會不斷地打妄想，想要入定也絕對辦不到；如果有疑有悔，這樣的人總是對於學法的因果半信半疑，對於解脫、對於三乘菩提能否實證也是半信半疑，護持了三寶以後他總是心中生悔，於是功德大量的流失；瞋恨會使一個人不能低下心、謙虛心來學法，所以只要論法時當他議論輸了他就生氣，一心想要把面子給扳回來，這樣的人沒有辦法接受正確的法義，所以無法學法。因為這五個法對於佛法實修有這樣的障礙，在禪定實證上同樣也是會障礙，就稱為五蓋。我們這裡就不談禪定上為什麼會有障礙，以後有機會講禪定時再來說它。

這種破戒比丘正好都是五蓋具足，你要找那種破戒比丘而只有四蓋、不具足五蓋的還眞難找，大部分都是具足五蓋的。他們總是「覆藏罪惡，好自專執」，作了壞事別人看不見、聽不見，因為他們覆藏得很好；同時也是一個很專斷、很執著的人，當他們認爲應該如何時，別人想要跟他們商量請求改變一下都不可能。這種人也會是「嫉妒諂曲，無所慚愧」的人，看見誰修行比較好，他心中嫉妒；看見別人受的供養比較多或者比較被大眾所推崇，心裡就嫉妒；但他們從來不覺得自己有什麼過失，所以過失繼續犯，這就是無慚與無愧。縱使有人告訴他們也不會改變，所以無所慚愧永遠是個犯戒比丘。

這種人同時也是「自大放逸，憍慢、我慢、大慢、邪慢」的人。自大，諸位逛過很多道場就看多了；而放逸更是普遍的現象，至於憍慢、我慢、大慢、邪慢這幾年少很多了，比較不容易見，因爲他們只要聽到你是從正覺來的，他們就閉嘴不言。但是以前我遇到很多，因爲他們不知道面前這個我到底是何許人，不認得我；早年弘法有時當人家說錯什麼法，覺得不忍時我就會插嘴說：「這個應該怎麼解釋才對。」因爲他們弄錯了；沒想到我這麼一講，人家還給白眼，有的人甚至說：「你不要講啦！你懂什麼！」我挨過罵，所以後來我乾脆都不講，充耳不聞。除非我額頭去刺青「蕭平實」，老實講我長這個模樣，就算當面跟他說：「我是蕭平實，你要聽我的。」他們也不信：「啊？你是蕭平實？那我就是蕭平實的老爸。」也會這樣，很難救。現在同樣的情況，我乾脆充耳不聞，都不講話，當作沒聽見，我吃我的飯，鄰桌他們怎麼講是他們的事，因爲他們心中有憍，所以就生慢。

那有的人是因爲自我而慢，覺得自己比什麼人都行，輕視一切人，有的人是慢到無以復加，已不是普通的慢，叫作「大慢」。有的人則是因邪見生慢，那又不同；因爲邪見的緣故，他認爲自己很行，這種自覺很行的「邪慢」，從外道到喇嘛們比比皆是，這是很容易瞭解的；這一類人「好行欺誑讚美其身，多作方便開利養門」，這兩句的重點就在「開利養門」，因爲希望大眾對他們的供養越多越好、多多益善，希望人家供養，就得裝出一副很有證量的模樣；這種人你叫他謙虛一點，很難，他們從來就不知道什麼叫作謙虛。

隨便人家叫我什麼，我都不在意，因爲覺得沒有必要計較，所以在外面有時人家說：「你好像很有修行。」我說：「還好啦，還好啦。」有的人說：「我看你禪定修得也不錯吧。」我說：「還好啦，還好啦。」就這個「還好」兩字應付天下一切人，都沒有過失。可是有的人，要是對他不恭敬，他說：「我是某某人，你敢這樣看輕我啊？」他覺得很不舒服，那我們不想這樣；

因為我最喜歡當一個隱形人，不論走到哪裡，人家都不知道這個人叫蕭平實，這樣最好；就好像穿了隱形斗篷一樣，別人都不知道我是誰，我去向他買東西時，他是佛教界久學的人，也不會知道。

就像以前我去西藥房買藥膏、買維他命，他們電腦叫出我的電話號碼來，裡面記載說我是廟祝先生，我剛好看到了就說：「**我變成廟祝去了？**」我說：「**我每兩個月出一本書，不在廟裡作事。**」就改成寫書先生，但他依舊不知道咱家是誰，現在就是寫書先生。這樣也很好，不需要像傀儡戲—布袋戲—說的，才一出場金光萬道，當人家一聽到他的名字時，立刻蹬蹬蹬驚得後退三步，有一句話叫作「**轟動武林驚動萬教**」，眞的不需要這樣。若眞是這樣出來行走時，你等於隨時都在人家的照看之下；但我不用，出門買什麼，人家都不認識我，我也不要跟人家討價還價，照價買了就走，很單純，當然就不需要欺誑別人，也不需要讚美自己，因為都沒有名聞利養的需求，何須讚美自己？又何須要欺誑別人呢？有就有，沒有就沒有，這也不能夠欺誑；我們在許多方面也就一板一眼，不需要多作方便，全都隨順眾生，只有利樂眾生上面才需要「**多作方便**」。為自己「**多作方便**」是傻瓜呀！因為這一世「多作方便」廣得利養，未來世一定是當個窮光蛋，要什麼沒什麼，如何行道？何苦來哉！

所以那些愚癡人才會「多作方便開利養門」，這就是破戒比丘。那種人還有一種特性：「凌踐白衣僞現親厚，因勢得財以誇眾人；」這種人開口閉口就罵：「你們白衣懂什麼？」以往臺灣佛教一直都是如此，要是像「廣論團體」鳳山寺的一大半僧眾，以前常常掛在口上的就是：「你們居士們是一壺永遠燒不開的水。」所以他們「凌踐白衣」；而這一些人現在不再輕賤白衣了，包括任何人都不輕賤，因爲我說法時常常揶揄他們，他們現在也知道我常常會揶揄他們，也都整理在書中公開流通了，都可以讀到。因爲他們現在不繼續歧視在家人了，這些話就不再繼續談。

他們現在不再對信眾講那句歧視的話了，因爲常常講就會傷害信眾，信眾就覺得瞧不起人，心生不滿，就會漸漸離去。而且他們所謂的「燒開的水」是因爲學了雙身法，所以水能開；這是因爲他們寺裡的大半僧眾學了無上瑜伽雙身法，慾火那麼旺，水怎麼可能燒不開？一定燒得開！但居士們因爲他們不教——對居士們都不教雙身法，所以居士們永遠是燒不開的水。這事情大家如今瞭解了，他們再也不敢講了。所以「凌踐白衣」是這一些大妄語者常常會犯的過失，而「破戒比丘」正好如此。但是「凌踐白衣」時供養卻要來自白衣，所以只好「僞現親厚」，他們心裡其實很輕視白衣，但因爲利養要從白衣之人而來，所以表面上也裝著跟你很好的模樣，讓你覺得這個師父不錯，然後供養就奉上來，這就是他們的手段，可是信眾們大家不知道他們背後是怎麼說白衣的。

由於懂得這樣作的緣故，所以「因勢得財以誇眾人」；而其中有些正直的比丘們不巴結白衣，也不輕視白衣們，但是供養就少；供養少了也無所謂，他們也自安其道，那就沒什麼可以誇人了。因爲自安其道，結果是無我、無人、無眾生，有什麼可誇的？一直都是自謙而努力修行，那就縱容這些犯戒比丘「因勢得財以誇眾人」。而且偏偏白衣有一個現象，就是那師父身邊有很多居士追隨著，大家就想：「他的修行一定很好！」就越發聚集過來。而眞正修行好的比丘身邊沒什麼人追隨，因爲識貨的人少。所以一般白衣看見那位師父身邊沒什麼人，就想：「他大概修行不太好。」於是也不來親近，這就是末法時代的現象。所以「破戒比丘」在末法時代總是廣有供養、徒眾百千，這都是正常的事。

可是這種破戒比丘他們「毀破戒品、定、慧、解脫品、解脫知見品」，既然戒都能毀破，定當然也修不好，慧更別提了，因為心都不在這上頭。至於解脫的證境以及解脫的種種法，當然更不知道；於是他們胡亂說法自以為知，心中對於佛、法以及僧眾為什麼稱之為寶，他們心中無定也不信。有時覺得：「好像有道理吧？這真是三寶。」可是有時又覺得說：「好像不是吧？因為我自己都不像寶。」他覺得：「自己不算眾生中寶，別人當然也一樣。」他就這樣子看。這種人當然也不信業報，諸位看看那一些破戒比丘以及大妄語的破戒比丘，有多少人是相信業報的？如果相信業報，不必說到全信，信個五分就夠了，一定不敢犯戒，也一定不敢大妄語。可他們為什麼敢犯戒、敢大妄語呢？正是因為「不信業報」。

你們看那些大妄語者，形象最好的大妄語人應該算是釋印順，他的形象最好，但為什麼他敢大妄語？正因為「不信業報」。例如他主張　釋迦牟尼如來在人間成佛只是一個偶然，他不相信是經由三大阿僧祇劫修行才可以成佛的事，更不相信　釋迦佛是久遠劫以前就成佛了；他也不相信有地獄道，但他沒有說不信餓鬼道。但我想他心中應該還是不信的，因爲他看不見，所以他在書中說：「地獄是聖人施教方便。」也就是爲了教導的方便而施設有地獄，讓人家不敢犯戒，好好修行，言外之意是：「地獄實質上不存在。」不相信有地獄的人，當然他可以隨意否定佛經，反正也不會有地獄可下；其實是因爲佛經說的義理他讀不懂，妄認爲前後三轉法輪的教義有矛盾，乾脆否定算了；他不恐懼謗法的業報，所以這個形象最好的大妄語者正是如此。

那麼釋印順的徒弟中有一個形象比他差一點點的——後山的「宇宙大覺者」，我認爲她應該也是「不信業報」，否則怎麼敢自稱爲「宇宙大覺者」？如果有人要封給我一個名號叫作宇宙小覺者，我都還不敢接受，何況是大覺者？因爲這要冠上了宇宙，表示你得要十方世界來去自由時才有資格。假使我把往世的五通恢復了，可不可以稱爲宇宙小覺者？也還不行，因爲那還不是意生身，最多只是來去幾個他方世界，還稱不上宇宙。

那爲什麼她敢自稱爲「宇宙大覺者」？只有兩個原因，第一是「不信業報」，第二是對宇宙不瞭解。如果瞭解宇宙時，那「宇宙大覺者」怎麼會摸著一個小小的地球？地球不能代表宇宙，地球是宇宙中無量時光過程裡的一個時段中的一個很廣闊空間裡面的小小一點，怎麼能叫作宇宙？宇宙是超越時間的，也是超越空間的，結果後山這位「宇宙大覺者」眼光只在地球上，多麼渺小，應該叫作「地球不覺者」比較恰當，因爲她既未斷我見，也未明心，更不曾眼見佛性，入地的事就更別提了。

所以我說她心裡也大概「**不信業報**」；因爲這大妄語不是小事，別說「宇宙大覺者」這個大妄語，單說斷三縛結或開悟明心這個小妄語，對一般人就算是大妄語了，這個業報也不得了，何況是成佛這個大妄語；但她敢這樣明目張膽、堂而皇之把自己面貌和身形的仿水晶雕像，賣三十三萬元一尊，又對外宣稱那是宇宙大覺者的雕像；浴佛時還讓人家用那尊自己的雕像來淋浴，說那是「佛」的像，這膽子也眞夠大。所以我想所謂的業報，她應該是不太相信的，這跟破戒比丘很類似吧？因爲既然身爲出家人，犯了天大第一號的大妄語，那不正是「**破戒比丘尼**」嗎？難道還能叫作守戒者嗎？更何況開了那麼多家公司營利，也是犯了出家戒。

話頭拉回來，看破戒比丘「**貴於現利，謂無後世；多諸疑悔，志性淺弱常好驚怖**」。「**貴於現利**」就是他的眼光老是著重在現前的世間法利益上，對於後世的果報不相信；因爲他們有時會跟人家講：「沒有後世啦！只要這一世有利益就好了，後世又看不見，誰能證明有後世？」所以他們不信因果「不信業報」也是在所必然。可是因爲住在佛門之中，每天接觸的經典不斷地說明，所以心裡面又「多諸疑悔」：也許有後世吧？也許有未來世的果報吧？也許會下地獄吧？正是「多諸疑悔」。

若是談到修道，「志性淺弱常好驚怖」，因爲他們現在知道自己是大妄語或者破戒，經中又這麼說，當他們睡到半夜時都不安生，也許作惡夢下墮地獄很恐怖，所以又驚醒過來，那麼 佛就說了：「舍利弗啊！這樣的人就叫作弊惡比丘。」如來又繼續開示說：「像這樣的愚癡人，在我釋迦牟尼佛的法中就是屎尿臭穢不淨；這種人成就身惡、口惡、意惡，因爲他的命不清淨的緣故，不符合八正道的正命故，是以邪命而活，所以『命終之後墮在惡道』，不但是墮在惡道而且下入大地獄。」不是大地獄旁的小地獄、邊地獄，而是大地獄。進了大地獄想要出離是很不容易的事，爲他們想一想，腳底都涼了；可是他們依舊不信，依舊沒有任何感觸。那我們將來就把它整理出版流通出去，看他們是否有因緣讀了，或許可以補救而免墮地獄，這是我的希望。接

下來 如來又開示說：

經文：【「如是比丘，諸佛如來及弟子眾常所遠離，餘好道者求滅度者亦皆不近。舍利弗！譬如栴檀置不淨器，同於不淨，不復任用。如是，舍利弗！若在家出家親近是人習效所行，亦破戒品；不久同惡，顏色毀悴破失威儀，命終之後生地獄中。舍利弗！如是惡人，諸佛如來及弟子眾，並餘求道、好滅度者，皆所遠離。舍利弗！譬如栴檀置不淨器，不復任用；如是，舍利弗！若在家出家雖以塗身，猶雜不淨；舍利弗！此惡比丘亦復如是，雖坐眾中著聖法服，然是比丘惡相猶現；梵行比丘見此不淨，遠而不近；見他遠離，心則瞋恨，以是因緣，死入地獄。舍利弗！是名破戒比丘六憂惱箭，必墮地獄。」】

語譯：【世尊又開示說：「像這樣的破戒比丘，諸佛如來以及弟子四眾永遠都是遠離他們的，其餘喜愛修道以及想要求證滅度出三界的人，也都不和他們親近。舍利弗！譬如栴檀香放置在不清淨的器皿中，也就同於不清淨的物，不可以再取來使用。就像這個道理一樣，舍利弗！如果在家出家的人親近這樣的人而學習效法他們的所行，也一樣會毀破戒品；不久之後就同他們一樣都成爲惡人，於是顏色毀壞憔悴破失了四威儀，命終之後出生在地獄之中。舍利弗！像這樣的惡人，諸佛如來以及弟子四衆，並且加上其餘求道的人或者求出生死滅度的人，全部都會遠離他們。舍利弗！就譬如梅檀香放置在不清淨的器皿中，已不能再使用；舍利弗！如果在家出家之人雖然拿那樣的梅檀香來塗身，還是夾雜著不清淨物；舍利弗！這些惡比丘也像是這個樣子，雖然坐在大衆之中穿著聖法服，然而這些惡比丘們的惡相還是會顯現出來；修清淨行的比丘看見這樣的不清淨者，都遠離而不靠近；當他們看見別人遠離時，心裡又生起瞋與恨的惡心所，由於這樣的因緣，死後下墮地獄。舍利弗！這就是我說的破戒比丘的第六支憂惱箭，死後必墮地獄。」】

講義：清淨衆永遠都跟清淨衆在一起，染污衆永遠是心性相同的一群人聚在一起，兩者不會互相混雜，古今一向都是這樣。所以諸佛如來以及弟子四衆都是住在清淨境界裡，或者是修清淨行的人，對於這種不清淨的「破戒比丘」永遠都是遠離的。有的人喜歡求道，有的人希望求出生死而得滅度，同樣也都不會親近破戒者。喜歡求道的人不會喜歡跟他們在一起熏習世間染污之法，當然不親近他們；想要求滅度、要出三界的人，連自我都想要捨棄了，更何況會跟他們親近去追求我所。所以這樣的人不會有清淨眾跟他們和合在一起。譬如栴檀香，還沒有燒起來時也很香，磨成粉以後通常都要收存得很好，得用清淨的容器來收存；可是那個容器如果已經發臭，因爲沾了屎尿，那它是臭的，把栴檀香粉放在裡面，當你用湯匙挖出來點燃時，它還是會帶有臭味；因爲夾雜著不清淨物了，因此這是自己不應該再使用的，更何況任由大眾隨意取用。

道理是相同的，所以出家人、在家人若是親近了這種「破戒比丘」時，人家說「近朱者赤，近墨者黑」，又一句話說「如入芝蘭之室久而不聞其香，如入鮑魚之肆久而不聞其臭」，道理是一樣的。如果一天到晚在市場裡行走，他雖然不是賣雞、賣鴨、賣肉的人，但在那裡面不斷來去行走時氣味混雜，一定會熏染到臭味，鼻根很利的人一聞就說：「你住在市場裡嗎？」立刻就問了，這是很正常的事。就好像你們在電梯中如果遇到有人吃葷、而且又吃了蔥蒜，那你就會靠向邊邊，不好意思當面摀著鼻子，因你覺得很臭；可是他不覺得臭，因爲他習慣了。

同樣的道理，跟這一種「破戒比丘」常在一處時不免「習效所行」；本來覺得這個是很不好的事，但同在一起、看他們作慣了，漸漸也就覺得沒什麼；沒什麼以後再過一段時間也會跟著作，這叫作「習效所行」；最後習慣了就會跟他們一樣毀破戒品。破了戒品以後本來還不敢幹惡事，後來卻想：「反正戒都破了，看來也沒怎樣，惡事順便就造了吧。」不管業報的厲害了。那破戒又幹惡事以後，晚上睡覺總是不安生，總是擔心而每天睡不好覺，因此「顏色毀悴」在所難免；因為與那些破戒者「習效所行」的緣故，所以他的四威儀就不如法，這叫作「破失威儀」，那麼大家想想，他們死後還有第二條路嗎？當然是「生地獄中」。

這樣的人我們是應該想辦法救他們，如果救不了他們墮落餓鬼道，至少救他們不墮地獄道；若是救不了他們墮落畜生道，至少救他們不墮餓鬼道。是應該有這樣的心態和胸懷，因為這一些人眼前造惡，但未來世不一定造惡，未來世還是可度的人，所以要讓他們在三惡道的時間縮短，這是身為菩薩每一個人都應該有的胸懷，而不是去詛咒說：「你們將來一定下地獄。」那就變成惡心所了，很不好，這樣還能稱為菩薩嗎？

譬如有的人擅長於辯論，辯輸了卻祝福人家說：「願臺北市無災無難！」

這話顯示什麼？顯示她的心態不好。或是說跟人家辯論辯輸了就說：「願你無災無難！」意思是什麼？正是變相詛咒！在家人尚且不應該有這種心態，何況出家人？所以人們是否與法有緣或者與法無緣，在這裡就看出來了。世俗人尚且不會這麼惡心，何況出家人呢？對吧？所以我們要想辦法救她們。但是溫言軟語救不了，就要請出《佛藏經》針砭一類的言語來講解，然後出版、流通，看看她們有沒有因緣讀到而能夠滅輕罪業。

如來說像這樣的惡人，諸佛如來和弟子四眾以及求道的人、好滅度的人，全部都會遠離他們，就好像栴檀香放在不淨器皿中就不可以再使用一樣。所以如果有在家、出家的人，把那種栴檀香拿來塗在身上，還是會夾有屎尿味在，那還是不清淨；所以說，這個惡比丘的狀況也是相同的，他雖然坐在大眾之中「著聖法服」；聖法服是指什麼？就是袈裟，是出家人穿的衣服；在大眾中「著聖法服」是應該被恭敬的，但是他們「著聖法服」在大眾之中還是會有惡相在他們身上出現，因爲他們習效惡行已經習慣了，所以不經意之中流露出他們的惡相，於是修清淨行的比丘們看見這種不清淨的人，都會遠離，不會靠近他們而坐。

就像你們女眾中較年輕的人如果有一點姿色，還不必很漂亮，有一點就可以；當妳們坐在大眾中，如果大眾中有幾個喇嘛，妳們觀察他們眼神會是怎麼樣的？他們眼神是在打量著：「她能不能跟我修雙身法？」當妳看見喇嘛那樣的眼神時，會覺得舒服嗎？一定覺得噁心。那妳覺得噁心時還會靠近他們坐嗎？一定不會的。所以這時你就知道坐在他身邊的那些女人是幹什麼的，對吧？而妳一定坐得遠遠的，因爲噁心。同樣的道理，修梵行的比丘一定遠離這種「破戒比丘」，所以「遠而不近」。

但他們看著自己身邊都沒人，大家都離他們遠遠的，這時心中會怎麼樣呢？會生「瞋恨」的：「你們大家都瞧不起我。」瞋恨，是因瞋而記恨。若是因瞋而記恨時，這恨會維持久遠而繼續存在心中。瞋只是一時就過去了，但是恨會維持久遠直到老死；當他們心有瞋恨而死時，有惡心所在運作著，他就得下地獄，很可憐的。所以 如來說：「舍利弗！這就是我說的破戒比丘第六支憂惱箭，必定下墮地獄。」

講到這裡才只是第六支憂惱箭，後面還有四支。看來還是精嚴持戒的好，不要效法那些「破戒比丘」，因爲掙得一世的名聲與錢財，帶不去未來世；而未來世得到的是業，那個業眞不好受。業是跑不掉的，我們常常說：這七轉識─就是意根及識陰六個識─凡所造作、凡所活動、凡所熏習，全都在如來藏的境界中，不外於如來藏；那他們所熏習、所造的各種身口意業熏成種子以後，還是在自己的如來藏中，所以最後他們死後能帶走的就是那一些業種。因此有一句話說得好「萬般帶不走，只有業隨身」，這一句話不但適合那些造惡業者，也適合造善業者、修淨業者，因爲一切都帶不走（這一世萬貫家財都帶不走），走時只帶著這一世修證的果實或善惡業種。明心了、見性了，或者證得道種智及一切福業種子，都會帶到未來世去；那些造惡業的人也是一樣，他們也只能把自己的業帶去；二者間的差別只是種子一善一惡。

那我們也證明這覺知心所造的一切業，都不曾外於自己的如來藏，所以業種當然還是存在於自己的如來藏中；那麼將來受報時，或者生天享福、或者下一世乘願再來繼續當菩薩，或者下一世墮落三惡道，都是各人所造的業種差別而起報，沒有人可以替代。所以我們修的淨業和造了善業，當然都有來世的可愛異熟果；但是我們也要想辦法去救那一些人，因爲那些人將來是諸位出來當法主時要度的弟子。你們可別說：「我要當法主啊？還早著呢！」當然早！因爲你們如果要度他們，想想看他們回來時是多久時劫以後了？那時你們當然有機會當法主，怎麼會沒有？那你這一世造了一點善心所在他們身上，他們死時看見中陰的境界，或者看見地獄的境界時，總是會想到原來你當初是爲他好。

就這麼一念善心所，將來三惡道業報受完了，回到人間遇到你就會相應，那時不是該歸你度了嗎？那時也許你已經修到三地、五地菩薩位了，度他們恰到好處，所以不要輕視現前所造的任何一件事以及任何一個心念；也就是說，當你們未來有一世可以看見往世某些事情時，看多了以後一定會發覺一個現象：就是往世在造作那麼重要的事情時，當時的你並不覺得那有多麼重要，但是竟然今生顯現出來是這麼的重要。同樣的道理，當你現在救他們，你有這一念善心所去散發了傳單、要救他們時，你大約不覺得什麼，但是也許未來世你可以看見很多劫前的事情，然後你在度眾生時度到某一些人，也許在定中或夢中會看見：「原來這個人是多少劫以前我發一張傳單，那傳單影響他而結了善法緣，他就現在被我所度。」

你現在看無量劫前發的那一張傳單，現在覺得那件事很重要，可是以前當時發出去時你不覺得重要；所以我才會說：發傳單時不應該發給這個人而看著另外一邊，你應該跟對方眼神交會；你跟他有眼神交會，這張傳單才會有了連結。這個很重要，就是說你要有很誠懇的心態跟他的心感應；你跟他感應之後，這個緣留到未來世不會消失，所以當未來世你在弘法，而他聽見你的名稱或者遇見你時，就會跟定你。這就是因緣，看起來好像沒有什麼，可是到未來世眞的會有什麼，所以每一件事情都不要輕易忽略掉。因此不論你送什麼給人家或者發傳單給人家，一定都要誠懇的四目相對，讓對方感應到你的誠懇；這個緣若是結得好，未來世你度眾就很成功，因此說這很重要。

所以我們現在同樣要以善心所，把這個道理講出來、印出來、流通出去，讓有緣的人可以知道：「原來人家是爲我們好，不是故意要罵我們。」由這裡他如果能夠再進一步想到：「如來太慈悲了，講到這麼詳細、這麼細微，就怕我們犯錯後不知道悔改。」如果他們再增加對如來的一念善心，那又更好了，未來他們在三惡道的時間將會縮短。這一念善心，只要在中陰境界或者臨命終時，看到地獄境界時生起了善心，就可以減少他們在三惡道的時間，這對他們是一個很直接的幫助。所以我希望大家都用善心來作破邪顯正的工作，而不要以惡心來作破邪顯正的工作，因爲這樣所得到的結果是不一樣的。

接著再來看〈淨戒品〉之餘，也就是說〈淨戒品〉分成兩個部分，後半部就是這個〈淨戒品〉之餘，這已經進入《佛藏經》的卷中。我們再來恭聆世尊的開示：

《佛藏經》卷中

〈淨戒品〉之餘

經文：【「復次舍利弗！破戒比丘聞佛所說如是等經，心不清淨歡喜信樂，自知有過。便疑：『此經為我等說，不為餘人；何以故？如我等比丘有此事故。』舍利弗！如是上妙無比之法，破戒比丘乃生瞋恨，於說法者心多不信。得聞如是佛所說經，違逆不受，而作是語『此非佛說』，教語餘人。何以故？破戒比丘不樂修道，修道比丘不逆佛語。此皆破戒愚癡惡法，謂心不信，違逆佛語；如是比丘自知有過，但生瞋恨、憍慢、狠戾，惡邪慢心謗佛法僧。舍利弗！隨此比丘聞是諸經違逆不信，心不通達無上菩提，教語諸人『非佛所說』，舍利弗！佛說是人則為謗法，以謗法故為非沙門、非釋種子，應當滅擯是等比丘。若千、百千、萬億諸佛三輪示現，不能令悟使得道果，何以故？舍利弗！如是惡人於此法中自作障道，無復生分，無有信心，但好衣食貪樂世利，

我說此人必墮地獄。」】

語譯：進入《佛藏經》的卷中，現在是〈淨戒品〉之餘，世尊開示說：

【「此外舍利弗！破戒的比丘聽聞佛所說的像這樣深妙的第一義等經典，他們心中不清淨、不歡喜、不信樂，自己也知道是有過失的。他們便懷疑說：『如來這樣的經典是為我們這些人說的，不是為別人說的；為什麼呢？因為像我們這樣的比丘就是有這些不好事情的緣故。』舍利弗！像這樣上妙無比的佛法，破戒比丘們聽聞之後便生起了瞋恨，所以對於說法的人心中大多是不相信的。有機會聽聞像這種佛所說的經典，他們總是違背拂逆而不接受，然後這樣子說『這經典不是佛所說的』，用這個方式來告訴別人。為什麼這樣呢？因為破戒的比丘不樂於修道，而修道的比丘不會違背拂逆佛陀所說的話語。這些都是因為破戒愚癡的邪惡之法，也就是說心中不信受，違背而且忤逆佛陀的聖教；像這樣的比丘自己也知道有過失，但只是生起瞋恨、憍慢、狠戾，以惡邪的慢心來誹謗佛法僧三寶。舍利弗！隨著這樣的比丘聽聞這種深妙的各種經典而違背、而拂逆、不信受，心也不能通達這個無上的菩提，而去告訴別人說『這不是佛所說的』，舍利弗！佛說這些人這樣作就是謗法，由於謗法的緣故他們就不是眞正的出家人、不是眞正的釋門種子，應當要滅除或者排擯這樣的比丘於僧團之外。如果有一千或者一百千或者萬億的諸佛以具足的三輪來示現及化度，都不能令這種人悟得道果，爲何這樣說呢？舍利弗！像這樣的惡人在這個深妙法之中自己造作障礙道業的事，他們的道業和解脫果、菩提果再也沒有出生的機緣，他們也沒有信心，只喜好衣食而貪愛執著於世間的利益，我說這樣的人必定會下墮地獄。」】

講義：破戒比丘聞　佛所說如是等經，「心不清淨歡喜信樂，自知有過」。這是很正常的事，因爲他們心中總是很清楚分明自己究竟做過哪一些惡業。如來說了，《佛藏經》這一頁經文中所說，那一些破戒比丘們有許多事情都作過了，所以「自知有過」，對於深妙經典的實證，他們也知道自己沒有機會，所以心中不歡喜也不信樂，便疑：「此經爲我等說，不爲餘人；何以故？如我等比丘有此事故。」這都是平常事，而且是一定的。就好像我有時講經、有時在增上班上課講《根本論》，下課以後總是有人告訴我說：「老師！您那一段是在講什麼人，對吧？」我說：「你也眞會聯想。我不講什麼人，我是依經說經、依論說論。」但是我相信聽我說法或者講論的人，講到那些部分，他們一定心裡面想：「老師又在說我。」對吧？一定是這樣，因為自己剛好有那些事。

有時我舉個例子，有人就告訴我說：「老師！您今天講那個例子是某某人。」我說：「你也真會聯想，我講我小時候遇到某某人的事，跟會裡的人無關。」結果大家都會聯想。由於別人都會聯想，那麼造了那種業的人他自己不會聯想嗎？一定也會的。所以有時 如來不是故意要講某人，而是舉一個例說明某一些事情，但是有的人聽了就會想：「如來是在說我。」於是因此就改過了。這是很正常的事，但沒有造作那些惡業的人就不會聯想到自己身上來。

不可諱言，我有時真的是在說某人，因為他一而再、再而三犯過，我就不得不講。但我如果說某人時，我就故意看他一會兒、講一會兒，我要讓他知道：「我在說你，以後別再犯了，你已經犯很多次了。」那我如果沒有故意看著他，一直講下去，就不要懷疑他；大眾之中就是有則改之，無則勉之，不就結了嗎？因為如果老是覺得我在講他，那他來世遇見我時印象不好，想要攝受他，也不肯讓我攝受，那怎麼辦？那他未來世的道業進展就很慢。如果我看著他講著，知道我在講他，能改則最好，因爲這一世就開始進步了。這也是我講經時的一個原則。

所以那一些犯戒的比丘心裡會想：「這部經典，如來是爲我們這一些人講的，不是爲別人說的；因爲我們有這些過失，所以如來故意爲我們講這一部經典。」然而這種「上妙無比之法」，所有比丘、比丘尼們，優婆塞、優婆夷們，大家聽了都很歡喜，因爲如來今天說的法太勝妙了，聞所未聞；可是他們「破戒比丘」聽了「乃生瞋恨」。對於說法者心都不信，可想而知將來這一部經的講義整理好了，印行流通以後，有許多「破戒比丘」也一定會對我「乃生瞋恨」。但我希望總是會有一分人知道說：「這是爲我好。」所以他們終於起信改過、努力修道，那就符合我的願望了。

「於說法者心多不信」的人，他們如果可以聽聞到像這樣 佛所說的經典，他們心中不喜歡就會故意違背，然後忤逆 佛說，故意作相反的說法。那釋印順不就是這樣嗎？所以他故意曲解 佛陀在《楞伽經》中的話，曲解成如來藏是爲了那一些怕斷滅的人而說有如來藏，其實是說如來藏不存在；他故意曲解，所以他也主張大乘非佛說。大乘非佛說的意思就是說：只有《阿含經》說的解脫道才是 佛說，解脫道就是成佛之道，成阿羅漢就是成佛了。他就把大乘法全面否定。當他講此「非佛說」目的是在哪裡？就在告訴大眾說：「這不是佛講的，所以我有沒有實證大乘佛法，那無所謂，我只要懂緣起性空就夠了。」這就是他的想法，他也希望他的所有信徒們都接受他的說法。

那大家來看看釋印順這樣的作法，正是「教語餘人」：「此非佛說」。不正好等於這個破戒比丘嗎？差別只是「破戒比丘」大多偏在錢財和世間名聞上，但他的破戒是在破壞佛法的根本上面，那到底誰破戒嚴重？（有人答話，聽不清楚）對喔！釋印順破戒更嚴重。因爲他把佛法的根挖掉，而破戒比丘只是把那些葉子除掉而已，那到底誰破戒比較重呢？顯然是釋印順。但是一般人看不懂，只看表相，都看他道貌岸然而不攀緣，一世不貪著錢財，修行好；卻不知道「破戒比丘」把這一棵佛菩提樹破壞了花，或破壞了果、或破壞一些葉子，而這釋印順卻是從根破壞掉，因爲當他把第八識如來藏否定時，三乘菩提都不能建立了，這才是重惡業，而且是重中之重。可是末法時代佛弟子們懂這個道理嗎？不懂！所以我們得要再三講出來。

「破戒比丘」爲什麼會「而作是語『此非佛說』」呢？爲什麼他們會不斷這樣「教語餘人」呢？因爲「破戒比丘不樂修道」，凡是談到修道的事，他們都沒興趣，喜歡的是衣食住行上面的種種便利，在這上面起種種的貪著；但修道比丘跟他們相反，「修道比丘不逆佛語」，所以努力修道，對那一些名聞利養都不看重，所以這些「破戒比丘」只好不斷告訴「修道比丘」說：「這個不是佛說，你不要信受，不用那麼辛苦修行。」就這樣子作。想一想臺灣佛教界被印順法師教導四、五十年「大乘非佛說」，有好多人也眞的信了。好在我們證明大乘是佛說，所以臺灣佛教現在算是有了眞正的底子，可以供養佛弟子在修道上的一切精神食糧，而這一些法食會繼續流傳供養我們下一世再來受用，這個才是重要！如果我們不證明大乘眞是佛說，被他們誤導下去以後，佛法從此連根砍斷就沒有未來了。

這個是說什麼？是說「破戒比丘」或釋印順這一些作法，都屬於「愚癡惡法」，因爲心中沒有智慧的作爲都是惡法；而他們心中對於深妙的 佛所說經並不信受，特別是那一部《楞伽經》。《楞伽經》很勝妙，既殊勝而且深奧廣大奧妙，函蓋面很廣；釋印順以前要表現自己也很行，講解了《楞伽經》，後來有一位演培法師幫他整理成文字，預備要出版了，請釋印順寫個序，沒想到被印順拒絕。天下有這種人嗎？人家爲他出書，他寫個序也是應當的，結果竟然拒絕了。那他爲什麼婉拒？因爲他對那一部經的內涵根本就不信受。所以我說演培法師……不好說他糊塗，只能說他照子不亮，不知道人家想什麼。照理講，讀過《妙雲集》就知道那一本書根本不應該出版，他還不懂，還幫印順整理出來出版，還邀請他寫序；沒想到人家不寫，吃了個閉門羹。這是什麼原因呢？是因爲釋印順愚癡，他不相信這個勝妙法，所以不願自己解說這本經的書籍出版；沒想到演培後來還是出版了，但解說的內容實在令人不忍卒讀。這表示什麼？表示釋印順對於 佛所說的大乘諸經中的深妙法，心不信受「**違逆佛語**」，才會故意主張「大乘非佛說」。今天講到這裡。

《佛藏經》卷中〈淨戒品〉之餘，上週講到三十一頁倒數第五行，今天要從這裡說起：「**如是比丘自知有過，但生瞋恨、憍慢、狠戾，惡邪慢心謗佛法僧。**」這是作一個小結論，說破戒謗法的這些比丘們，他們自己心中其實也知道自己是有過失的，但是他們心裡只會生起瞋恨心、憍慢心、狠戾心以及惡邪慢心，他們同樣都是會誹謗佛法僧。瞋恨當然有原因，因爲「**如實**

說」的比丘出世說法時是依照 佛語，也依照 佛所說的眞正意旨來說法，但這樣的說法明顯是與「破戒比丘」們所說互相違背，而且明顯的顯示出來「破戒比丘」們所說的法不是佛法；所以「如實說」的比丘縱使不誹謗他們，但他們依舊會誹謗「如實說」的比丘。

這個現象是永遠如此，因爲他們不能滅除瞋恨之心。想想看，他們爲什麼會起瞋然後記恨？原因很簡單，因爲「如實說」的比丘把「第一義諦」的勝義「如實說」，多數人聽聞之後就知道「破戒比丘」們所說不如法，不是佛所講的法，這麼一來他們的名聞利養眷屬身分地位全都喪失了，所以他們對「如實說」的比丘必然會生起瞋心，然後記恨。這也是我們正覺所經歷的過程，所以我們弘法早期那十年中，幾乎沒有一個道場不罵我們的；只要我們聽說某一個道場的名號，就先知道是在罵我們，不然人家不會來向我們提那個道場。所以聽到某某道場名號時就知道又有人罵我們，但我們老是挨罵也很習慣了。

問題是他們爲什麼對正覺起瞋然後記恨？有許多道場當年罵正覺是邪魔外道，甚至也有罵我個人是妖精，說我有神通又說沒有神通，又是什麼人妖，罵得很厲害。但是這些佛門中的出家、在家人，或者外道們起瞋然後記恨，最後還不止瞋恨，還有怨和惱發生。怨就是想辦法編定一套說詞來向大眾宣揚說正覺是邪魔外道，然後付諸於實行時便是「惱」。那些抵制正法的事相非常之多，但隨著我們慢慢地把眞正的法從深入的層面一直轉變到深入而又廣泛，讓他們開始瞭解第一義諦；而且我們不只是禪宗的法，還有其他各宗各派各個層面的法，包括密宗假藏傳佛教的法我們也辨正了，後來漸漸地有人瞭解了，誹謗的聲音才算漸漸減少，到二〇〇三年以後開始在臺灣正統佛教中絕跡了。

所以瞋恨心是破戒比丘常常會出現的心態或者行爲，這是不可避免的。一方面因爲他們已經破戒，一方面也因爲他們的名聞利養隨著「如實說」的比丘法義勝妙宣揚出去以後，顯示他們是未證言證、未悟言悟，名聞利養眷屬受到損害，因此他們起了瞋然後記恨，接著生怨之後就有惱的行爲出現；這是末法時代所常見的現象，但在像法時代末期，這現象才是剛剛出現。有「瞋恨」的人不一定就叫作憍慢心，憍慢心也是很平常；我們弘法早期常常看見的是，這個道場宣稱他們的住持和尙是阿羅漢，那個道場也宣稱他們的住持和尚是阿羅漢，居士們也是群起效尤，所以海峽兩岸阿羅漢幾乎是遍滿佛教界。這些人爲什麼後來明知自己不是阿羅漢以後都還不肯更正？是什麼原因？正是因爲有憍慢心。這「憍慢」心的目的就是在於籠罩天下人，只要不承認自己的錯誤就可以繼續廣收群眾的供養；比較好一點的只是爲了維持道場的生存，所以必須繼續「憍慢」下去。

但是「憍慢」之最，究竟是誰呢？正是密宗假藏傳佛教。你們看那些喇嘛們有時遇到別人不信受他們時，就擺出一種傲慢的姿態來，叫作佛慢；這個名詞很怪，是佛而有慢，眞是一件怪事，但他們都不警覺這個名詞和行爲是有問題的。而他們的佛慢是很可笑的，就是遇到有人不信他們時，就板起臉、擺起排場來，一付不苟言笑的樣子，用慢心來看待你。他們的想法是當你看到這樣所謂的佛慢時，你就心裡害怕，就會恭敬於他，這是密宗假藏傳佛教降伏別人的一套理論和作法。然而諸佛如來從來無慢，因爲成佛前的一大阿僧祇劫就已經把習氣種子都滅盡了，也就是說八地時就已經無慢了，怎麼成佛以後反而會有慢呢？所以說密宗假藏傳佛教不懂佛法，那是個邪法，經由邪思惟而產生的邪見，然後付諸於實行，這就是「憍慢」之最，所以要談到慢心最厲害的無過於喇嘛們，沒有誰比得上他們。

還有一種就是「狠戾」，古時那些六識論的聲聞僧們不是雇了外道把提婆菩薩殺了嗎？其實那是六識論的聲聞僧幹的惡事，那心也夠狠，導致提婆復興佛教的大業功敗垂成。但現在「狠戾」之最依舊是密宗假藏傳佛教，當你跟他們站在對立面，破斥他們的一切邪法，他們覺得受不了時會想要殺掉你，只要有機會。如果沒有辦法降伏你，就把你殺掉；所以密宗假藏傳佛教用鬥爭的手段殺害人，還編了一套說詞，他們說：「我把你殺了，就是度了你。」同樣的道理，爲了口腹之欲貪吃眾生肉，就說：「我把牠吃了，我就度了牠。」

天曉得！他們連自己都不能度，還能度別人？因爲破壞佛教曲解佛法，死後必墮三惡道。想想看，他們把五戒全都犯了，都屬於菩薩戒的十重戒。他們殺生也敢作，以非佛法騙人而說是佛法來收取供養，那是不是竊盜？然後又愛盡天下漂亮年輕的女人，想方設法要把年輕貌美的女人拐上床「成佛」，卻不愛老太婆——不肯度老太婆上床「成佛」，是不是邪淫？也完全沒有平等心。像這樣殺盜淫都犯了，加上特大妄語，而且是特大號的大妄語，

說他們比 釋迦如來更行，說 釋迦如來只是化身佛，他們個個都證得報身佛。問題是他們那個報身佛的實質，不是「報紙」那個「報」字，而是擁抱那個「抱」字——抱身佛，正是假佛，這是特大號的大妄語。然後爲了雙身法的實行，上供鬼神仿冒的佛菩薩時也得要用酒，他們自己也喝那些酒，所以五個重戒全部都犯。有哪一個喇嘛不是這樣？那麼這樣子，將來死後必入三惡道，自己都度不了，都將墮落惡道中，還能度別人「成佛」？

可是他們心狠，沒有辦法在實際上把你殺掉時，就作法來殺你，所以他們有個誅殺法的修法。但那個誅法能不能成功呢？據他們說都會成功。比如他們誅殺毛主席，殺了五十年才殺成功；因爲人總是會死的，人老了自然就死了，是正常的壽命終了，他們就說殺成了。據我所知，前幾年內地有許多喇嘛弄個麵人，上面寫著三個字「蕭平實」，當眾作法以後拿起刀子往脖子這麼一砍，就說把蕭平實誅殺了。可問題是他們殺了十幾年，我今天還坐在這裡說法。當然，他們將來也會殺成功，就是二十幾年後我捨壽了，他們就說是誅殺成功了，其實是我這一世捨壽命終，所以那是自我安慰、自我解套的一種說法。但是有殺心於善知識，就是「狠戾」，對佛法實修就會造成障礙。那他們如果在現實上面眞的能殺得到，他們也會來殺，在天竺時就已經是這樣了，所以往昔在天竺，咱們在尼泊爾、在印度漸漸的無法繼續弘傳了，因爲他們勢力大，就是《佛藏經》所說的那個模樣。

後來我們被迫遷移到南方去。一九八九年我去印度朝禮聖地時，坐在遊覽車上盤起腿來入定去，那時我們是一個人坐兩個位置，因爲那時印度的遊覽車沒有冷氣，就一個人坐兩個位置，我就盤起腿來入定。定中我看見以前的兩世，一世在尼泊爾——在尼泊爾一個鄉下地方的蜿蜒小道，我貼著小道的地面飛行，那時是有五通的；另外一世是很難過的日子，在印度南方海邊沒有什麼信眾，法難以弘傳，所以後來不得不投生到中國來，不是佛法裡說的中國，那時叫作大唐；那時很多聖弟子陸續轉生到華夏，佛法因此才傳到震旦地區來。

那密宗假藏傳佛教用的手段很殘忍，這種殘忍的手段不只是在天竺實行，後來也在中國實行，所以四百年前咱們在西藏被殺的被殺、被打的被打；那時被打被殺，有的同修到現在都還常常作同一個被喇嘛追殺的惡夢，一直到佛加持或者到破參之後，那個惡夢才消失掉。有位同修當時被殺還沒死，被綁在竹排上丟到水裡，臉往下就這樣淹死，到現在身體還是寒的，如來藏的不可知執受眞的很厲害。這一些事情，我們有許多同修以前不明白，直到讀了我的《狂密與眞密》敘述在西藏被殺、被打那一段事情，才終於連結起來，才知道原來自己被殺的事情是發生在西藏。那也沒辦法，而現在我們有機會可以復興佛教而不再被他們打打殺殺。但是在他們的想法中，對我們打打殺殺目的是爲了什麼？他們說這叫作護法。就好像十幾年前網路上有很多人在罵正覺、罵蕭平實，他們都認爲自己是在護法。晚近這七、八年來卻有些人寫信來，有的人是打電話來，有的則是當面來懺悔，說以前弄錯了，是被誤導所致。

可是密宗假藏傳佛教殺了人、犯了錯絕對不承認，因爲他們的心是「狠戾」的。例如達賴喇嘛唆使許多西藏的喇嘛自焚，那一些人自焚是被達賴策動的，可是十幾年來達賴沒有說：「你們不要再自焚了，這樣沒有用。」或者說：「這樣是愚癡。」或者講一些話來表達說：「我達賴反對自殺，這樣令人覺得很感傷。」他從來沒有。表示他爲達目的可以不擇手段，隨意犧牲人命。假使有一條狗，不說一個人，假使有一條狗爲我而死，我都會覺得很難受，一定設法預防這種事情再發生；可是那麼多的喇嘛在他的策動下自焚，他不曾說過一句感傷或者悼念的話，你想這人的心是不是「狠戾」呢？他可以無動於衷，為了達到目的，對於迷信他的信眾們，心中都沒有一點點的感觸。當年他們打殺覺囊派時也沒有一絲一毫的惻隱之心或者感觸，他們覺得自己那樣作是正確的，而且越殺越痛快。他們是這樣，但若是有惻隱之心的人，殺人到最後會手軟；而他們都不手軟，可以想見密宗假藏傳佛教這些人古今以來一脈相承是如何「狠戾」。

但不管「瞋恨、憍慢、狠戾」，其實都是緣於「惡邪慢心」。惡是因為心性能接受凶狠之事，這樣的心性稱為惡。有很多人被朋友帶著去密宗假藏傳佛教的道場，第一個感受就是覺得難過；例如看見他們所謂的佛像，手裡拿著刀子、人的腸子、人的髑髏等，血肉淋漓，看著就覺得他們多麼凶狠。特別是看見赫魯嘎一副窮凶極惡之像，所以打定主意再也不去了，因為不相應。本來想：「既然是佛教，跟著學以後應該是越來越祥和。」誰知道結果是要學著凶狠，這就是惡。

還有一個叫作邪，正直的人一踏進密宗假藏傳佛教道場，一看就覺得邪門兒，總是覺得有一股說不上來的邪；仔細端詳了以後，發覺還眞的邪！所以即使他們掛著布幔，把他們所謂的佛像下半身圍住，但人家光看上半身就覺得夠邪了，還有許多的說法也很邪；但是惡與邪正是密宗假藏傳佛教的特色，假使不惡又不邪就不叫密宗了；除非已經被眞正的佛法教化回歸佛教，否則都是充滿著惡與邪。

密宗假藏傳佛教還得再加上一個慢；他們瞧不起一切佛教的僧寶，那些喇嘛們自以爲勝過 釋迦如來，所以對佛教的比丘、比丘尼根本看不在眼裡；而這樣的慢，一直到正覺出世弘法以後才開始漸漸消失。他們現在有些喇嘛開始跟著在講大乘經典，但他們的目的不是擁護大乘，而是假裝說：「**我們就是大乘佛教。**」讓人家不再分別他們是密宗喇嘛教。等到佛教正法衰微了，他們就會重新回歸到密宗假藏傳佛教，這是他們一千多年來一貫的手腕。那我們要預防這種事情繼續發生，而這些人遠比佛教中的破戒比丘更嚴重毀壞佛教。

但即使是佛教中的「**破戒比丘**」，也是一樣具足這一些心，所以惡心、邪心、慢心加起來就會產生了「**瞋恨、憍慢**」以及「**狼戾**」，而這些人作起事情來都是很凶狠的，溫言軟語對他們勸說都是沒有用處的。想想我們弘法剛開始那十來年總是溫言軟語，我們只講我們的正法而不批評他們，可是一點作用也沒有，反而要被他們誹謗。既然咱們安分守己說法還是要被誹謗，乾脆開始摧邪顯正；摧邪顯正之後他們繼續罵，但無所謂，因為他們本來就在罵我們了。但是我們摧邪顯正之後效果反而漸漸表顯出來，我們如果不摧破邪說，邪說跟正法就會混淆在一起，大眾無法區別邪說為什麼是邪說。甚至有人一天到晚講著邪說時卻說他講的法是跟正覺一樣，但明明不一樣啊！只是沒有舉出來作對比或區別時，大眾還是不明白，於是被繼續籠罩。

因此你如果是了義的正法，摧邪顯正是遲早都要走的路；因為你說的法跟他們說的表相法完全不同，既然不同，人家一定要排擠你，若不排擠你，就等於承認自己錯了；是可忍，孰不可忍？於是他們就是要誹謗你、要否定你；那時你不得不出來辨正何者為正、何者為謬，這就顯示出來了，那你也從此成為佛教界的「惡人」，追求名聞利養的大法師們都討厭你。所以只要你的法是了義的，跟表相法不一樣，那麼你破邪顯正這條路遲早都必走；我的看法是遲走不如早走，晚作不如早作。所以我剛開始弘法那十年，沒有一開始就摧邪顯正，其實是個敗筆，否則佛教今天應該會更昌盛才對。但好在我們被逼而不得不走上這一條路，總算也作了十來年，所以現在謗佛法僧的人少了。

有的人想：「那『破戒比丘』總不至於謗佛吧？」但諸位觀察看看，他們幾乎每天都在謗佛，因爲他們說：「這離念靈知是常住的，佛法就是這樣。」請問佛法是誰講的？是 佛陀講的。可是 佛有這麼講嗎？沒有啊！那他們說那就是佛法，就是謗佛。又譬如有大法師說：「意識是常住的，意識能生五陰，這就是佛法。」但這也不是佛法，而他說這就是佛法，意味著他講的這個說法就是 佛講的，那是不是謗佛？是喔！所以謗佛的事情太多太多了。把外道法拿進佛門裡來，然後對信眾說那就是佛法，說就是釋迦如來傳下來的，這也是謗佛。所以謗佛的事所在多有，而以密宗假藏傳佛教爲甚。

密宗假藏傳佛教怎麼講的？他們說：「釋迦如來只是化身佛，我們修無上瑜伽證的是報身佛，我們的層次比釋迦牟尼佛更高。」又誹謗說：「還有更勝妙的法，釋迦如來還沒有講，是由我們供奉的大日如來講出來的。」那也是謗佛！因爲該說的法—成佛之道的次第和內容—釋迦如來都已經說了，他們竟然誹謗說 如來都沒有講，那不就是謗佛嗎？而且無上瑜伽雙身法只是導致死後會下墮三惡道的外道法，根本不是大日如來講的，他們卻僞造密經說是大日如來講的，也是謗佛。等他們都謗完了，我把書寫出來辨正，現在他們只能閉嘴；因爲事實證明成佛之道 如來已經都說了，不是沒有講。所以密宗假藏傳佛教所有人都是謗佛者。

謗法的情況也是一樣，在正統佛教中最具體的代表，就是六識論的釋印順；臺灣佛教推崇他是導師，他甚至公然說《般若經》不是 佛講的，是後代的佛弟子集體創作的，但因爲跟 佛講的道理一樣，因此也可以稱爲佛經，他是這樣解釋的。所以《大品般若經》、《小品般若經》乃至第三轉法輪的唯識增上慧學諸經，他都是這樣定義的，都說那是後代佛弟子們長期連續編造出來的。可問題來了，後代的佛弟子尚未成佛，智慧能比 如來好嗎？不可能啊！而他所謂的後代佛弟子編造的第二轉、第三轉法輪的經典，比他所承認的 如來說的四部阿含的法義更勝妙。所以我說他是個老糊塗，從年輕糊塗到老，一百零一歲死了也是糊糊塗塗死的；我在想，他是怎麼死的連自己都不知道，因爲他是昏昏沉沉中死的，死前連澄清、連滅罪的機會都沒有。

這就是最具體的謗法者。

密宗假藏傳佛教的謗法舉之不盡，那就不用提它。至於謗僧，密宗假藏傳佛教謗得最厲害，他們看不起佛門中的一切出家人，甚至於要求追隨的比丘尼們都必須跟他們合修雙身法。所以現在路上走著走著看見有比丘尼跟在喇嘛身邊，心裡面就覺得好難過；不管怎麼樣，終究是個出家人，貴爲表相三寶之一，結果被外道呼嚨得服服貼貼唯唯諾諾，晚上要配合喇嘛修雙身法，看著眞是很難受。有時想，她們出家了還這麼沒智慧，被外道耍得團團轉；想要救她們又無可奈何，因爲該寫的寫了，該講的也講了，她們偏要信那些喇嘛，咱們也無可奈何；只有寄望未來很多劫的時間裡，所領受的痛苦會改變她們了！所以那密宗假藏傳佛教外道謗僧謗得非常嚴重。

那正統佛教裡面有沒有謗僧的人？你們爲什麼說有？因爲親耳所聞，就像以前印順一派有許多人不分在家與出家，一體誹謗。他們誹謗土城承天禪寺廣欽老和尚，瞧不起他，只因爲他不識字，卻不知道他是眞正證悟者，就以學術的立場來嘲笑廣欽老和尚；他們不相信廣老是證悟者，這是謗勝義僧，不是謗一般的僧眾。他們不敢在文字上，而只敢在口頭上誹謗蕭平實，可他們沒想到誹謗蕭平實比誹謗廣老的果報更嚴重；他們都沒想到，因爲他們不知道我的身分；這個身分也不用猜，將來走人時我自然會有所交代，但他們不曉得。

所以看到這蕭平實雖然理個光頭，卻是個在家的居士，就想：「**誹謗了會有什麼問題？**」他們不知道這問題更大，所以謗僧的事情有些人故意造作，而有些人是無意而爲之；因爲沒智慧的跟屁蟲非常多，特別是初機學人剛學佛，什麼都不懂，就被人所誤導而跟著造惡業。不過好在跟隨的人沒有根本罪，也沒方便罪，只有成已之罪，那罪算是輕一些，所以我倒不擔心。比較擔心的是釋印順那幾個領導的人，他們根本、方便、成已都有，而且都具足，未來世恐怕我是度不到他們，是要你們之中道業最差的人去度他們，那也無可奈何。所以謗佛、法、僧的事情有許多是明顯可知的，也有許多是誤會而自以爲在護法；這種事情古今以來就很平常，所以沒什麼值得奇怪的。

這就是破戒的比丘「**自知有過**」，而這些情況就是他們的心境和他們所住的境界。然後佛說面對他們這一些人，大眾應該如何對待；如來說：「**舍利弗！隨此比丘聞是諸經違逆不信，心不通達無上菩提，教語諸人『非佛所**

說』，舍利弗！佛說是人則爲謗法，以謗法故爲非沙門、非釋種子，應當滅擯是等比丘。」如來告訴舍利弗說：「隨著這一些破戒比丘聽聞到《佛藏經》這一類勝妙經典，而違背、拂逆、不信受，他們心不通達無上菩提，」也就是說這一類的經典法義太勝妙，甚深難解，非思惟、非想像之所能到，所以他們「違逆不信」，當然他們心中對於這樣的勝妙法更不可能通達，至於「無上菩提」就更難知了，所以他們完全無知於「無上菩提」。

就像早期佛教界總是這樣說我們：「正覺傳授如來藏法義，主張如來藏實有，這就是執著於有，就是自性見。」這是因爲他們對於如來藏妙法完全無知，他們都不曉得如來藏能生三界有，是世出世間法，不屬於三界有，那麼證如來藏者又怎麼會是執著於有呢？他們也不知道「無上菩提」是依如來藏第八識心而建立、而開演、而傳授、而實證、而悟後起修，乃至成佛；他們完全不知道如來藏勝妙法就是「無上菩提」的根本，所以他們敢隨意否定。因此他們敢大膽說：「大乘第一義勝妙的經、法不是佛陀所說的。」臺灣釋印順等一票人，跟隨日本學術研究者爲了脫亞入歐、想要提升國際地位而否定中國大乘佛法，不承認中國佛教的大乘法，所以他們互相呼應而主張「大乘非佛說」。

但釋印順主張的最強烈、最徹底，他們不曉得大乘法才是「無上菩提」，所以一天到晚「教語諸人『非佛所說』」；當年臺灣佛教界也有好多人信受，只有禪宗和淨土宗的法師和信徒們不接受他們的說法，可見他們當年影響力有多麼大。一直到咱們出來演繹大乘經典，並且針對他們六識論的邪說加以辨正，他們才不再主張大乘非佛說。明明大乘經典所說非常勝妙、非常高深，是他們所完全不能理解的，而他們故意主張大乘非佛說，那就是謗法，而且是誹謗最勝妙的法；那麼這些誹謗最勝妙法的出家人，我們應該如何看待他們、面對他們呢？如來早就有開示了：「**以謗法故為非沙門、非釋種子，應當滅擯是等比丘。**」這是 佛陀的教導。

要請問諸位：佛陀所教導的，我們應不應該遵從？（大眾答：要！）我們應不應該實行？（大眾答：要！）好了！如果要遵從、要實行，那我們應該怎麼面對他們？（有人答話…）對！「**應當滅擯是等比丘**」，這「**比丘**」二字是包括比丘尼在內的，所以那一些印順派六識論的比丘、比丘尼們，咱們大家都應該滅擯他們。「擯」就是把他們排除在外，不與他們同事。請問「滅」

字又當作何解？應該怎麼作？就是剝奪了他們的僧衣、剪掉他們的戒牒，然後驅逐於寺院之外，應當讓他們還俗去，這樣才叫作「滅」。「擯」就是與他們隔絕不相往來，所以當年《楞伽經詳解》寫第三輯時，我想：摧邪顯正這條路晚也得走、早也得走，不如現在就走；因爲已經隱名舉述他們的錯誤而辨正好幾年了，但他們都不對信徒們改正，而且還繼續否定大乘，那我們能怎麼辦？所以我就公開把姓名寫上去，開始指名道姓辨正。

當時就有人想方設法來請求我不要指名道姓，也有人請求我不要講評釋印順，但我心裡想：「**爲正法久住，我該得罪人也就得罪；你們如果怕，那你們都不要講，我一個人來講就好，有事讓他們找我。**」結果這樣他們還不接受，後來不都退轉而離開同修會了嗎？我現在回想起來，當年好在沒有接受他們的勸告；因爲當年沒作現在也得作，而現在作會更窘困，不如早作早了結。我只是指出他們的錯誤而加以辨正，還沒有要求佛教界「滅擯」他們，而　如來的吩咐是要「滅擯」他們。

既然講《佛藏經》講到這個地方，如來已經明明白白告訴我們：這一些人是謗法者，所以他們不是出家人。沙門就是出家人，但是　佛說他們「非沙門」，而且說他們不是 釋迦如來的弟子，然後吩咐我們應當要「滅擯」這一些比丘們。將來我們這部《佛藏經講義》出版時，佛教界四眾讀了以後，看要不要「滅擯」他們，讓他們去決定吧，而我是舉雙手贊成的。這些人佔著寺院不說正法，留著他們繼續佔著寺院幹什麼？世間人對於這類過分的人，有一句話罵得好：「佔著茅坑不拉屎。」他們佔著寺院不說正法，那麼佔著寺院幹嘛？就只是藉著出家身而不用營謀世間技藝辛苦幹活就可以生活，所以佛說應該「滅擯」這一些人，眞是有道理的；因爲只有把他們「滅擯」了逐出寺院，正法才能進入寺院。

我一開始弘法就打定主意要把正法回歸到寺院去，所以以前對出家人有很多優待；可是隨時日漸增而全都失望了，因爲他們得了法以後都要當自了漢，枉我給他們通融開恩；結果是各個不告而別去當自了漢，都不肯爲正法作事，連悟後進修的種智課程都不想要上。太失望了，所以才會有今天對出家、在家一律平等審核禪三報名表的事。然而那一些出家人畢竟也只是自了漢，還不是大過；至於謗法的這一些比丘「非沙門、非釋種子，應當滅擯」，這是如來的聖教，將來看佛教界要怎麼作，就讓他們商量著辦吧。因爲我們正覺就像古天竺的菩薩僧團一樣，不跟部派佛教混在一起。如果我們去參加臺灣的中國佛教會，能不能起到什麼作用？我想是沒辦法的。我們還沒有成立正覺同修會之前，也嘗試去加入中國佛教居士會。他們也知道咱們是正法，可是完全沒有作用，他們照樣與密宗假藏傳佛教的很多喇嘛們往來，也有不少人繼續修學喇嘛教的法義，所以我們乾脆自己成立正覺同修會；你是社團法人，我們也是社團法人，然後我們走我們的路，不跟他們同流合污。就這樣子一路走下來，都不跟各山頭有所往來。

我們走我們的路，因為跟他們往來很麻煩，他們都希望我們跟他們一樣；如果我是個世俗人，可以跟他們一樣，沒有什麼不好：廣開後門，人家家裡後門都只有一個，為了收供養也可以開五、六個後門，這有什麼難的？可是這樣一來我就跟他們一樣了。我們永遠不要走這一條路，所以我們走自己的路。有人建議說正覺應該怎麼樣又怎麼樣，我覺得不合適，全部否定，我們就是這一條清流之路走到底。對於那一些謗法的比丘、比丘尼們，有人建議說：「我們是不是也去拜訪一下？」很早期時，我也曾經去拜訪過，有用嗎？其中有法師也有居士，拜訪過了都沒用，結果還是得要走自己的路。

那如來聖教猶在，將來佛教界讀了《佛藏經講義》之後，他們是不是要依教奉行，就看他們了。因爲我們正覺不屬於佛教「界」，就好像我們不是聲聞界一樣，我們是在佛教「界」之上，不是他們中的一分子。

如來以三種輪：第一爲神通輪——身輪，第二爲示教輪——口輪，第三爲記心輪——意輪，訓導弟子修行之後可以成爲聖眾，但這種破戒比丘們即使以此三輪來度化，依舊不會成功，所以 如來接著又說：「若千、百千、萬億諸佛三輪示現，不能令悟使得道果，」看這一些謗法的比丘們可憐不可憐？世尊說：「像這一類人，假使有一千位如來，或者百千位如來，或者萬億諸佛，具足三輪的示現，爲他們說法教導，也不可能使他們證悟，更不能使他們證得道果。」何況末法時代善知識具足良善的身輪、口輪、意輪爲他們說法，當然更無法度化他們。想一想看，一尊如來的智慧與威德如是廣大，就可以度化一個三千大千世界所有眾生；而這一種破法破戒的比丘們，「若千、百千、萬億諸佛三輪示現」，竟然還是「不能令悟使得道果」，那問題出在哪裡？出在他們的業障。這就是業障，因爲他們所造的業是一切惡業的重中之重。最重之業無過於謗法，爲何這麼說呢？因爲諸佛出現於世間是由於法，若不是由於這個法，就不會有諸佛出現世間，所以謗法之罪非常之重。

那有的人學表相法都沒有障礙，一遇到了義法而開始學習時障礙就來。業障最輕微的人來聽表相法，他精神振奮聽得很歡喜，但是只要一聽到了義法時就開始打瞌睡，這是最輕微的；如果重的呢，遇到了義法時開始努力修學，但在學習的過程中不然就是病痛，不然就是家人阻撓，不然就是生意失敗，不然就是家庭破碎；林林總總無奇不有，那都叫作業障。所以當他們抱怨說：「**我的業障爲何這麼重？**」我是不好意思說：「**你的業障就是這麼重。**」這是無量劫前曾經參與謗法的事業，現在那個業就是跟謗法相應的惡業，將來遇到正法時，心與正法相應了，但那業障就跟著現前了！那他就得要在那個業障裡繼續不斷地奮鬥，一直到逆轉過來時那業障才算過去；可是那個過程非常艱辛。

有的人不知道，一天到晚抱怨「業障、業障」，可不知道業障是怎麼來的，是因往昔無量劫前曾經謗法或者誹謗了義正法之師，因此就有業障，當業障繼續存在時，別說「**千佛、百千佛**」，「**萬億諸佛**」也沒有辦法令他證悟，因爲他被業障所遮障；假使有人濫慈悲幫他證悟了，他還會謗法，因爲他的業障還沒有消除，知道般若實相的密意以後反而謗得更厲害。像這樣被業所障以致不能得道果，都是有原因的。如來就解釋這個原因：「舍利弗！如是惡人於此法中自作障道，無復生分，無有信心，但好衣食貪樂世利，我說此人必墮地獄。」像這樣謗法的惡人不但往世謗法，這一世依舊謗法，所以他是在這個勝妙法中自己作下了障道的因緣，所以「無復生分」——法身慧命的出生他沒有分。

像這樣的人，當你告訴他說：「現在之世三乘菩提依舊可以實證。」他聽了馬上回你一句話：「現在是末法時代了，談什麼開悟？」諸位常常聽到這一句話，你們接引別人多多少少都會聽到；而且有的人比較沒有耐心，他這麼說：「我是哪根蔥？哪敢談開悟！」原來他不是人，而是蔥。那你說怎麼辦呢？好意誠懇地把眞金送到他面前去，他竟說：「我沒資格得那個黃金。」等於是這樣，眞的只能感嘆，他們對自己一點都沒有信心。前者是對於佛教沒有信心，既然出了家又破了戒也謗了法，那他們的未來該怎麼想？他們一定要想：「我都出了家，那我未來呢？」未來只好寄情於衣食等世間利益。

有許多人年少出家是抱著理想的，結果去到寺院以後，才發覺原來上自堂頭和尚下至小沙彌，大家沆瀣一氣都在搞名聞利養，於是失望離開，又不願意還俗，只好自己建造一個精舍自修，不然他能怎樣呢？那多數人就是隨著寺院那一些風氣繼續流轉下去，都在衣食和各種享樂世間利益上面用心；所以僧服要穿什麼料子、什麼樣的型式，飲食要做得多麼精緻。我都不曉得他一襲僧服幾十萬元臺幣，晚上睡覺掛在衣架上時睡得安生嗎？可能半夜起來上毛廁時，都要摸一下：「**我的僧服還在不在？**」不如我去地攤上買的一套幾百塊錢的唐裝，隨便穿一穿，睡覺儘管睡，有人要就拿去吧，別說是偷的，說我送你的吧；我睡得很安生。所以我睡覺時是不管什麼事情的，睡時天搖地動我也照睡，因爲很難得入眠，既然能夠入眠，幹嘛要爲那個小小的衣物的事情就醒過來，有人要就給他吧，再買就是了！有的比丘一串念珠是用上等蜜蠟製的，而且個個圓又透明又大顆，那一串現在大概值得臺幣千萬元，因爲現在蜜蠟很貴；但睡覺時總不能掛在肩上睡吧，還是要拿下來掛好；掛著晚上睡覺時是不是要摸一下：「**還在不在？**」所以你們比丘們沒有掛念珠才是正確的。

那一些比丘們追逐的是世間利益，所以現在有的出家人也跟人家去買名牌包，跟人家一樣住別墅等，都用好東西，那還算個出家人嗎？那不正是在家人的心行嗎？倒不如乾脆還俗去賺錢，還可以少欠眾生的債；好東西追求的越多，欠眾生的債就越多，他們都沒想到這一點。所以這種行爲，說一句不客氣的話，就是欺佛。因爲 如來教導出家之行應當是怎麼行，如來教導出家事事仰賴在家弟子二眾的供養，他們應該節儉自持、精於道業，結果他們成爲不恥之徒，專門在世間法上用心。

所以你如果供養他一套一、二萬元臺幣的僧服，他嫌棄不要，非得要幾十萬元一套的；你如果供養他一間房舍，他也嫌你這個房舍不夠好，想要住別墅；你如果供養他一個鑾好的僧袋，他覺得這個不好，他想要 Prada 或者 LV 名牌包，問題是出家人拿得出去嗎？在家居士手腕上掛著一個名牌包，人家一看這八十萬元的名牌包、一百多萬元的名牌包，大家就說：「這個人有地位，有錢。」可是如果穿著僧服掛著名牌包，不知道大家看了作何觀感？結果跟人家要了來以後，只能晚上打開櫥櫃欣賞欣賞、摸一摸、擦一擦，當起名牌包的奴才了，換他去供養那一些名牌包；應該是名牌包供養他，現在變成由他在供養名牌包了，眞夠顚倒的。

看來禪師一定會狠狠罵他：「**迷己逐物！**」所以我說末法時代這種現象還眞的怪，這一些作法全都違背了 如來的聖教，這不是欺 佛嗎？因爲他還故意穿著僧服，不肯捨戒還俗，依舊冒充是出家人接受大眾的供養，那就是欺 佛，是謗法又兼欺 佛。如來說的眞不錯：「**我說此人必墮地獄。**」可憐啊！所以我們將來應該努力把這一部《佛藏經》的講義流通出去，能救幾個算幾個。以往我們不敢說誰必墮三塗、要下地獄，從來不敢講，因爲太敏感了！但現在講《佛藏經》，這些都是 佛講的，我們應該要努力把 如來這個諄諄教誨流布出去；不能救一百人也能救五十人，不能救五十人救五個人也好；救幾個算幾個，都是一件大功德。因爲救人一命勝造七級浮屠，我們如果只救得一個人不墮地獄，該算是救他幾世？那可不是十百千世，那是幾十萬、幾千億世，那就是幾千億人；救一個人等於救幾千億人，如果救得五十、一百、一千人，這福德可眞的大了！所以這部經還得要講，還得整理出來流通，能救幾人算幾人，這眞是重要的事。如來接著又開示說：

經文：【「舍利弗！我今明瞭告汝，若人違逆如是法寶，於好生處永無有

分，但生惡處常盲無目。舍利弗！是諸比丘憍慢熾盛，不能定說，破滅正法；其餘眾人不能自活，為利養故隨破我法；舍利弗！如是法寶爾時壞滅。何以故？如是法寶，一切諸佛皆共恭敬，諸辟支佛、阿羅漢等亦皆恭敬；破戒比丘增上慢者不定說法，諸比丘等爾時皆共輕慢我法，而共遠離多懷慳貪，專求生業貴於財利，嫉妒所縛常好諍訟，互生怨隙不相敬順、無有威儀，志性輕躁猶如獼猴，轉易威儀行諸惡業，違沙門法遠離賢聖。舍利弗！如是惡人覆藏瑕疵，多欲多求以財自活；惡魔知心為作方便，令其乖異各共散壞，一味僧寶分為五部；既有五部則生諍訟，互相是非，論說過失。舍利弗！如今比丘互相教化，互相恭敬，同心共行，隨順佛語；爾時比丘不相教化不相恭敬，見作惡者畏而捨去，不能以法共相教誨；或時雖有多聞深智，猶懷憍慢輕賤餘人，各以所是自立其輪，不喜相見，況能受教？」

語譯：【「舍利弗！我如今明瞭告訴你們，如果有人違背拂逆了像這樣的法寶，於好的受生之處他們永遠無分，只會出生在惡處，而且經常眼盲無目。舍利弗啊！這一些比丘們憍慢心非常熾盛，而且不能有定說，並且破滅正法；其餘的眾人由於少諸供養而不能自活，為了利養的緣故隨著這一些破戒比丘而破壞我釋迦牟尼的正法；舍利弗！像這樣的法寶到那時就壞滅了。爲何這麼說呢？像這樣的法寶，一切諸佛都同樣的恭敬，諸辟支佛與阿羅漢們也都同樣的恭敬；而破戒比丘增上慢的人說法輕忽不定，這一些比丘們到那個時候都共同輕慢我釋迦牟尼佛所說的法，而共同遠離於正法，大多懷著慳與貪的惡心所，專門求生活的各種業行，而看中財物與利益，並且被嫉妒所縛而經常性的好於諍訟，互相之間就生起了怨心以及嫌隙，所以不互相恭敬隨順、也都沒有威儀，這些人心志和性情總是輕浮躁動猶如獼猴一樣，轉變了他們的威儀而行於種種惡業之中，違背了沙門法也遠離賢聖。舍利弗！像這樣的惡人覆藏他們的種種瑕疵，心中有許多的欲望而努力的去追求，以各種世間財來維持自己的活命；這時惡魔知道他們心中所想，就爲他們作出種種的方便，使他們互相乖異而各自共同散壞，於是法同一味的僧寶因此就分爲五部；既然已經有五部了，接著就是互相諍鬥以及訴訟，也互相指責對方談論是非，又論說對方有種種的過失。舍利弗！如今比丘互相教化，互相恭敬，並且同共一心而行於清淨行，也都隨順於佛語；但是到末法那個時候，比丘們不互相教化也不互相恭敬，看見造作惡業的人大家心中生畏而捨離他們，不能以正法來共同互相教誨；或者那時雖然有多聞而具備深妙智慧的人出現了，但是仍然懷著憍慢之心而輕賤其餘的人，這一些看似多聞深智的人也會各以自己所知所說爲是，自己來建立他們的門庭，不喜歡互相求見，何況能接受教誨？」】

講義：世尊接著明說：「如果後末世的比丘們違逆了像這樣的法寶，他們捨壽之後於好生之處永無有分。」換句話說，如果想要違逆如來了義的聖教，不如不出家，就去當個世俗人反而較好；每天追求五欲頂多是輪轉生死，不會有犯出家戒而下墮的惡報。可是偏偏他們出家之後對於佛所說的最勝妙、最了義的法寶，卻是「違逆」弗順，而且枉加誹謗，這樣一來死後果報都不好。所以縱使下墮惡道回到人間以後再度出生在好的地方，這種事情他們是永遠無分的。所以諸位想一想，這到底是些什麼人？以現在這個地球的人類來講，經歷三惡道回來出生在人間，看看現在地球上幾十億人，六十億或是七十億？是七十億喔！

那諸位想一想，七十億人中，到底哪些人算是得「好生處」？哪些人算是得惡生處？首先想到的一定是講……，我說的是人類中的惡生處，別答得太快；「惡生處」首先大概會想到索馬利亞那些地方，或是衣索匹亞，都是「惡生處」；還有呢？諸位想一想，與佛教教義完全不相容的歐洲。這邊有親教師說西藏，其實應該說達蘭薩拉，他們完全跟佛法不相應，他們的思想偏謬而具足邪見，修行方法以及所證的果都不是眞果位，可以叫作果報或者果實，因爲那都是邪門歪道，他們比民間信仰更糟糕，所以那是「惡生處」。還有信仰回教而絕對不改變的，另外有一個地方諸位都不會想到的，對！美國也是「惡生處」，因爲那一些人除了一天到晚信一神教的迷信教義之外，還支持專門對佛教下手的喇嘛教，那眞是「惡生處」。在美國那邊居住久了，跟佛的緣就越來越遠，不會越來越近。

那麼「好生處」究竟是在哪裡？在臺灣，諸位都知道。但這個「好生處」隨著咱們日漸凋零而漸漸會轉移，往西邊走；因爲「好生處」本來是在中國，幾十年前來到臺灣，以後還是要回到中國，遲早都要回去。雖然中佛協和各省佛協那些大法師們抵制得很厲害，但沒關係，他們儘管抵制，但這趨勢不會改變，遲早要回到中國。假使這一世我沒有辦法帶正法回去，下一世生在中國就帶回去了，他們也無可奈何。但是這種謗法的破戒者，歷經三惡道的久劫苦楚而回到人間之後，「於好生處永無有分」，這是如來的記別。可是他們都不知道這個果報是多麼長遠而慘痛，他們一點警覺都沒有！我們知道，但是我們不能講；因爲我們講了以後他們又要罵：「這蕭平實又在誹謗僧寶、詛咒僧寶。」那我能怎麼樣？所以我選擇了《佛藏經》來講解，這可是佛說的，不是我蕭平實一家之言；既是 佛說的，就是聖教量，他們總不能否定。那我們就藉這個方式、藉著 佛陀的威德力來攝受他們，使他們不墮惡道，就只有這個辦法。所以希望他們讀了以後，瞭解謗法以後「於好生處永無有分」，期待他們警覺而盡快改正過來，免受惡報。

這樣已經夠悽慘了吧？不！下一句更悽慘：「但生惡處常盲無目。」所以你們只要看到生在「惡生處」的國度，又正好瞎了眼睛，首先要知道的就是他往世破戒謗法，不是很多佛以前的事，而是最近這幾十尊佛、幾百尊佛以內的事，至於最近的距離，離我們現在最近的七佛之世的謗佛壞法者，那都還在三惡道，都還沒有回來人間，那些人還早著。因爲那不過是幾十劫、一二百劫的事情，一定還沒有回來人間。所以看到那一些人馬上就要知道：幾百佛前或幾千佛前他們曾經是「破戒比丘」而且「謗法」。

至於有些人老是信一神教，那些所謂的《聖經》中胡說八道的言語，而他們信受不移，你就應該知道他們往世可能幾萬佛、幾千萬佛之前也曾經是「**破戒比丘**」並且「**謗法**」，所以「**於好生處永無有分**」。他們一生下來就在那種一神教的迷信家庭裡面，耳濡目染之後要翻轉過來非常困難，所以這一些人很可憐。如果「**但生惡處常盲無目**」，那你就甭想跟他解說什麼佛法。你即使跟他有很深的親情要為他說法，還不如去外面度更多人，因為你度他一個人，所花掉的時間就夠你度很多人了；所以不用為他太費心，就隨緣給他一些機會，然後就隨順因緣。

如來說，像這樣的比丘心中是「**憍慢**」的；「**憍慢**」也就罷了，偏偏還是「**憍慢**」到「**熾盛**」！這表示他們的「**憍慢**」心非常非常強烈，沒有人可以跟他們比。他們為了顯示自己很懂佛法，所以常常會為人說法，但他們說法時「**不能定說**」，有時這樣解說，有時變成另一種解說，講來講去猶疑不定；這種事情最具體的代表是誰？（有人答話，聽不清楚。）正是釋印順，他以為自己很聰明，經上這麼講他就隨著講，依文解義講了以後他又講解成另一種說法；其實另一種說法才是他的說法，因為他講經文時只好隨著經典講，然後自己再講另外一種道理，大多是與佛法相違、相牴觸的，所以讀他的書時，讀不到一個「定說」；假使要說他的書中有定說，那就是「大乘非佛說，阿羅漢道就是佛菩提道，成阿羅漢就是成佛了」，這就是他的定說，而他在法義上從來沒有定說。

當你指著他說這樣就是講錯時，他說：「我也有那樣講啊！」他這樣辯解，他的徒眾也這樣跟著辯解；當你指責說：「你釋印順這樣講是不對的。」他的徒眾就說：「他也有另外一個說法。」他以為這樣作是左右逢源，其實正好是佛陀所斥責的「不能定說」。眞正實證的法是這樣、就是這樣，不是思想思惟，不是玄學，不是哲學；這是實證的，實證則是現量；所證既是現量，就永遠是這樣的說法，不可能改來改去。有時這樣說、有時那樣說，眞正的佛法中是不可能的！就像《般若經》中　如來的開示一樣：「一切法、一切有情皆以眞如爲定量故。」既然稱爲「量」，就是事實或現實，是不可改變的現象或事實——現前就在那裡。既然是現量，就表示不是思惟推理出來的；既然是現量，就是不可能改變的。

但是這種「破戒比丘」、謗法比丘說法時偏移不定，有時左說、有時右說，自語相違，那就是「不能定說」，表示他的思想是混亂的，並非實證者，這樣的作法就是「破滅正法」的惡行。今天時間到了，只能講到這裡。

《佛藏經》上週講到卷中〈淨戒品〉之餘，第三十二頁第二段第二行。上週最後說到的是「破戒比丘」因爲「憍慢熾盛」的緣故，說法時翻來覆去；因爲他沒有實證，以這樣的相似佛法稱爲佛法時，就破壞了正法，使正法消滅，才會有機會讓密宗假藏傳佛教外道滲透進來，取代了正統佛教。所以密宗假藏傳佛教的入竄佛教正統，跟這些「破戒比丘」是有關聯的。如同臺灣佛教界走過的這幾十年，也是一樣的狀況；假使不是印順法師跟四大山頭都認定識陰是常住的，密宗假藏傳佛教就不會有機會來滲透佛門，雙身法的無上瑜伽或大樂光明，就不會廣泛滲透到臺灣佛門中來；而大陸宗教弘傳並不公開自由，也一樣被密宗假藏傳佛教廣泛滲透而密教化了。正因爲他們—海峽兩岸的釋印順一類人—率領著佛教界認定識陰、或者認定意識是常住不壞的，所以密宗假藏傳佛教才有機會把他們的識陰相應法混入佛門，成爲密宗，如今眼看著大陸佛教界幾乎要燎原了。

剛開始就那麼一點星星之火，釋印順跟四大山頭配合著，結果風助火勢，臺灣佛教界正法幾乎全部被六識論燒光，幾乎就變成全面的外道法；好在有個廣欽老和尚不認同他們，另外有一些淨土宗的道場也不認同他們，仍然勉強地支撐著。當年汐止慈航法師雖然知道那是錯誤的，但是他也沒有能力來破斥印順他們，所以他只好撂下一句話說：「將來自然有人會出來收拾他們！」隨後就是密宗假藏傳佛教藉著釋印順推廣的六識論，繼續流傳識陰六識境界的雙身法而蠶食著佛教，以致後來開始變成鯨呑的態勢。好在我們接著上來全面辨正，正法終於在辨正法義的前提下沒有被他們破滅殆盡，可以說正法的存在是我們接著推廣起來的，但是這過程也眞是篳路藍縷，非常的艱辛！

現在臺灣佛教大勢已定，沒有人敢再說正覺推廣的這八識論法義不對，只剩下密宗假藏傳佛教外道；但因爲他們是外道，我們可以不必理會他們怎麼說，只要繼續破它就行了。但是在大陸仍然很艱辛而非常困難，因爲大陸有一部分宗教法規或者政治上的原因，保障密宗假藏傳佛教，認定密宗假藏傳佛教是合法的；但密宗是假冒的藏傳佛教，是天下最大而且合法的邪教。因爲天下所有的邪教沒有一個比密宗更邪，而且它竟然是合法的，因此我們還要繼續努力。但是破密宗假藏傳佛教固然要作，根本還是要放在破除佛教界的六識論邪見；當佛教界落在六識論中，就會繼續堅持識陰六個識或者至少堅持意識是常住的，那就跟常見外道一樣，他們所說出來的佛法就不是佛法，只是相似的佛法——似正法，密宗假藏傳佛教就會藉六識論的邪法而繼續有理由推廣，就會被佛教界所接受，於相似佛法昌盛以後正法就跟著滅亡。

如來在《阿含經》中有講過：正法不會一時便滅，但是因為相似佛法的漸漸興盛，所以正法就漸漸壞滅，（編案：「迦葉！如來正法欲滅之時，有相似像法生；相似像法出世間已，正法則滅。譬如大海中，船載多珍寶，則頓沈沒；如來正法則不如是漸漸消滅，如來正法不為地界所壞，不為水、火、風界所壞，乃至惡眾生出世，樂行諸惡、欲行諸惡、成就諸惡，非法言法、法言非法、非律言律、律言非律，以相似法，句味熾然，如來正法於此則沒。」《雜阿含經》卷三十二）印證了古時天竺密教興而佛教亡的故事，也印證了中國元、明、清三朝正統佛教如何敗亡的事實，再印證臺灣這幾十年佛教界的故事，同樣確定密教興而佛教亡。

那麼正統佛教至今未亡，是因為我們出來撐持著；我們可以把佛教正法繼續支持不墜於臺灣而興盛起來，是因為我們從根本上令釋印順和四大山頭不能開口；也就是說，當他們主張意識或者主張識陰是常住時，我們依於聖教量、現量、比量廣作說明，把識陰六個識全都說明清楚，證明都是生滅法；由於這個緣故，那一些大山頭也不敢說話，密宗假藏傳佛教因此得不到佛法上的支持。他們別說要跟我們作法義辨正，他們連讀都讀不懂。所以證明，正法的壞滅是因爲相似佛法的興盛所導致，而我們在這上面還得要繼續努力。

可是相似佛法大多會由什麼人來傳？由「破戒比丘」來傳。他們會破戒，也是因爲不曾斷我見，落在意識心上；就會永遠用意識心相應的境界，作爲自己所安住的境界。那意識心，除了賢聖可以安住於眞如境界之外，這些凡夫們的意識心同樣可以住於貪、瞋、癡、慢、疑等境界，因此就會繼續推廣相似法，相似法的推廣就助長了識陰境界的法，所以密宗假藏傳佛教才有機會滲透進來。因此要減少「破戒比丘」人數的方法，就是把斷我見的內涵廣爲弘傳；當大家知道那是我見的內涵、是識陰的內涵，或者例如大家都知道密宗假藏傳佛教的無上瑜伽、大樂光明是具足五陰的內涵，這樣一來，學佛人就不敢再因誤會而謗佛、謗法、謗僧了。到此時，外道法就是外道法，再也不敢說那是佛說的佛法，這樣比丘、比丘尼們不再依於識陰而住，破戒的情況就會減少，佛教才能復興。

所以如果單從戒律上去要求，成效不會很好；我們如果能從我見上面著手，詳細說明我見的內涵，當大家都知道貪瞋癡慢疑的境界都跟我見相應，就會知道那些境界都應該遠離，「破戒比丘」們就會減少。所以最重要的就是把斷我見的知見廣爲傳揚，當佛教徒都普遍知道我見的內涵時，「破戒比丘」們還想要去攀緣貪瞋癡慢疑的境界，也會擔心信徒會指責，也會擔心信徒流失，「破戒」的情形就會減少，正法的未來也就比較安穩。這是我個人的看法，但前提是要有個善知識出來把斷我見的內涵爲大眾說明，最好能夠再有善知識將「什麼叫作眞如」、「什麼叫作般若」一併說清楚，這樣，比丘、比丘尼們有正法爲依，可以傳揚正法，將來就不必擔心有沒有道糧。

很多人努力修行，結果發覺缺乏道糧；缺乏道糧時該怎麼辦？就一天到晚去托缽；每天都得托缽就沒辦法好好用功修行，因爲他們托缽時不會無相念佛，也不會參話頭，他們在托缽時能修什麼行？最多就只是修個一念不生吧？但絕大多數僧眾是沒辦法作到的。所以，要怎樣把正法的內涵傳播出去，當然要依賴善知識！但善知識如果還沒有因緣出現在世間，不得不要躲在山中或家中自修（因為環境不許可），那時怎麼辦？沒有正法環境可以傳授時，就只好讓「破戒比丘」虛妄說法了。但他們虛妄說法、譁眾取寵，所以廣收供養，其餘眾比丘們不能自活時該怎麼辦？只好去追隨他了；追隨「破戒比丘」時就是下一句：「為利養故隨破我法；」眞的會隨著那些「破戒比丘」們破壞釋迦如來的餘法。如來就說：「舍利弗！如是法寶爾時壞滅。」因為大家都依照相似像法而說，當眾口鑠金時，黃銅也都被大眾認定是黃金，正法—黃金—就跟著壞滅不存了。

如果有一個人要出來說那不是黃金，為大家說明那其實是黃銅，他就得要很辛苦，因為要說服所有人並不容易。當所有人打從出生以來就被人以黃銅教導說：「這就是黃金。」子孫三代都說那是黃金，假使你是那個善知識，你出來說：「不！那只是黃銅。」那人家問：「什麼才叫作黃金？」你得要拿出來讓人家比對吧？所以當善知識，還得要有黃金存貨才行，並且存貨要累積很多；拿給他們看這一塊黃金，他們不信，再拿另外一塊，不然就再另取一塊，不斷地拿給他們看，而且要用各種試煉的方法來證明全都是黃金。所以善知識出世剛開始復興佛教時，確實很辛苦。

那麼法寶爲什麼常常幾至於斷絕，一定有原因；就好像黃金一樣，黃銅得之容易，而黃金不容易挖到。挖黃銅很容易，很多人知道什麼地方有，但是黃金的數量本來就很少，想要挖到它就不容易；而且黃銅便宜，黃金賣得很貴，所以大家都認銅爲金。古時銀是黃銅的倍數計價，黃金又是白銀的倍數計價，而且倍數差很多，不是只有一倍、兩倍；古時就已經相差很多倍，因爲古時黃金產量很少。同理，證眞如跟證初果，哪個殊勝？當然是證眞如，而且倍數差很多。因爲初果斷三縛結就行了，證眞如則是連阿羅漢都還不行，得是菩薩才行，倍數差很多。眞如就像黃金，證初果就像白銀，那黃銅到底算什麼？啊？黃銅就是離念靈知那一類，就是覺知心一念不生的境界。

但你現在突然出現在佛教界中公開說明證眞如的法義，這現量與一般學人或大法師的差距太遠了，很難令人信受奉行，所以我剛出來弘法那十年老是被罵，想來也是不得不然；眞的不算是偶然，因爲與學人或大法師們的意識境界相差太遠了！他們是離念靈知，落在意識或識陰的境界中；當他們都還沒有談到斷我見的時候，我就已經在談證眞如的事，還幫早期學生們親證，所以會裡甚至證眞如的人還會退轉；後來檢討原因，就是因爲我沒有先幫他們斷我見。善知識應該先給他們白銀、黃銅去比較看看，不能一下子便拿出黃金來；他們瞧也沒瞧過，聽也沒聽過，你這一拿出來時，他們根本不知道這是什麼，反而懷疑說：「你那個是騙人的，我這個黃澄澄的才是黃金。」他不知道那只是黃銅。所以後來我們禪三起三時，都要先殺我見，正是這樣運作來的。

這個法寶常常會壞滅、會中斷，原因就是稀有難證。你看這四百年來自從覺囊派被滅了以後，還有什麼地方在傳證眞如之法？根本就沒有。大家講來講去都說某某人是有證眞如的，但是眞正檢驗下來一個也無。比如來果禪師還有臺灣大多數的大法師們，以及所謂的大陸八大修行人，以前大家都說有開悟，臺灣也是處處有開悟的人，佛教眞的很興盛；結果這些開悟的人，當我們出來弘法時都說我們正覺悟錯了！眞是豈有此理！因爲悟只有一個內容，不會有二種、三種實相吧？實相只有一個，同樣是證悟者，我們讚歎他們，他們卻說我們不對。既然他們說我們悟錯了，那我知道一定有一方不對，於是不得不開始作法義辨正，才終於讓大家瞭解：原來他們手裡的都是黃銅。連白銀都還不是，你就跟他談黃金，太早了！所以我們乾脆從解脫道再來講一講，印出《阿含正義》以後佛教界的閑話就少了。因爲把五陰的內容全部砍了以後，他們都無所依憑，只能依憑眞如了；否則三乘菩提將會全部變成斷滅，和斷見外道一樣了，那他們只好很不情願地接受八識論的正法。所以想方設法要去扭轉他們的邪見，還眞不容易。

那這個正法容易斷滅，就是因爲祂甚深極甚深，難解、難修、難證。甚深、難解、難修、難證的法，一定是最珍貴的；譬如地上如果有玻璃珠，你看見了腳跨過去也就走了，不會理它；但如果人家案上供著一顆小很多倍的鑽石——白鑽、黃鑽、藍鑽，你就會留心去看它：「這顆看來不錯，幾克拉？」就會問了。但若是玻璃珠放在地上而且做得很漂亮，你也不會去問他。那玻璃珠也許藝術家拿來作擺設，擺成一個什麼模樣，很有藝術氣氛，但絕不會弄個寶盒供起來，所以小孩子也可以地上到處亂丟；連小孩子都不珍惜，原因在哪裡？因爲它太容易得。就好像三、四百年前，有錢人家的窗戶才有玻璃，玻璃窗是很有錢的人才裝得起；以前玻璃很少，所以貴，窮人家的窗戶都是糊窗紙，看到玻璃窗時想都不敢想；可是現在房子如果沒有裝玻璃窗，人家會覺得很奇怪，因爲現在玻璃便宜，到處有。

可是哪一天如果玻璃變得很稀有，它又珍貴了，一定是現在的幾十倍價錢，這道理是一樣的。眞如難知、難解、難修、難證，所以祂珍貴；離念靈知只要有方法，打坐一、二個月可以離念，那很容易。還有一種離念靈知更便宜，根本不用修行就有，那就是大陸元音老人的徒眾們講的：「前念已過、後念未起，那中間是離念，它是天然的、本然的，就是眞如佛性。」既是天然的，可是睡著了又到哪裡去了？那還能叫作天然、本然？所以那是很平常、很容易到手的意識境界。因此我們在臺灣只是評破離念靈知二十年，他們最後也只好捨了；他們想一想，這個也眞容易，不用太執著。

但有的人被元音老人印證開悟以後，還要繼續執著離念靈知，不聽正覺依三量講出來的正理，那是爲什麼呢？是因爲他們執著難捨。他們心中想：「我花了三千萬元才得到師父印證開悟，這個開悟的印證是花三千萬元得來的，你叫我一朝棄捨，眞的沒辦法。」他們是因爲這樣而捨不得把它丟了，得要等到那個東西爛了、壞了、臭了才願意丟。所以再過幾年，這些少數人也會丟棄離念靈知的，因爲現在只要一提起他開悟的是離念靈知，人家就會說：「那是我見的範疇，悟錯了。」他們那時就會丟棄。所以眞如難證，由於難證，所以容易失傳而斷絕。

這個眞如爲什麼說是法寶？因爲三乘菩提賴以建立。如果不是如來藏眞如，如果不是「無名相法」這第八識如來藏，三乘菩提全都不能成立。不但三乘菩提不能成立，乃至一切有情三界世間全都不能成立，因爲一切器世間、有情的有根身，以及一切萬法乃至佛法，或是心所法及六塵、六識等，全部都依眞如心而有，如果沒有眞如心「無名相法」，什麼都不存在了，就別提三乘菩提的智慧，所以 如來說祂是法寶。

世尊又說：「何以故？如是法寶，一切諸佛皆共恭敬，諸辟支佛、阿羅漢等亦皆恭敬；」「一切諸佛皆共恭敬」，是因爲諸佛都依於第八識眞如心方得成佛，如果不是眞如心，根本不可能成佛。那辟支佛、阿羅漢也要恭敬，就像我們《阿含正義》把 如來的開示提出來供養大家一樣：十二因緣法怎麼修都修不成功，就是因爲不懂十因緣。所以十二因緣再怎麼修都沒用，但是知道修十因緣的人，他知道名色之所從來就是這一個「識」，這個「識」稱爲第八識，稱爲眞如、如來藏、阿賴耶識、異熟識、無垢識。所以辟支佛知道：假使沒有這個識，十因緣不能成立，十二因緣的還滅法也就白修了，那他當然要恭敬於這個法寶。那麼阿羅漢呢？他們是「**我生已盡，梵行已立，所作已辦，不受後有**」，因此他們死後可以入無餘涅槃。但問題是「**不受後有**」入無餘涅槃時，就是十八界全部滅盡，不再受生於三界中，這豈不是斷滅空？但阿羅漢對無餘涅槃不作斷滅空之想，因為如來早就開示：涅槃中有本際，涅槃中有實際。所以不受後有以後，就是那個實際獨自存在，又名為「識」；世尊說祂是「**諸法本母**」，所以入無餘涅槃以後不是斷滅空。以這個知見作為前提，使一切阿羅漢「**因內無恐怖，因外無恐怖**」，因此可以滅盡十八界而取證無餘涅槃。那麼這樣看來，顯然三乘菩提都依這第八識法寶才能建立，以此緣故，「**一切諸佛……諸辟支佛、阿羅漢等亦皆恭敬**」此第八識法寶。

如來又說：「**破戒比丘增上慢者不定說法，諸比丘等爾時皆共輕慢我法，而共遠離多懷慳貪，專求生業貴於財利，嫉妒所縛常好諍訟，互生怨隙不相敬順、無有威儀，志性輕躁猶如獼猴，轉易威儀行諸惡業，違沙門法遠離賢聖。**」唉！這些事情我們都親眼看見或者親耳所聞，乃至於有人是親自經歷，對吧？「破戒比丘」增上慢者一直都是「不定說法」，有時這麼說、有時那樣說，套一句世俗人說的話：「他們那一些人翻手為雲、覆手為雨，都是把對的、錯的亂說一氣。」有時會依文解義，那時又對了；但他們自己去演繹發揮出來講時，又變成錯的了！所以就會有「不定說法」的事情，而釋印順正是一個標準的事證。

他每一種說法都有兩邊，他自以為這樣講不落兩邊，又將兩邊都照顧到了，認為就是不即不離；其實他是都落在兩邊而從來不曾離兩邊，應該這樣說，所以他自相矛盾的地方非常多。以前人家責備他，他自己以及門徒都辯解說：「印順導師也有這樣說，不只是你說的這樣啊！」好像他就通達了。可我們不是這樣想，我們把他的說法落處一一拈提出來，證明他這樣講或那樣講都是錯誤，就把他楷定了，叫他不能說一句話。他們那批六識論者的「不定說法」，耽誤了學人多少光陰；一直到我們出來弘法而將他拆穿以後，佛教界才終於知道他說的根本不是佛法。

而這些「不定說法」的人都有一個特性，就是輕慢佛陀說的正法；帶頭的人「輕慢我法」，而下面跟隨的人當然跟著「輕慢我法」。所以那一些法師們一天到晚講「大乘非佛說」，不是到晚近六、七年才不再講「大乘非佛說」嗎？所以這些人都是共同在「輕慢」釋迦如來的正法——「輕慢我法」，因此他們對於正法就會一起逐漸遠離。在他們的影響下，當時臺灣佛教界怎麼走的？大家可以回憶一下以前臺灣佛教界一片昇平，臺灣島上東西南北包括中部，四面八方都有人證悟、都是大師；當時臺灣證悟的大師到處都有，好興盛，看來佛教前途光明；可是那樣的前途光明，我卻對他們下個註腳——沒有出路！因爲都是在玻璃窗裡，根本出不去。他們其實都是在「遠離」正法，可是他們都不知道。我們得要再三說明，不斷出新書從不同面向一一說明：正法究竟是什麼樣的內容與次第。才算把臺灣佛教漸漸拉回來。

那時臺灣與大陸到處都是證悟者，後來出了個正覺推出八識論正法，開始有人著急了：「那這樣大家都悟錯了，要怎麼辦？」於是他們就想：「那我們也可以去南方學啊！北傳大乘佛法我們學不到，我們就學南傳佛法也可以啊！」於是那時臺灣一窩蜂開始學南傳佛法，所以那時南洋的一行禪師、帕奧禪師、朗波田、阿姜查，還有什麼？好像還有一個在家的叫葛印卡，他們說的法就一時風行臺灣。大家一窩蜂改學南洋的所謂南傳佛法，那時臺灣南傳佛法道場突然蹦出來好多；我當時就跟幾位同修說：「他們搞不了幾年的，因爲我們接著要開始破南傳的那些所謂的阿羅漢的法，證明他們都是未斷我見的凡夫。」於是我寫了《阿含正義》印行流通。

當時他們又慌了，想著該怎麼辦：「南洋的南傳佛法也不行，不然學密吧，還有一個密宗藏傳佛教，而且是更高的即身成佛，你們正覺都還成不了佛。」於是密宗假藏傳佛教隨後就興盛起來，他們卻不知道我早就寫好《狂密與眞密》，只是他們沒看到我的書罷了。高雄有一位法師也眞倒楣，他把月溪法師的東西丟了以後，開始學密宗假藏傳佛教，是因爲我把月溪法師破了，他只好開始轉爲密宗假藏傳佛教，弄些《安樂妙寶》等東西；但他密宗假藏傳佛教的邪法學不到三年，我這《狂密與眞密》開始出版了，你看他倒楣不倒楣？當年他學月溪法師學得轟轟烈烈，但我不是要針對他，而是因爲會裡有人拿月溪法師的意識境界來破如來藏正法，我不得不把他破了，他只好改弦易轍，改學密宗假藏傳佛教了。

那麼現在臺灣佛教還能搞什麼？什麼都沒有了，這就是我們護法的步驟。我就是要他們回歸正法，但沒有別的辦法，因爲好話說盡也沒有用，就只能把他們的虛假名聲與所謂的證量一一剝奪；他們認為一念不生時就是證涅槃、就是證阿羅漢果，我也把他們剝奪掉；有人認為那就是成佛，我也把他們剝奪掉。最後是什麼都沒有了，只好乖乖的不再毀謗正覺，那我就達到目的了。但是他們總得生存吧，於是開始轉型；可是轉型成功以後，今天他們又被如來說著了，因為三乘菩提都沒法實證，那他們只好「多懷慳貪」；因為法上無可依止，只好轉到世間法上面來，不得不「多懷慳貪」。有慳貪之心就是「專求生業貴於財利」，現在各大山頭轉型不是這樣嗎？

咱們來細數臺灣四大山頭，他們轉型都各有成績了。從離我們最近的說起，我們這個鄰居法鼓山，在關渡倒也好，偏偏搬到金山海邊吹海風，搞學術也算適合；但他們除了搞學術，全球到處去參加佛學學術會議以外，還能夠幹什麼？修證上是一點兒也沒辦法；他們在學術界也算有一席之地，只要我們不涉足進去，他們就永遠會有一席之地，算是有一點成功。接著往中部走，來到天下最高的佛寺，據寺裡的比丘尼說，因為是證量最高所以蓋最高的佛寺；哪天如果有個比丘尼去租一〇一頂樓建立講堂，那她的證量又比惟覺更高了，所以那是一個笑話。但他們轉型很成功，因為他們開始搞觀光事業，成爲陸客必到之處，那個進帳可不得了；但我們對那個都沒興趣，而他們成功了，從負債幾十億到現在可能已經存款幾百億了，眞的很成功。

再往南走，來到高雄佛光山，那個規模比中台山的規模更大，那些導遊說：「**每一個陸客從進去到出來，最少要花三千塊臺幣。**」他們每年有幾百萬個大陸客進去裡面又出來，諸位算盤打打看，那是多少收入，所以他們轉型也算成功。不過後面這兩大山頭，總統換人以後，陸客人數可能不會一落千丈，應該只會是一落幾丈（編案：這是二〇一六年所說），但也算是轉型成功。

那北中南走過，接著要到東邊後山去，她可不必轉型，她本來就是作生意的，新聞報導有指出，後山那比丘尼開了一百多家公司，想來我眞不如她；我一個在家人沒有辦法開上三、四家公司，也眞夠笨。人家出家人可以開一百多家公司，這不正是「**專求生業貴於財利**」嗎？這根本就是在謀利。至於有的法師、有的道場規定，要去他們寺裡出家，一定要先去他們經營的店裡學作生意、幫忙賺錢，幾年以後才可以到寺院裡面出家，也有這樣規定的；比起四大山頭來，已經是小兒科了，咱們不用再議。那這一些經營生意的比丘、比丘尼，於戒律上有沒有違背？（大眾回答：有！）果然有，所以大家異口同聲說有。但爲什麼他們要作生意？因爲「貴於財利」而不重道行。

這些都是世俗人的謀生之業，眞正的出家人應該是一無所有，衣食住行醫藥等都由居士來供養，所以是本分也是義務。可是他們自己作生意，這違背了出家戒，是犯戒的，因此如來特地提出來，說這一些人：「多懷慳貪，專求生業貴於財利，」另外一種人出家後可能也有幾億元身價，因爲他掌控著佛寺的財產，隨隨便便一個小法師都能有幾億元身價。十幾年前臺中聖印法師身故，留下一大片產業，還有現金七億多元；結果是比丘尼們互相之間打官司爭財產，報紙、電視上都有報導，那其實都不如法。就是說，寺裡的財產都歸出家僧眾共有，修道時有需要就用，沒有需要就擺著；頂多擺著，不想利樂眾生就擺著，大家共用就是，不需要告到那個樣子，所以那是很不如法的。

當然就是因爲嫉妒誰控制了那筆錢或那些財產，所以要去法院告。可是有的人不是爲了錢財而生嫉妒，因爲他們雖然一個小道場也有幾億元財產，加上存款都有好幾億；可是他們在法上有嫉妒心，「嫉妒所縛」的結果就是「常好諍訟」，總是起諍之後繼之以訟，告到官署裡去；他們對正覺弘法的局面越來越開展看得很難過，那麼就找機會誹謗，你如果回應了，我就找你的過失告你，那我們不是被告了嗎？

這事情剛開始就是諍：「你們正覺弘揚如來藏，是外道神我；你們說有如來藏可證，堅持有第八識如來藏，那你們正覺就是自性見，就是執著如來藏。」她們不知道的是：證得如來藏的人不會執著如來藏，豈不聞禪師曰：「不會如金，會者如屎。」禪師早就講過了：這個眞如，不會的人當作是寶，跟黃金一樣，因爲好難找到啊！可是會了以後，又覺得不值一文，因爲你要拿來賣也賣不了一文錢，你要找誰跟你買？沒有人願意跟你買，因爲他家也有眞如，何必跟你買？縱使跟你買了也拿不走，爲什麼要買？買一個拿不走的東西，天下沒有這麼笨的人！所以你證得眞如時，一文不值，禪師才說「會者如屎」；就像地上的屎一樣，沒有人要買。

所以說，證如來藏的人不會執著如來藏，而她們不懂這個道理。我們爲了因應她們再三說不實語，所以正覺把來往信件製版印了出來，放在《正覺電子報》上證明她說謊，她就告到官裡去，就變成訴訟；本來只是諍，接著變成訟。請問諸位師父們！你們出家人可以打官司嗎？啊？你們認爲不可以打官司？因爲那是訟事。菩薩戒是規定不可以的，可是人家就已經訴訟了，那怎麼辦？咱們就應對應對吧。好在也就解決了，她自己不得不撤告了，這就是「嫉妒所縛」：「我都出家幾十年了，怎麼你這蕭平實才學佛五年就開悟了，還出來弘法說我們出家人講的法不對。」天曉得！我出家兩千五百多年了，又不是今天才出家，原來她只看這一世。說老實話，出家兩千五百多年不算久，我無量劫以來就出家了不是嗎？你們每一個人也是無量劫以來就出家了，不是嗎？只是這個五陰在家罷了，可是你的如來藏從來都不在三界家中，是眞出家欸！要比出家，當今世上誰可以來跟我比？所以我說她們「常好諍訟」耽誤道業。

我這個人算是怪人，因爲我不是人；不是人，是菩薩，所以我的行事作略跟一般人不同，所以那件官司剛開始時對方說要和解，我說可以，就提出條件，其中一個條件是：「妳一定要學這個法，妳也一定要證悟，等妳悟了以後我把妳開悟的見道報告登出來，證明妳不是聲聞僧，洗刷妳以前聲聞僧的惡名。」這是和解的條件之一。世間有人提出這樣的和解條件嗎？人家把你告官，你還要幫她開悟？可是我就這樣作。轉個彎兒說話，換作我是她，我一定說：「好！我馬上和解。」印章就趕快拿來蓋。「這是送上門來的證眞如開悟的機會，人家求都求不到，他蕭平實竟然要送給我。我告了他還得利，求之不得。」但她不是我，她就拒絕了。不曉得諸位認爲她這樣到底是聰明還是笨？（大眾回答：笨。）想來我是跟她一樣笨，因爲人家告了我，我還想要幫人家開悟，天下就有這麼笨的人啊？所以說我不是人。

因爲只有菩薩才會這麼笨，這麼笨的菩薩就是諸位剛才說的不笨，因爲這也是結緣的一個方法。所以「嫉妒所縛常好諍訟」，也是末法時代會出現的事。今天讀到 如來說了這句話，大家也就不需要有什麼怨心說：「哼！這傢伙這麼大膽，竟然連我們老師也告了！」不用這樣，因爲在末法時代這是常態。我常常跟大家講，遇到不平事，要記住一句話：「眾生本來如是。」這是正常的，沒什麼好奇怪。這樣常常把這一句在心裡面記著——眾生本來如是，遇到眾生橫逆之事你就不用生氣，省得如來藏要辛苦多製造細胞來替換，這一氣要死掉好多細胞欸！

接著說「互生怨隙不相敬順、無有威儀」。「互生怨隙不相敬順」的事情在一般寺院裡很常見，像我們正覺中不分派別、不吵鬧爭鬥，這是異象，不正常。大多數寺院沒有三派、四派，最少也有兩派，都是這樣的，很正常；因爲都是凡夫，分派系都是正常的。我也講過，有位師姊親身遇見兩位出家已經很久的大比丘，在大殿中吵架，勸也勸不了，這位師姊腦筋機敏，走過去合掌說：「師父啊！既然你們吵個沒完，沒辦法解決，不然用打的比較快。」這兩個大比丘一聽，知道不對了，立即各自走開。大比丘在大殿裡吵架的事都有，所以這種事情都正常。不分派系是咱們正覺才有的狀況，你去到哪個道場都一樣，都有派系，那他們「互生怨隙」當然「不相敬順」，結果一定是很沒有威儀——「無有威儀」。

你想，兩個大比丘在大殿上大聲吵架，那能看嗎？如果是比丘尼道場，她們吵架又是另一番景象，咱們就不用提，反正八、九不離十。這樣沒有威儀的人無法統攝眾生，正法也就不被信受，學佛的人自然會漸漸減少，接著信徒也漸漸少了，最後只剩下過年過節來上個香、供上供品就走了，佛法就開始滅沒。這樣的人，心性都在世間法上轉，所以「志性輕躁猶如獼猴」；因爲他們都在世間法上用心，不是在佛法大事上用心。如果都在佛法上用心時，討論佛法一定不至於惡言惡語，但他們爭的是世間法，「志性」是「輕躁」的。

獮猴跟猿到底有什麼差別？以前畫國畫的張大千，他養猿而不養猴；他住在外雙溪，那兒有一個鯉魚穴的地理格局，現在不談它；他養著猿，有人問他：「爲什麼不養猴子？」他說：「猴是小人，猿是君子。」因爲猿的思想跟人類比較接近，可以溝通；猴很躁動，跟牠溝通沒有用，只有綁著並且強制處罰，才能控制牠。那猿不會一天到晚蹦蹦跳跳，猴子就是蹦蹦跳跳，所以他養猿不養猴。獮猴就是「輕躁」的表現，所以猴子很難安分。

爲什麼他們會像獮猴的心性一樣安不下心？因爲都在世間法上用心，所以最後就是「轉易威儀行諸惡業」，因此出家之後作了壞事，可以說是不勝枚舉。以前不都是這樣的嗎？甚至有人出家之後，有一天去到廚房繞了一圈出來，第二天他就離開了。爲什麼要離開？因爲看見堂頭和尚喝酒。有的人去打掃住持方丈室以後，第二天也還俗了！因爲住持房間裡也放著藥酒。那他們爲什麼喝藥酒？因爲他們學密，所以要喝藥酒。你們比丘不懂那個道理，我說白了吧：他們認爲喝藥酒可以壯陽。這樣懂了喔？因爲你們是好學生所以不懂，所以藥酒就不在話下，因此看見了才知道說：「原來如此！」

於是當晚就開始收拾衣物雜物，第二天留下一封信，行李提著就走了。本來以為跟隨了這位和尚出家，就可以有佛法的修證，結果發覺眞相：「住持和尚幹的跟世俗人一樣，那我又何必出家。」於是只好先回家住著，但仍不肯捨戒，因為出家很不容易，就想把這個善根好好保持，然後再想辦法自己去立一個精舍獨自修行；不論如何，盲修瞎練總比跟那個喝酒修雙身法的師父好吧。所以現在小精舍很多，不是沒有原因的。由此可見這一些「破戒比丘」都是「違沙門法遠離賢聖」。

到了這個年代你想要找一個印宗法師，我看是半個都沒，也許小寺院還會有吧？像印宗法師寺院的規模，願意禮拜六祖為師也是很少的；但那還是有個前提，因為六祖南來還有衣鉢作證，而且衣法南來的風聲已經流傳十五年，大家都在等著，所以印宗法師才願意禮惠能為師！假使過個幾年，有哪一個小有名氣的法師願意禮我為師修證正法，我會說他比印宗法師還值得讚歎；因為我沒有佛鉢祖衣，而且六祖是剃了頭出家的人，我雖剃了卻沒出家。所以我們應當這樣看：假使將來有誰願意把寺院奉獻給正法道場來弘揚正法，這個人比印宗法師更值得讚歎，因為我不是六祖，我一祖也沒。

我這件海青縵衣都是在佛教書局買來的，因爲我這一世受菩薩戒時，那個道場不給居士縵衣，他們的想法是：「你們在家人穿起海青、搭起縵衣來，跟我們一起念佛時，豈不跟我們出家人一樣了嗎？」他們是這樣的想法，所以他們傳菩薩戒時，給你一條東密那樣的帶子，那是學日本密宗的東西；但你是禪宗，學人家日本密宗幹嘛？所以我不承認那個菩薩戒，還是用原來的菩薩戒，因爲我兩千五百年以來的菩薩戒體一直都在，再加上道共戒、定共戒，我就這樣來持戒與傳戒，不是更好嗎？爲什麼要認那個下品戒呢？我依二千多年前受的上品戒加上道共戒與定共戒，來傳給你們上品戒，卻又認今生所受的下品戒，沒這個道理。

所以那一些人他們看的是表相，不看實質，所作所爲「違沙門法」，沙門法就是出家人的法。出家人的法是怎麼回事？不許作生意，不許爲人家說媒，不許通軍國事，不許自己下田耕作，要行乞食法。在中國不能乞食，那就四事供養依於在家二眾，但不可以自己去賺錢，這才是沙門法。簡單地說，出家人不應該擁有在家法，反過來說，在家人也不應該擁有出家法。那密宗假藏傳佛教就是出家人擁有在家法，所以密宗假藏傳佛教喇嘛們出家後，還可以有好多明妃，然後又收受在家人的供養；他們要依出家法接受供養，就不應該有在家法——不該有淫行而擁有很多明妃。同樣的道理，你是在家人，就不許行出家法——就不該受供養；如果接受供養，那你就是違背了如來在法上的告誡。

在家人本來不應該接受供養，如果你接受供養了，就必須有回報，你必須要回報對方至少等值的財物，否則不應該接受供養的。假使你在世間法上接受了誰供養，就回報他一樣的供養或者再加上一倍。所以在家人不應該擁有出家法，這是我們一向的原則。所以我假使遇到有誰要供養我，可以法供養，各種法供養我都接受，我從來沒有拒絕法供養；如果一大包紅包送來供養我也收，收紅袋子，裡面的內涵心領；從來都是心領，不曾也不要眞的領。因爲在家人有在家人的軌則，出家人有出家人的軌則。

所以「破戒比丘」們是「違沙門法」，違背沙門法時一定會「遠離賢聖」。就算他不自動遠離，賢聖也會遠離他們；他們遇到賢聖時會覺得自己跟人家不好意思相處，自己也會遠離，而賢聖也不能見容。這就好像我們正覺同修會一樣，我們同修會成立早期，有的人財務上不清白，其他親教師們就會提出來檢舉，這是正覺成立以來的門風，一開始就這樣；然後就會查清楚，最後被檢舉的人證實眞是那樣，也就只好告長假離開，這是正覺的門風。所以你們來正覺共修第一堂課、第二堂課，就先告訴諸位：「同修之間不可以互相借貸，不可以有金錢等往來，不可互相作直銷。」正是如此。

除非你們以前在商場上已經有生意往來，那是另當別論，但不可以進來以後，新認識哪個同修：「跟你借個五十萬元。」又向另一個人借一百萬元；因爲這個後來都會出亂子，這就是正覺的門風。所以只要心裡有意想，然後他有私心運作，最後都不能見容於所有的同修們，只好離開；從同修之間到親教師之間都一樣，正覺從來都是這樣，這就是我們的門風。而「破戒比丘」假使有一天來到正覺，最後一定混不下去；因爲這樣的門風樹立在這裡，這個門風會一直維持下去，所以「破戒比丘」來到這裡待不了幾個月就會自動走人了。

這樣的人，佛陀有開示說：「舍利弗！如是惡人覆藏瑕疵，多欲多求以財自活；惡魔知心爲作方便，令其乖異各共散壞，一味僧寶分爲五部；」也就是說像這樣的惡人，他們在僧團中興風作浪而且毀壞正法，眞是惡人。這樣的惡人當然會覆藏自己的瑕疵，不論有什麼過失全部都覆藏，而心中想的都是五欲上的事；財、色、名、食、睡，每一樣他都要求最好的，眞是「多欲多求」，心就不清淨，與眞如難相應。他們心中想的是財寶越多越好，所以假使聽到有出家人在收藏寶石、珍珠或者收藏骨董，你們也不用覺得奇怪，因爲他們喜歡的是財物；有財物就覺得安心，可以過生活，他們的用意就是好好過生活。

但這不一定是他們的過失，因爲他是被大法師教壞的，大法師教的是禪的生活；禪的生活要怎麼生活？好東西就專心地欣賞，好吃的就專心吃，寧靜時專心地打坐，不管什麼都專心就對了。所以勸募錢財時就專心去勸募，出坡就專心出坡，工作就專心工作，但這都是識陰相應的境界；既是識陰相應的境界，當然痛苦的境界不要過，要過富裕的生活境界，這麼一來就是「多欲多求」；所以什麼東西都要好的，睡覺的床鋪要好的，穿的衣服要好的，掛的念珠要好的，至少也要戴上最好的蜜蠟；至於念珠的手珠，好大顆的一串，戴在手腕，看起來就是家底很豐厚的樣子。上了五觀堂要幹嘛？要吃飯了，那碗也要夠好，所以都是很薄而名貴的碗，這麼一彈，聲音好清脆呢！

筷子要用象牙鑲金的……總之多所講究，這就是「多欲多求」。「多欲多求」時就是錢財多多益善，所以都是「以財自活」，於是「惡魔知心為作方便」；天魔波旬早就尋找機會了，正好遇到「破戒比丘」這樣一群人，當然知道他們在想什麼，於是就為他們施設很多的方便；有時讓某個人動個念頭來作某件事，由他去動手腳，於是這個僧團就「乖異」，就互相乖違；於是你有你的意見，我有我的意見，大家爭執不下，接著就是「各共散壞」；「各共散壞」之後，「一味僧寶分為五部」，部派佛教的分裂就此開始，如來早就預記了。

那這個「五部」，咱們就先來講講五部，請看補充資料。這「五部」，有五部經、五部律，這是經論中已經存在的資料。五部經，例如《長阿含》、《中阿含》、《增一阿含》、《雜阿含》、《小部》，總共分為五部。經有五部，我們不作解釋；律也有「五部」，所以《摩訶僧祇律》、《四分律》、《五分律》、《十誦律》、《解脫律》；那這五部律意味著聲聞教團分裂為五部，各自解釋戒律，不再和合為同一僧團了，世尊這一句教示的預記就是這件事。換句話說，部派佛教的各部派都是聲聞法，各依自己的律典持戒、布薩、羯磨，成為分裂僧團，先由上座部分裂出大眾部，然後再次分裂，成為《犢子部》、《法上部》、《賢冑部》、《正量部》、《密林山部》，最主要的就是這「五部」，由這五部各自再分裂後來成為十八個部派、二十個部派；最後沒辦法全部記載的部派，據說有五百個。可是大乘法一直都沒有分裂過，就只有聲聞法的僧團在分裂，所以部派佛教全部都是聲聞部派。「五部」，在中國漢傳佛教有另外一個說法——五部經，就是《阿含部》、《本緣部》、《般若部》、《法華部》、《華嚴部》。就是把佛法作一個分類而區分成「五部」，順便提供給諸位參考。

那這個前提大家先瞭解以後，接著來看《大智度論》怎麼說？在卷六十三〈釋信謗品〉第四十一有記載：【是聲聞人，著聲聞法。佛法過五百歲後，各各分別有五部。從是已來，以求諸法決定相故，自執其法，不知佛為解脫故說法，而堅著語言故，聞說般若諸法畢竟空，如刀傷心，皆言：「決定之法，今云何言無？」於般若波羅蜜無得無著相中，作得、作著相故，毀呰破壞，言非佛教。】

大意是說：聲聞人是執著於聲聞法的，佛法在 佛陀入滅五百歲以後，因為各各分別的緣故而各各執著自己的見解，就分裂成五部；從那時開始，由於這五部聲聞人爲了諸法「**決定相**」各有己見的緣故（也就是說他們認爲佛法一定是自己說的這樣，不是別人說的那樣，各有異說），各自執著自己一派的主張，卻不知道 佛是爲了解脫的緣故而說法的，不是爲了法的「**決定相**」——不是說誰主張什麼法是決定不變的、是決定正確的，就是那個法。佛說那些法的目的是爲了弟子們證解脫，或者二乘解脫或者大乘解脫各有不同，爲了解脫而說法，這樣才對，所以不應該在那邊議論法相，而應該議論怎麼樣可以實證解脫。

但他們堅著經教中的語言，所以聽聞般若諸經中講諸法畢竟空，就好像被刀捅了他的心臟一樣，因爲他們誤會了。諸法畢竟空是說諸法畢竟無常故空，諸法畢竟是空如來藏所有，他們不懂這兩個意涵，所以聽到說「**諸法畢竟空**」時如刀傷心，因此他們都說：「**決定之法，如今怎麼說是沒有？**」他們誤會《般若經》是講一切法空，釋印順不也是這樣誤會的嗎？所以釋印順的誤會，只是追隨著部派佛教那些聲聞僧的邪思邪見而延續下來的。其實般若諸經講的是「空性如來藏」眞實而如如，由如來藏眞如出生一切諸法，一切諸法有生有滅而畢竟無常故空；無常空，其實也歸屬於畢竟空的如來藏，所以諸法全部都是空。

但他們聽不懂其中的二種意涵，誤會爲「諸法都是緣起性空、一切法空」，所以提出質疑：「決定之法，今云何言無？」所以對般若波羅蜜這個無所得、無所著的法相中，他們產生了一個有所得、又執著於那個解脫相，自以爲覺悟而得解脫了。然後他們就誹謗《般若經》、破壞《般若經》而說「那不是佛所教導」，又主張「大乘非佛說」。這證明「大乘非佛說」不是釋印順創造的，也不是日本人創造的說法，而是承襲古時部派佛教聲聞凡夫僧的說法，他們只是在近代繼續宣揚出來罷了。以上就是《大智度論》的記載。

接著《菩薩戒本疏》卷二有這麼說，這個前提請諸位先瞭解，然後「五部」就好講了：「與道相應者，毀俗好，故應道服也。皆染，使青黃赤黑紫色者，小乘五部異見故，服各一色。菩薩於五無所偏執，故通服五色。」也就是說：跟解脫道相應的人，他們應該毀棄俗人的所好，因此俗人好穿各種雜色繪染或者刺繡所成的華麗衣服，但與道相應的人是要染成同一色，或者深紫色、或者青色、或者黃色、赤色、黑色等，整件僧服就染成同一個色，不許有雜色。如果穿白色的袈裟，那算是僧服嗎？那只能算是俗衣，因爲不是染色衣、壞色衣。

出家人一定要穿染色衣、壞色衣，不能穿白衣；如果穿了白衣又印上一些字樣裝飾，那像什麼？像道教的道士！怎麼會像佛門出家人呢？眞的一點兒都不像。如果僧服上面還作一些刺繡，扣子也用中國結做得很華麗，衣袖還有繡邊邊，這樣還像出家的比丘尼嗎？根本不像！那只能叫作搞怪。正因爲搞怪人家才會注意說：「原來還有這號人物在。」就如此而已。那爲什麼不能算是僧服？因爲它不是染色衣——不是單色衣也不是壞色衣。一件僧服只能有一個顏色，不許有兩個顏色，所以說是「毀俗好」，才能與道服相應，因爲他的解脫心就適合這個樣子，所以青黃赤黑紫都可以，一件僧服就是只能一色，不許有兩色、多色。

那小乘五部異見，小乘分爲五部時他們的見解各不相同。當他們在法義上與戒律上的見解互不相同時，爲了互相區別就規定穿著不同顏色的僧衣，生活上也會發生問題，去托缽時信徒看來人是穿什麼顏色的，就起分別：「這不是我們所支持的一派，不要布施給他。」才一見，門就關起來；信眾會依僧眾所穿的衣服來決定是否要施食，因爲他們五部聲聞自己來區分了，信徒當然會跟著區分。所以：「我供養我的這位師父，不想供養別的師父。」於是互相爭競的事情就開始了。五部相爭時信徒們也跟著相爭：「你師父這樣說不對，我師父這樣說才對。」也互相爭執。

但是菩薩無所謂，什麼衣服都可穿，出家菩薩就是這樣的。你們看觀世音菩薩還有天冠、長髮飄逸，穿著天衣胸佩瓔珞等，因爲菩薩無所執著。如果有誰需要，就拿身上的眾寶瓔珞布施出去，直接就送出去，無所謂。所以菩薩通服五色，所以我們對於菩薩身分的出家人，就不要求單色衣、染色衣，他們怎麼穿都無所謂；因爲他們早都把習氣種子滅盡了，哪有這個問題存在？以上《菩薩戒本疏》中所講的。

同樣是卷二，還有一段：「若大小見異，尚不得共住一處、同飲一河，何況同利。別小差大，應成僧次；如五部異見，不共法利。又可小乘住處，得別大乘，不信大乘是佛法故。若大乘住處不得別於小乘，大乘信五部皆是佛法故。」請教學組把這部分再印給諸位親教師，因爲他們的座位不方便從銀幕上閱讀。

這是說大乘與小乘的所見是不同的，既然不同就不能共住一處。所以大乘菩薩不與小乘人共住，就好像俗話說的「**道不同，不相爲謀**」；是因爲他們小乘部派佛教不承認大乘法，菩薩們當然不與他們共住，甚至不跟他們同飲一河：你喝這一條河的水我就不喝，我喝別條河的水，不跟你同飲一河。諸位想想看，古人如此，現在大家卻是出來當濫好人：「**你說你的法，他說他的法，大家和平共處吧！**」可以這樣啊？他說外道法是佛法，你也可以跟他和平共處啊？他誣賴說那外道法也是佛陀所講的，你也可以跟他和平共處？他說你弘揚的如來藏妙法是外道法，你也可以跟他和平共處？你看古人可不如此的：「**他說大乘不是佛法，我就不跟他共飲一河，何況是共住。**」那要談到「**利和同均**」就更別提了，因爲一切的資財都要用來弘揚大乘法，不可以去資助誹謗大乘法的那些小乘人。

「**別小差大**」也就是說，必須要去分別出來這是小乘、這是大乘，兩者的差異又在什麼地方；然後區別這是大乘僧、那是小乘僧。就好比小乘聲聞分爲五部之後，他們於聲聞乘中尚且不共法利，各派堅持各派的，然後說對方的法不對。何況是大乘勝義而可以跟小乘共？所以小乘僧的住處可以有別於大乘，他們要顯示自己整個寺院就是聲聞出家人，所以他們要區別跟大乘的寺院不一樣。這倒是可以的，因爲他們不相信大乘是佛法。但是大乘菩薩們的住處不可以有別於小乘，因爲大乘法含容小乘法；既然含容小乘法，所以四大部《阿含經》加上《小部》，總共這五部經典，大乘也是承認的，不否定小乘法。

你們看正覺弘法以來有沒有否定過小乘法？從來沒有。可是小乘人總是在否定大乘法，這是古來就已經如此的。因此大乘是承認小乘五部經的，但小乘人不承認般若，不承認第三轉法輪的唯識增上慧學諸經，也是古時就已經如此。而小乘有分裂，大乘不曾分裂。今天只能講到這裡。

《佛藏經》上週我們講到三十二頁第二段的倒數第四行，說到「五部」，這「五部」我們還沒講完，因爲這「五部」牽涉到下一段的經文，所以在這裡先要作一個說明。關於「五部」今天我們要再舉出《大方等大集經》卷二十二〈聲聞品第一〉的經文：「憍陳如！我涅槃後，我諸弟子受持如來十二部經，讀誦書寫，廣博遍覽『五部』經書，是故名爲摩訶僧祇。善男子！如是『五部』雖各別異，而皆不妨諸佛法界及大涅槃。」

關於「五部」這兩個字，爲什麼我要再舉出這一段來？因爲這與等一下要再說明的另外舉證的律部記載，是有重要關係的，一定要舉出來說。這是如來對憍陳如所作的開示：「我釋迦如來涅槃之後，諸弟子們受持的如來十二部經，或者讀、或者誦、或者書寫，並且能廣博遍覽『五部』經書，由於這個緣故所以叫作摩訶僧祇。」摩訶僧祇叫作大僧，也就是大乘僧。那麼「五部」我們上週一開始說到「五部」時有講到：有五部經，就是《長阿含》、《中阿含》、《增一阿含》、《雜阿含》以及《小部》，但也有另一種五部經的說法，叫作《阿含部》、《本緣部》、《般若部》、《法華部》、《華嚴部》，這在上週已經跟諸位說明了，那麼這裡五部經書大致上就是《阿含部》乃至《華嚴部》等五部。

現在說「廣博遍覽『五部』經書」，就是對於大小聖教全部都遍覽，無一遺漏。因爲遍覽這五部經書的緣故，所以叫作大乘僧。摩訶就是大，僧祇就是僧，所以叫作大乘僧。那麼諸位破參的人，有時也會讀律部的律典，讀到《四分律》、《五分律》——《彌沙塞》、《十誦律》，還有《摩訶僧祇律》、《根本說一切有部毗奈耶》，各不相同，這個我們稍後下一段再來說。這五部經書除了《阿含部》是二乘教以外，《本緣部》、《般若部》、《法華部》和

《華嚴部》都是大乘教，那麼 如來在《大集經》中說「廣博遍覽『五部』經書」，這究竟是學習大乘法或是學習二乘法呢？是學習大乘法而包含二乘法在內。就像我們正覺弘法是弘揚大乘法，但也包括了二乘法在內，因爲這是大乘法的僧眾所應遵循的，所以這樣規定的律典就叫作《摩訶僧祇律》。

如來接著又說：「善男子！如是『五部』雖各別異，而皆不妨諸佛法界及大涅槃。」這五部經書雖然所說的內容各不相同，有的是在解脫道上面來講；有的是說 如來弟子與諸弟子過去世的本緣，也就是《本生經》；有的是說第二轉法輪的般若智慧，有的則是把 如來的一代時教概括在《華嚴》中；又譬如其中的善財大士五十三參，道理是一樣的，然後以《法華》來總其成，說明十方三世一切的佛教，就收歸到第八識如來藏裡。所以這五部看起來是不同的，但其實精神、內涵、主旨都是一樣，只是層面有所不同；所以「而皆不妨諸佛法界及大涅槃」，這當然不是指二乘涅槃。

那麼這樣子說完了，大家對於這五部經有了認知，接著我們再來說有關部派佛教以及摩訶僧祇的事情。這是在《摩訶僧祇律》卷四十：「於是遂有五部名生：初曇摩崛多別爲一部，次彌沙塞別爲一部，次迦葉維復爲一部，次薩婆多。薩婆多者，晉言說一切有。所以名一切有者，自上諸部義宗各異；薩婆多者，言過去、未來、現在中陰各自有性，故名一切有。於是五部並立，紛然競起，各以自義爲是。時阿育王言：『我今何以測其是非？』於是問僧：『佛法斷事云何？』皆言：『法應從多。』王言：『若爾者，當行籌知何眾多。』於是行籌。取本眾籌者甚多，以眾多故，故名摩訶僧祇。摩訶僧祇者，大眾名也。」

現在大家應該對大眾部有所改觀了！爲什麼呢？因爲這裡點出來了。而我弘法早期爲什麼比較認同大眾部而不認同其餘諸部，這也是一個原因。現在這裡的記載是說：「由於僧眾眾說紛紜，所以開始有五部的名稱出現了！」也就是說，本來是一個和合的大乘僧團，其中夾雜著二乘聲聞在裡面；這是因爲 佛陀三轉法輪後已經是大乘法了，但是二乘人夾雜在其中，眾說紛紜的結果「有五部名生」，第一個就是曇摩崛多，這是第一部；第二次分裂出來的彌沙塞部，那彌沙塞部爲什麼分裂出來？因爲他們對於律的見解不同，所以他們自己建立了《五分律》。本來是只有一種律，後來被叫作《摩訶僧祇律》；本來律部就這麼一部，後來有了《五分律》，這就是彌沙塞。然後又有一個僧人叫作迦葉維，他另外作了一個主張，所以另外成爲一部；但他這一部人數很少，幾乎沒什麼作用，這是第三部。

那第四部就是薩婆多，薩婆多翻譯過來叫作「說一切有」；那他們爲什麼成爲「說一切有」部？因爲各部的這個義理宗旨也就是主張各不相同，但這薩婆多認爲過去、未來、現在的中陰都各自有性，因爲過去中陰有性、現在中陰有性、未來中陰有性，就認爲同樣是三界中的生命狀態之一，他們是這樣主張的，所以叫作「一切有」。這時連同原來的那一部就是大乘法，就變成五部了，於是「五部並立，紛然競起」。所以聲聞部派佛教剛開始是四部，因爲本來只是大乘佛教的摩訶僧祇部，但其中的聲聞凡夫分裂出去以後不久就成爲四部，就是曇摩崛多乃至薩婆多，初期總共只有四部，加上大乘看起來是有五部。但聲聞僧分裂之後繼續分裂，主要是凡夫僧再度從實證解脫果的上座部分裂出去，後來成爲十八部派乃至上百部派；可是大乘僧其實都不跟他們合流，一直在部派佛教之外獨存，不屬於部派佛教。

那麼這時各派都有各的說法，而這些二乘僧人獨立出去以後，也來跟大乘菩薩僧們爭執說：「大乘法是如何，第一義諦是如何。」他們也來爭執大乘法義。就像二乘凡夫僧的安慧論師，他也來寫《大乘廣五蘊論》，論中所說其實根本就牽涉不到大乘法，連二乘法都不符，但他也自稱是大乘而寫了《大乘廣五蘊論》。輾轉傳到今天的臺灣來，還有釋印順愚於大小乘法，竟拿它當佛學院的教材，來向佛學院中的學僧胡說八道一頓，所以我把它破了——揀擇它重要的部分把它破了，就是那本《識蘊眞義》。這是題外話。這時各部都「以自義爲是」，大家都來互相諍論，然後二乘凡夫們也來批評勝義菩薩僧把大乘法講錯了！就好像現在佛門六識論的二乘僧人們，他們的本質是二乘僧，卻來批評正覺的大乘法不對，如出一轍。

這時「各以自義爲是」，所以眾說紛紜，阿育王是護法者，他就說：「那我現在要怎麼樣測定誰是誰非呢？」於是他問僧眾說：「佛法之中要判斷事情時，是怎麼樣來判斷的？」那時因爲大乘僧很多，二乘僧畢竟是少數，大家說「法應從多」。當然，如果現在誰告訴我說「法應從多」，我是不從的，因爲現在凡夫多，大乘勝義僧極少；所以現在若問我，我一定說：「法應從少。」因爲末法時代實證者少。那當時大乘僧很多，因爲經過二轉法輪、三轉法輪時，大乘法是很興盛的，所以眾僧都說「法應從多」。那阿育王就說：

「如果是這樣的話，就『行籌』，就知道哪一個主張的僧眾比較多。」「籌」類似筷子，在天竺沒有筷子，就用樹枝一根一根製為籌；就施設一種黑籌、一種白籌，讓所有僧眾投籌，結果大部分僧眾認定摩訶僧祇的說法是正確的，少部分僧眾認定那四部的講法是對的，就取那邊的籌。行籌之後「取本眾籌」的僧眾是最多的，也就是說拿了同一種籌去放到一個地方承認說：「本眾的這個律典是正確的，法義也是正確的。」這個部分的數目是最多的，也就是說人很多，就這樣把他們叫作大眾部。因為眾多的緣故所以叫作摩訶僧祇；也因為有著人數眾多的僧祇，另外一個通俗的名稱就叫作大眾部。

接著有一個前提要跟諸位吩咐一下，是不是大眾部的僧眾寫的一定都對？就好像大禪師座下也有悟錯的弟子寫了論印出來流通，讓人家誤以為他是大禪師印證的，就好像大梅法常一樣。天曉得！大禪師哪裡有印證他？根本就沒有啊！又或者今天同修會中有人還沒有證悟，就亂寫書籍還命名為論，然後廣為流通，結果他寫的到底對不對？這都是要檢查的。所以也不能說：「既然叫作大眾部，那麼大眾部說的就都全部正確。」也不一定這樣，要看其中什麼人說的才算數，也得是證悟了所說所寫才算數。

這樣看來這四部加上舊部摩訶僧祇，總共就有五部了。現在回到剛才那一部《大方等大集經》的經文來說，在中間那一句：「**我涅槃後，我諸弟子受持如來十二部經，讀誦書寫，廣博遍覽『五部』經書，是故名為摩訶僧祇。**」如來說摩訶僧祇部的勝義僧是遍覽五部經書的，然後說這五部雖各別異，而皆不妨諸佛法界及大涅槃，表示這就是大乘法。那麼這裡的五部介紹過了，下一段經文就會談到這件事情。

回到《佛藏經》的經文來：「**既有五部則生諍訟，互相是非，論說過失。**」這五部是剛分裂時(就是二乘凡夫僧從大乘教中分裂出去之後)，他們也來演說大乘教，但是講得一塌糊塗，那就開始互相產生了諍訟，然後互相理論是非：「**我的才是，你的不對。**」然後就說：「**你什麼地方有過失，你這個講法錯了。**」等等，這樣互相爭論的結果，佛教界就變得很亂。這時連原有的摩訶僧祇部大乘法在內，總共只有五部；而分裂出去的四部其實都是二乘法，這四部後來又陸續分裂，分裂到後來變成十八部，十八部又分裂成二十部，最後分裂到將近五百部。最開始聲聞法僧眾只有四部，後來變成五部、變成十八部又變成二十部，然後變成四百多部；但是大乘僧這個法始終還是一味傳承相續不斷，始終沒有所謂分裂的事情可說。那麼因爲有這五部的結果，表象上看來就是「**互相是非，論說過失**」，這是 如來在涅槃前就已經先預記的事情。

那有人也許說：「**這部經典也許是後人編造的吧？**」好了，那後人如果能編造這部經典，我說那個人其實就是 如來。因爲以龍樹菩薩、提婆菩薩、無著菩薩、護法菩薩、戒賢菩薩乃至到今天的我，根本沒有辦法編造這樣的經典；而那些未證大乘法的二乘凡夫僧可以編造更勝妙於四阿含的經典，有這個道理嗎？（有人答話，聽不清楚。）當然沒有啊！所以說 如來的預記是眞實的，而且 如來有十力，不可能無此預記的能力。如果沒有能力預記的話，那十力可就虛有其名了；一個有十力的聖人沒有辦法預記未來之事，那是很荒唐的想法或說法。又譬如了知往世的事情 如來也是一念而知，不必像當年的大阿羅漢們得要先入定，入「**如其像定**」然後再去觀察；如來根本就不用，隨念就知道了，這叫作「**宿住隨念智力**」。對於未來的情況也是一樣，所以「**處非處智力**」等都不是徒有其名的，這些要有實質的。

接著言歸正傳說：「**舍利弗！如今比丘互相教化，互相恭敬，同心共行，**

隨順佛語；爾時比丘不相教化不相恭敬，見作惡者畏而捨去，不能以法共相教誨；」我們先來說這幾句。如來說：「現今的這些比丘們大家是互相教化，互相恭敬的，」「互相教化」就是說，如果有誰不懂時，同修之間可以爲他解釋應該如此，有誰不如法時就爲他說明這樣作不對，應該怎麼樣才對。因爲「互相教化」的關係，也就「互相恭敬」；如果不能「互相教化」，就沒有「互相恭敬」這件事情。因爲有的人不懂，而別的比丘可以教他說：「這個法應當這樣。」那有的人作事情不瞭解律典的規定，也許他違背了戒律，就會有比丘告訴他：「眞正的行事規矩應當如何，才不違背戒律。」應當如此。那麼這樣的話，大家有「互相教化」的實質存在，當然就可以「互相恭敬」；「互相恭敬」之後就可以「同心共行」，而且大眾同樣都「隨順佛語」。如果不「同心」就不能「共行」，一個人一個想法，就會是一個人作一件事，各自獨立，不能共同來執行僧團中的規矩，共同來弘法、共同來教化眾生，其中就一定有一些人是不肯「隨順佛語」的，他們是隨順自己心意而行的。

但是到了末法時代，也就是「爾時」末法時代的「比丘不相教化不相恭敬」，也就是各人管各人的事，不管僧團中如法、不如法或是法義有沒有誤會，因此「互相教化」的事情不存在了，於是就沒有「互相恭敬」的狀況；接下來就不好了，用功修行的比丘們「見作惡者畏而捨去」，看起來他們好像是無爭的，但這樣對於僧團是不好的；看見有人作惡，他們想：「我們不要跟他們同流合污，以免諍論。」所以「畏而捨去」，離開了以後都沒有人在意這個僧團到底如法不如法，於是僧團就越來越爛，爛到最後就是成為共同生活的一群穿著如來衣的世俗人，正法當然要亡。那清淨實修的僧眾既然離開了，就不可能「以法共相教誨」。

所以比如將來有一天我走了，如果有人作事不如法，你們是不是說：「我們走吧！離開同修會，免得和他們諍論。」是不是這樣就算了？不應該。而是應該留下來眾志成城，什麼事情不如法我們提出來大家來討論；應該去糾正才對，而不是大家離開。大家離開了，不如法的人更高興了，他們就可以把持著整個正覺同修會，把持了以後亂說法、亂作事，到後來也許後代會記載說：正覺同修會眞是個邪魔外道團體。就變成這樣了，這麼一來，蕭平實就眞的變邪魔外道了。所以不應該說：「現在導師已經走了，我們也走了算了。」不能這樣子，而是應該眾志成城繼續延續這個法脈，繼續維持著原本清淨狀態的菩薩僧團。爲什麼呢？因爲我下一輩子再回來時就省事多了，不然下輩子再來時我又要重新開始；再去創建另外一個某某同修會，將來打對臺時又會有多少人造業，那時作什麼都不是。所以應該要維持正覺同修會於久遠，如果將來有誰法義產生了過失，請親教師們大家討論商定了，然後一起告訴大家應該怎麼樣才對，這樣才是正辦，而不應該「見作惡者畏而捨去」。

接下來解說：「或時雖有多聞深智，猶懷憍慢輕賤餘人，各以所是自立其輪，不喜相見，況能受教？」如來預記說，到了末法時代：「有時雖然有一些僧眾是多聞而有深妙智慧的，但心中還是懷著憍慢，」因爲有憍慢心，於是就「輕賤餘人」，看輕別人，這樣的僧眾只要有三個人，就會三人互爭是非；若有五人，就五人互爭是非，爭個不停，然後「各以所是自立其輪」，就是各自以自己所認爲正確的，去建立自己的宗門正義，互不服氣而互相指責對方錯了，因此大家互相之間不喜歡相見；既然不喜歡相見，何況能夠受教呢？不相見、不論法、不受教，結果就是僧眾繼續分裂，分裂到後來是越來越亂，結果不就是如來預記現在的佛教界景象嗎？

這「五部」首次分裂後，聲聞僧團繼續分裂到最後四百多個部派，但大乘佛教仍繼續延續下去而不分裂；他們二乘人分裂出去以後，大乘佛教還是一脈相傳，所以不應該把部派佛教指稱是大乘佛教，那是不對的。那一些人所謂的考證，他們根本不明白每一個部派眞正主張的道理，因爲要能夠全部都理解各部派的主張，一定本身要先有證悟的實質，才能分辨清楚；沒有證悟的凡夫而號稱瞭解大乘經典、瞭解大乘教在講什麼，那是不對的。就好像釋印順，他說明瑜伽行派時，對瑜伽行派的那一些評論正確嗎？全都錯了！瑜伽行派根本不是他講的那個樣子，而是馬鳴、龍樹、提婆等人一脈相傳的般若與種智，前後都沒有差異。但印順把它解釋作有所演變差別，眞是亂講一氣，所以他們六識論凡夫僧的說法完全錯誤，我就給他們一句世俗的評語吧，叫作：胡說八道！那麼接下來 如來又繼續開示：

經文：【「舍利弗！如來在世三寶一味，我滅度後分爲五部。舍利弗！惡魔於今猶尚隱身佐助調達，破我法僧；如來大智現在世故，弊魔不能成其大惡。當來之世，惡魔變身作沙門形，入於僧中種種邪說，令多眾生入於邪見，

爲說邪法，謂彌樓陀羅迦樓鬥事：五分事，念念滅事，一切有事，有我事、有所得事。爾時惡魔說如是等邪貪著事，如是事者非諸佛及佛弟子所說；爾時惡人爲魔所迷，各執所見，我是彼非。舍利弗！如來預見未來世中，有如是等破法事故說是深經，悉斷惡魔諸所執著。」】

語譯：如來又開示說：【「舍利弗！我釋迦如來住在世間時三寶是同一法味，在我滅度之後就分裂爲五部。舍利弗！惡魔於現在都還尚且隱身來輔佐、來幫助提婆達多，來破壞我的法和僧眾；如來有大智慧而現前仍在世間的緣故，弊魔不能成就他的大惡。**但在未來的世間，惡魔會變身作出家人的模樣，進入於我佛門僧眾之中作出種種的邪說，使很多的眾生進入於邪見中，爲他們演說邪法**，也就是那一些雜說爭鬥的事情，例如五分事，念念滅事，一切有事，有我事，有所得事。到那時惡魔演說像這樣邪謬貪著的事情，像這一類事情或法義都不是諸佛以及佛弟子的所說；那時惡人被天魔波旬所迷惑的緣故，各自執著自己的所見，認爲我是正確的、別人是錯誤的。舍利弗！如來預先看見未來世之中，有像這一類破法事情的緣故所以演說這一部深妙的經典，全部斷除惡魔各種執著的事情。」】

講義：如來呼喚舍利弗說：「如來還在世間時，三寶就只有同一個法味。」也就是唯一佛乘的法，二乘教只是接引眾生的方便，讓眾生得以確定出離三界生死，是眞實可修可證的；但是二轉法輪之後已經引入大乘法教中，到了第三轉法輪更把一切種智爲眾生來宣說，也就是說明了使菩薩們得以成佛的依據就是一切種智。所以 如來入涅槃時，在入涅槃之前早就全面都是大乘教了，因此大乘教不是後來才有的。學術界那一些人總是極力抵制大乘經典，說「大乘非佛說」，因爲他們認爲大乘經典所說都是不可證的、是玄妙的，只是爲了吸引人更加崇敬大乘法，所以才那樣說。

但實際上大乘經典的所說內容卻是可以實證的，我們也已經證明了這一點，並且接引很多人實證大乘經中的所說。但他們否定大乘而說「大乘非佛說」，他們的意思等於是說：如來的智慧不如後世的佛弟子。這不是公然謗佛嗎？因爲二乘法，也就是四大部阿含諸經總共兩千多部，依我們的所見，就只是使人成爲阿羅漢而已，最多只有到大乘的眞見道位，連相見道位都還談不上；但是二轉法輪、三轉法輪那一些大乘經典遠遠勝過四大部阿含諸經，而且是可以實證的；如果他們的說法是正確的，豈不是說 釋迦如來智慧不如祂的後世弟子們？但天下有這個道理嗎？絕對不可能的！因為沒有如來就沒有佛弟子，佛弟子承佛餘蔭所以能夠現證而且世世修行繼續弘揚大乘法，而這些經典都是 如來在世已經演說的，他們竟然可以蒙著眼睛來說瞎話，這叫作居心叵測。

那現在我們證明大乘經是 如來所說，他們也沒有辦法推翻，所以那些人真是別有居心。如來說的是「三寶一味」，因為就只有大乘法教，那時僧團都還沒有分裂；既然都已經把般若講完，唯識種智也講完了，並且以《法華經》來總其成，顯然這些都是大乘法，而 如來入涅槃前就已經全面是大乘教了。當然也有人不喜歡大乘教，因為他們的根性就是聲聞緣覺種性，所以在大乘法中就只能或只會學習二乘法。那麼 如來說：在 世尊滅度之後會分為五部。就是把大乘教也算進去的話就是五部，其實摩訶僧祇部分裂出四部來，那四部都是聲聞教，然後繼續分裂成為後來的部派佛教。

如來又說：「舍利弗！惡魔在我還在世時，就已經隱身在背後來幫助提婆達多破壞佛法、離間僧眾等，我釋迦如來有大智慧而現前還在世間的緣故，弊魔不能成就他所要造作的大惡事。」因為當時不但是 如來在世，神通第一的目犍連有時也會處理天魔波旬，甚至於有時舍利弗也要處理一下天魔波旬的，所以那時候天魔波旬成不了大惡。

但是未來世，諸位看看現在吧，看過了現在然後想一想　如來這一句話：「當來之世，惡魔變身作沙門形，入於僧中種種邪說，令多眾生入於邪見，為說邪法，」於正覺出現在人間之前，諸位看看臺灣和大陸的佛教界，不都是這樣嗎？甚至於現在大陸四川、貴州、雲南、西藏都還是如此，都是種種邪說氾濫橫流啊！所以現在要把正法帶進去西藏、帶去雲南、帶去青海，眞是非常之難，因為到處是邪說，沒有一處是在演說正法的。你們看那一些人，他們不都穿著出家人的僧衣嗎？口中卻都是演說著外道貪淫、違犯倫理的密宗邪法。

且不說密宗假藏傳佛教那些地區，就說中原好了；中原是個很好的名稱，可是中原現在所謂的佛教弘傳的是什麼法？依舊大部分是密宗假藏傳佛教，比臺灣還糟糕。臺灣經過咱們二十年來的努力，密宗假藏傳佛教信徒從兩百萬變成不到二十萬，這是他們達賴基金會自己講的；大陸地區是因為我們沒有辦法公開弘法，所以現在中佛協的會長去學密了，其他各省等而下之可想而知，都是一片邪見！而這些邪見者反過來還說正覺是邪見。所以大陸有些地方佛協說：正覺是邪魔外道，叫作邪教。

但是有個大問題：正覺弘揚如來藏勝法是邪教，玄奘大師弘揚的也是如來藏勝法，是不是邪教？這是第一個問題。後面跟著一個更大的問題：釋迦牟尼佛弘揚如來藏勝法，是不是邪教？所以我說他們的腦袋是有問題的。其實他們的腦袋沒有問題，有問題的是法。爲什麼說他們腦袋沒問題呢？因爲眼前名聞利養要受損了：「正覺一來我就變成什麼都不是，那我還能搞什麼錢財呢？」於是非得要說正覺是邪教不可。他們必須抵制正覺，這就是勢所必然！那麼大陸佛教界是這樣子，至於臺灣佛教呢？因爲他們轉型了作生意拼觀光，轉型成功就不再說正覺是邪教，總是比大陸那一些還在指責正覺是邪教的中佛協與各省佛協好多了。所以他們賺錢，我們不能說隨喜，因爲隨喜是違背戒律的；那我們就睜一隻眼、閉一隻眼，就不要抵制他們。

但是惡魔到末法之世「變身作沙門形」，他們也剃了頭，出家受了戒，穿起僧衣來，卻是住在如來家、吃如來食、穿如來衣、說如來法而破如來法，末法時代眞的就是這樣。以往的臺灣佛教就是這樣，現在的大陸佛教也還是這樣，總是爲信眾說一些雜法、講一些戲論、談一些雜事，這就是「彌樓陀羅迦樓鬥事」，因爲說了那一些法之後，大家就互相爭鬥，那麼就有鬥爭的事情不斷地出現。

之所以會有鬥爭，就是因爲看法不同，就會有「五分事，念念滅事，一切有事，有我事、有所得事」。關於「鬥事」在這裡講了四件，而這五句其實都是世間事。「五分事」是一件，「念念滅事」跟「有所得事」是一件，然後「一切有事」是一件，「有我事」是一件，這就是三大部派跟其餘的部派間的鬥事，那麼我們先來講這「五分事」。諸位破參後去讀律，沒有破參的人不要去讀聲聞律典，請大家要注意。已破參的人可以讀所有律典，沒有破參的人只能讀菩薩戒的律典，其他出家律不許讀。當你們讀律時，會發覺有《四分律》、有《五分律》（即是《彌沙塞》），還有《摩訶僧祇律》，也有《十誦律》。《摩訶僧祇律》才是最重要的律典。

這「五分事」指的是什麼？就是講《五分律》，也就是部派佛教的那個化地部，化地部是宗奉《五分律》的。那他們對於律部有自己的一派見解，所以自己建立了《五分律》，相較於《摩訶僧祇律》的主張有一些改變，有所改變以後就與《摩訶僧祇律》不同，他們就與大眾部互相鬥爭。就如同諸位所知道的所謂第二次結集，他們佛學研究者所謂的第二次結集，我們不承認他們的說法；他們所謂的第二次結集是結集什麼呢？就只是結集（其實是重新判定）律文而已，不是經典的結集，不該稱爲第二次經典結集。聲聞部的凡夫僧又另外建立了一套說法，跟原來的上座部不同，無法統合，於是他們又獨立出去；其實那只是建立「十事非法」的律文而已，並不是經典的結集，那怎能叫作第二次經典結集？所以他們眞是胡扯。那麼這個「五分事」就是建立《五分律》，屬於化地部的事情。

「念念滅事」跟「有所得事」是其餘的部派佛教，我們先來說明「一切有事」的一切有。剛剛有說一切有是哪一部呢？是薩婆多部。而薩婆多部說的邪法最多，《成唯識論》中破斥的邪見大部分是在破斥薩婆多。因爲他們的人數也很眾多，所以說出來的邪法也是一大堆；那他們一切有部的主張就是「一切有」，但「一切有」的說法跟緣起性空不符合，與大乘第一義諦的正理更不相符。所以這個「一切有」的事相指的就是說——一切有部，也就是薩婆多部。

「有我事」就是《犢子部》。《犢子部》講的是「有我」；他們認爲五陰之所以出生，一定有一個眞我，所以對這個眞我作了很多猜測而說了許多錯誤的法義。然後也有人再衍生出來，就像現代外道講的：有一個大我出生了很多的我。月溪法師也是這樣的思想，這叫作「有我」，這樣弘法就是「有我事」，也都落在事相裡面。這「有我事」是第三，那第四就是其餘再分裂後的部派，就是「念念滅事」、「有所得事」。「念念滅」，例如大陸的徐恒志與他的師兄元音老人，他們後期改變主張說：前念過去、現在念也正在過去，後念即將上來，上來也就立刻過去，說一切都是無常；然後他們就建立一個說法：「前念過去，後念未生時的離念靈知，那就是常住的眞我。」但那還是意識。但是有的人又主張說：「當我們一念不生時，那就是眞實的法。」其實依舊是「念念滅」。這一些事情跟「有所得事」也常常都混在一起，不論他們說什麼是眞如、什麼是佛性、什麼是第一義，都只是揣測大乘法之後的想法，結果所說的全部都是「有所得事」。不但古時如此，末法時代正覺同修會中退轉的人還是落到「有所得事」裡面；二〇〇三年那一批人也是這樣，也是落入「有所得事」中，其實都不出於部派佛教聲聞凡夫僧的遺緒。

那這一些事情各自主張之後，接著就是互相鬥爭，成爲「鬥事」：「各執所見，我是彼非。」對手當然就說：「我是汝非。」互相攻擊，當時的佛教界就變成很紛亂。表面上看起來是諸說競起，好像佛法非常興盛，其實不然，是邪法非常興盛；邪法興盛時正法的音量就被掩蓋，結果是正法不彰漸漸消滅。佛陀早就看到這一點，因此 佛有說過：「沒有實證的人不應該爲眾廣說佛法。」只能隨緣接引眾生隨緣而說，因爲沒有實證的人，例如聲聞部派佛教，他們寫了大量的大乘法論著印行出來，大部分後來淹沒無聞，但還是有一些被收錄在《大正藏》中，被收錄在《龍藏》中，數量還是很大，然後就流傳起來；流傳出來之後，最後就會影響佛教界，然後正法就被掩蓋了，正法最後就失傳！

比如我們初期只說我們想要弘揚的正法，但是沒有用，因爲眾說紛紜就把我們遮蓋住了，而且他們還反過來說是我們的法義錯了，還指責我們是邪魔、外道；那我們乾脆加以分析判別，讓大家來看看孰是孰非，這樣很多年以後才算是開始站穩了腳步。如果不摧破邪說，你是沒有辦法顯示正法的，因爲正法會被相似法淹沒掉，因此正法必須面對相似法的攻擊而應戰，於是這一些論辯的事情不斷地發生；你是我非、我是你非以後，當然是互相爭論，佛教界開始紛亂，信眾們不具慧眼，不知何去何從，如來就說：「到末法時，惡魔就廣說這一些邪貪著等事情。」邪就是說，所說的方法或者理論都不正確；貪是引導大眾去落入識陰中，落在識陰境界中就會跟六塵相應，跟六塵相應時就會貪著世間法，於是就叫作「邪貪著事」。

但其實這些「邪貪著事」都不是諸佛以及佛弟子的所說，到那時「惡人為魔所迷」，反過來指責實證者。善人不為魔所迷，會被魔所迷的叫作「惡人」；因為他們會引導大眾往偏邪的路上越走越偏，所以說「為魔所迷」的人就是「惡人」。並且到時候「各執所見」，總是各自執著自己所知道的見解，然後大聲說：「我的說法才對，你們的說法都錯了。」如來就說：「我釋迦牟尼預見未來世中，會有像這樣破法的事情，所以我演說這一部深妙的經典，把惡魔所有的執著在知見上全部斷除。」

也許有人這時想：「為什麼演說這一部經典，可以把惡魔的各種執著在見地上加以斷除？」因為這一部經典講的是「無名相法」、「無分別法」、「無所得法」。這「無所得法」是第八識眞如的境界，祂跟世間的六塵不相應；

如果是遠離世間六塵的，不了別世間六塵的，就不可能會有世間的貪著、瞋、恨、怨、惱存在。而「惡魔」所說的都是識陰境界，識陰境界是跟六塵相應的，一天到晚在六塵中取捨而作了別，那他就會跟世間境界相應，就會起貪愛，然後就會有瞋恨怨惱等惡心所。所以 如來演說了這個「無名相法」、「無分別法」之後，就把惡魔所說的那一些境界給斷離了。

因為有智慧的人一聽就知道，那惡魔所說的全都不離識陰境界。例如釋印順所說的全都沒有離開識陰的境界，都落在意識中；他的一切所說都圍繞著一個理論在講，叫作「緣起性空」。但緣起性空的本質是什麼，他講不出來，落入無因唯緣的「緣生性空」之中，所以他說：「涅槃是不可說的，是不可知的。」只能建立細意識常住說，結果是落入識陰中，不得解脫。等而下之，說到達賴那一批人，他們的境界不止是識陰，而是具足執取五陰及我所的全部。所以如果仔細去閱讀宗喀巴的兩部《道次第廣論》，或者說不談密宗道，光說他的菩提道，且不說他的書中講的根本就不是廣論，因為全是外道論，而且根本就是偏邪之論；就說他所說的菩提道，竟然主張色陰是眞實的；不是只有主張意識眞實，還說色陰是眞實的。那他為什麼要主張色陰眞實？（有人答話，聽不清楚。）對！就是爲了雙身法。如果他否定色陰的話，甚至於單單否定識陰，他的雙身法不就破滅了嗎？還傳什麼密宗道？還傳什麼菩提道的雙身法止觀？

所以說五陰虛妄這個知見，需要教導給所有佛教界的人，那他們密宗假藏傳佛教從來不講《阿含經》，爲什麼不講阿含諸經中的理？因爲阿含諸經專門破五陰。如果他們也把五陰拿出來講，說五陰全部都是虛妄的，那雙身法要怎麼建立？雙身法就跟著變成虛妄法了，還能推廣樂空雙運嗎？所以他們從來不講四阿含，原因就在這裡。所以我說，我要把《阿含正義》寫出來，因爲這會使他們不知不覺就被正法所降伏、所度化；只要他們願意讀《阿含正義》，詳細瞭解、詳細如實觀行，我見一斷，再也不會是密宗假藏傳佛教的人了，這就是我的希望。至少，當喇嘛們讀了《阿含正義》以後，他們會再認爲密宗假藏傳佛教的法是正確的嗎？再也不會認爲是正確的了。所以當「**無所得法**」、「**無分別法**」、「**無名相法**」的境界演說出來時，惡魔想要引誘佛弟子們轉入五陰境界的各種說法、各種理論，也就全部無法成立。這就是如來演說《佛藏經》的目的所在。接著　如來又開示說：

經文：【「舍利弗！當爾之時，閻浮提內多是增上慢人，作小善順便謂得道，命終之後當墮惡趣；何以故？是人長夜自謂得道，亦復稱說他人得道，冒受聖人所供養事，是人於諸天人世間爲大惡賊；如是癡人聞說第一實義，驚疑怖畏如墮深坑。舍利弗！有諸比丘樂此事者，相與共集，破壞諸佛無上菩提；爾時增上慢人偏執者多，惡魔又復迷惑在家出家者心，令執非法；說正法者少於援助，則便散壞不復得立。」】

語譯：【「舍利弗！正當末法的時代，南閻浮提中大多是增上慢的人，作一些小小的善事隨順於佛法，便說他們已經得道了，命終之後將會下墮於惡趣之中；這是爲什麼呢？這樣的人住在無明長夜之中，自己向人家宣稱已經得道，而且還向別人稱說有別的人也一樣是得道了，然後共同假冒虛受聖人所供養的事情，這一些人在諸天、在人間、在三界世間都是大惡賊；像這樣的愚癡人聽人解說第一微妙的眞實義，心中驚嚇、懷疑、恐怖、畏懼猶如墮落於深坑之中。舍利弗！有不少比丘愛樂這一些事情的人，互相邀約共同集會，破壞了諸佛的無上菩提；到那個時候增上慢人、偏執的人很多，惡魔又來迷惑這一些在家和出家者的心，令他們執著非法；於是演說正法的人就少了很多的援助，漸漸地開始散壞而沒有辦法繼續立足於人間。」】

講義：這開示的內容，諸位其實也都看得見，臺灣如是、大陸也如是，這個時節大多數是增上慢的人。以前那一些增上慢大妄語的人是正覺出世以後開始一個一個「入」涅槃去了；可是正覺出世以後卻又開始引生會外另一批人自稱他們也是聖人，只因為讀過正覺的一本書、兩本書、三本書，然後就說他是阿羅漢，或者宣稱自己是幾地菩薩；下焉者自稱明心又見性了，然後也為人家印證明心又見性了，這也眞是增上慢一類。想想看，我弘法到現在要湊足一百零八位明心又眼見佛性的人，依然遙遙無期，到現在也才只有十多個人見性，竟然外面隨隨便便就有明心又見性的，只讀過一、二本正覺的書，其實是連明心都有問題的，這些都屬於增上慢人。到末法時代增上慢的人非常多，膽子也很大。

還有一些人是「作小善順便謂得道」，作一些小小的善事、小小的隨順佛法之事，就說他已經得道。有沒有這類人？有喔？太多了！尤其後山的比丘尼傳出來以後，她們就有好多的初地菩薩，滿街都是初地菩薩。但她們的初地菩薩是如何成爲初地菩薩的？就只是以歡喜心去布施，一生都不退失歡喜心就成爲初地菩薩；不必斷三縛結，也不必明心，更不必眼見佛性，非安立諦等三品心也不用修學完成，安立諦十六品心也不必修證，這眞的很容易啊！依這樣看來，那基督教十字軍也算初地菩薩了，德雷莎修女也該算初地菩薩了，因爲他們都以歡喜心在布施，都在布施財物或者身力等。事實上那不是初歡喜地，而是無明歡喜地，因爲連我見是什麼都還不知道。一個連我見是什麼都不知道的人，當然不可能斷我見，更不可能開悟明心，竟然可以說是歡喜地菩薩，那其實只是「小善順」而已。

一個沒有斷我見的人主張說：「意識卻是不滅的。」這樣的人可以成爲「宇宙大覺者」，那諸位想想，她到底幹了什麼事情而成爲「宇宙大覺者」？是斷了我見嗎？沒有！是懂得第一義諦嗎？也不懂；是證眞如了嗎？也沒有證；是眼見佛性了嗎？也沒有；是有道種智嗎？更沒有；有一切種智嗎？想都別想。而這樣的人會是「宇宙大覺者」？不然就不要求她證三乘菩提，只要求淺一點的世間法，例如有初禪的離欲嗎？也沒有；有未到地定嗎？也沒有。這樣的人無異於凡夫，和異生沒有兩樣，因爲異生性都還在，那這樣的人可以當「宇宙大覺者」，還有什麼人不能當？因爲最大的大妄語都敢作了，而平常人還不敢作，那麼平常人心性是不是比她更勝？對啊！平常人就勝過她了。而這樣來號稱「宇宙大覺者」，她的憑藉是什麼？就只是「小善順」，就號召集合大眾來作財物的布施，有時講一些相似佛法，她就認爲自己已經「得道」。所以你們看 如來的預記絲毫不爽，來到今天的臺灣都已經如此了，一點都沒有過分。而且 如來預記這樣的人：「命終之後當墮惡趣。」

看到這個節骨眼，我們用講的既然無效，那就用針砭的吧——拿針扎；針扎如果還覺得不夠痛，去拿尖的石頭用力扎，那叫作砭，這也行。總之只要能救她們不墮惡道，那就値了，不要怕當「惡人」，應當要有這樣的心量跟這樣的看法。不要像世俗人罵的婦人之仁，既當菩薩就不要有婦人之仁。請問妳們女眾有沒有婦人之仁？都沒有。所以不叫婦人，叫作菩薩，應當如是觀。能救她們不墮惡業才是最重要的，現在她們要罵就讓她們罵，但她們罵了以後到捨報前，一定會想起來：「蕭平實這一生一直評論我，那我一定是錯了。」想起來時趕快叫弟子們集合，到佛像前對眾懺悔，這也算救了她們。

這樣也好，我挨罵無所謂啦！能救她們不墮地獄最重要，咱們挨罵是小事，二千多年來也已經聽慣了！老實講，再怎麼罵我，我是皮不癢肉不痛，我都無所謂。只要能夠救她們不墮惡趣，在轉入中陰之前懂得懺悔，不出現惡道中陰，那時她們就會感謝說：「唉！蕭平實罵我一生還罵對了，原來他不是壞人。」這麼一來，她們下一世重新生而為人時，遇到正法就會信受，可能就有得道的因緣，這個才重要。挨罵是小事，大家不要介意，因為我都不介意，諸位更不必為我介意。

但是會被 如來預記墮落惡道不是無因，如來這樣預記總要有個理由告訴人家：「是人長夜自謂得道，」假使有一天世界都沒有陽光，所有的時間都是黑暗的，想想那樣的世間是什麼模樣？這是說物質世界的黑暗，如果是精神世界的黑暗呢？就表示他時時刻刻都是無明籠罩。被無明籠罩十年、二十年、三十年、一百年，乃至一世又一世、一劫又一劫始終都是這樣子，便叫作「長夜」。「長夜」中是不見智慧光明的，等他見了光明，表示證悟而有般若智慧了。可是他們一直在長夜中，還沒有看見光明就「自謂得道」了！那他們為什麼要「自謂得道」？都是為名聞、為利養或者為眷屬，總而言之不外這三樣。

「得道」這件事情卻不是任何人隨隨便便可以宣稱的，一定要有實質才可以說是「得道」。而且「得道」也得要分階級或種類，是得到什麼道？例如有外道講：「我這玄關一點就得道了。」得什麼道？自稱得天道，其實不得；因爲這裡面還有得商榷，既說往眉心這麼一點就得天道，後面緊跟著要追究有沒有「得道」的實質？也就是說，這麼一點之前，他有沒有修十善業？假使他沒有修十善業，這麼一點而說他得了天道，只有鬼相信，人是不信的；如果有人相信，那種人叫作愚癡人。可是如果好好來正覺學法，學久了，有一天我爲他作了些開示，再往他玄關這麼一點，他還眞能「得道」，得什麼道？得佛菩提道。所以宣稱「得道」時，也得要探究實質，不能隨隨便便說是得道就算得道。

那有人說自己「得道」了，這一問他：「得什麼道？」他說：「我得解脫道。」既然敢說已得解脫道，就要探究實質了。得解脫道的人，首先來看證初果、斷我見，看他的三縛結還在不在？見取見還在不在？總得要有實質。如果有人說：「我得緣覺道。」那得要問他：「緣覺道是什麼？」「就十二因緣啊！」緣覺道只有十二因緣？顯然他沒有「得道」。「你不懂十因緣，憑什麼證十二因緣？那是不可能的。」因爲他必定「因內有恐怖、因外有恐怖」，怎麼可能證得十二因緣？這也要探究啊！譬如有人說他已經見性成佛了，就問他：「那你見什麼性而成佛？」「見佛性啊！」「請問你見的佛性是什麼性？」「我清清楚楚明明白白見聞覺知，這不是佛性嗎？」原來是見這個凡夫性，那也叫作成佛？也對！叫作凡夫佛。

所以「得道」這兩個字不能隨便拿來套在自己身上，得要有那個實質才行。因爲「得道」是聖人的事情；只要眞的「得道」就是聖人，從解脫道斷我見開始就算「得道」，就算聖人了。那麼這個聖人漸次修行斷了九品思惑成阿羅漢以後，有沒有那個實質？當他說他是阿羅漢得解脫道，也要探究他的實質；他總得要有「我生已盡，梵行已立，所作已辦，不受後有」的實質吧！如果沒有這些實質而稱說得解脫道、證阿羅漢，那也是「冒受聖人所供養事」，罪在地獄。

譬如大陸也有人讀了咱們正覺一些書，然後自稱得阿羅漢果；但這位阿羅漢還會翹二郎腿，還會喝酒，還會抽菸。佛門中有這樣的阿羅漢？然後開口跟人家要錢，要人家護持。佛門中從來不曾有過這樣的阿羅漢，只有大妄語人中有這樣的假阿羅漢。「得道」就屬於聖人，雖然說斷我見的初果人，乃至斷五上分結成爲阿羅漢的人，來到大乘法中還不算聖人，因爲還沒有入地，但在世間法中已經是聖人了。這樣的聖人出了家，受人供養是權利也是義務；他必須要當眾生的善福田，不許拒絕眾生種福田；他受供養，是聖人所應當爲之事。

問題是，他的本質是個住在無明長夜中的凡夫，異生性都還在，卻「冒受聖人所供養事」，這樣就叫作詐欺，法律上叫作詐欺；我就說這樣的人受人供養時叫作斂財，因爲他不是聖人，卻受供養。凡夫而以聖人之身分接受供養，這是騙人的；欺騙眾生而獲得錢財，這個人就是大惡賊。他如果乞求人家憐憫說：「我三天沒吃飯了，請您布施飲食給我。」那都不算「大惡賊」，因爲那是乞求，而他沒有說妄語。但是他欺騙眾生而冒充聖人，去領受聖人所受的供養等事情，這就是惡意的欺騙，所以叫作「大惡賊」。欺騙眾生有種種事相上的不同，有一些欺騙只是世間的欺騙，雖然屬於賊，卻不是大惡；可是這樣的人以大妄語來欺騙眾生，所以就叫作「大惡賊」。不論在諸天、在人間、在三界世間，這樣的人都屬於「大惡賊」；這樣的人以「惡心所行於惡事，當然要下墮惡道。

而另一個下墮的原因是他們屬於愚癡人：「當他們聽聞人家演說第一義眞實的法義時，心中驚訝懷疑恐怖畏懼。」爲什麼會有這些狀況？因爲怕人家拿來質疑。所以當你出世說法而跟那些所謂證悟的聖人說的不一樣，而你都符合聖教量，他們不符合聖教量，這時你是心安理得的，但他們不是，他們一定是「驚疑怖畏」。不信的話，你去找那些悟錯的大師們，不論在家或出家都一樣，你拿了一本蕭平實的書，遠遠就讓他看見是蕭平實的書，然後你走過去，他就會走開、避不見面；因爲他有「驚疑怖畏」，怕你拿其中的字句來問他。如果他沒有宣稱證悟就無所謂，心想：「也許他拿這一本蕭平實的書要送我吧！」他反而起歡喜心說：「欸！又有一本好書可以讀了。」

但是宣稱證悟的人，看見你拿蕭平實的書來，他心中就是「驚疑怖畏」，這時他的心境如何？正是「如墮深坑」！所以想盡辦法一溜煙就走人了，避不見面就沒事了，他就逃過一劫。如果避不見面而走上別條路去，偏偏又有一個人拿著同樣一本書來，他心裡就一定大喊：「今天眞倒楣，逃不過！」

如果他們不是這樣心態，而是歡喜說：「今天又有蕭平實的書可以給我了，又可以增長智慧！」那他會怎麼樣？心中歡喜無限；若是反過來，則心中氣憤或者惱羞成怒。當他心中惱羞成怒時會怎麼樣？會咒罵！心裡開始咒罵了蕭平實，蕭平實又沒聽見，但他咒罵已經罵了，他有根本罪了！即使沒有從口中罵出來，也有根本罪了，來世的果報在後頭，而且當時的心境非常惡劣。所以 如來說他「如墮深坑」。

世尊又說：「有一些比丘愛樂這樣事情的人，就會相與共集，破壞諸佛無上菩提；」換句話說，喜歡大妄語的人也會群聚在一起，而謙虛誠懇老實修行的人，也是一樣會群聚在一起，所謂物以類聚。那這一些人「相與共集」，就會你一言、我一句，大家會去想一些不同的說法來抵制正法，這就是「破壞諸佛無上菩提」。例如釋印順和他的門徒們，不就是「破壞諸佛無上菩提」嗎？又例如達賴喇嘛率領著四大派法王們，都是以外道法來取代佛法，那也是「破壞諸佛無上菩提」。但這一些事情都在 如來的預記之中，就是到了末法時代都會出現。

這一些事情包括密宗假藏傳佛教的事，在《楞嚴經》中不就預記了嗎？

所以如來說：「爾時增上慢人偏執者多，惡魔又復迷惑在家出家者心，令執非法；」正是如此啊！所以末法時代增上慢的人，以及偏執的人都是非常多的。有時我們的同修們會說：「唉呀！像那一種粗淺的一聽就知道，不合邏輯，但那一些邪師說法時，為什麼還會有那麼多人信？」我總是說：「不論什麼樣的邪法，永遠都有人信。」有很多人真的很奇怪，都是高等的知識分子，去留學拿了洋博士學位回來，而且還是理工科的物理學博士、化學博士或是什麼博士；這一些人都是高級知識分子，而且回到臺灣當大官了，你絕對不能說他們笨；可是當他們一進入宗教後就變迷信了，真的很怪！都想不到為什麼不把他們的邏輯思惟理路用來檢驗一下所跟隨的師父們。

但這種人卻是很多，而且這些人一旦信了某一種邪說，就開始產生「偏執」。你說他「偏執」時他還不信，他說自己修的是中正之法，到死不改。釋印順不也是這樣嗎？他的「偏執」非常嚴重，但是到死不改。所以到末法時代增上慢人很多，偏執者也很多；正因為這樣的人多，惡魔就有機會，所以去「迷惑在家出家者心」，大家開始執著非法；只要沒有實證的菩薩住世，他們就可以遂行其心，想要怎麼樣就能怎麼樣，一直到正覺出現在人間才有所改變。

在這個情況下，「說正法者少於援助，則便散壞不復得立。」我們往世在尼泊爾、在中印度到南印度，就是這個樣子；以前訊息不發達，所以說非法的人很多，「說正法者」很少；於是群眾勢力越來越小，那些宣說非法的人眾口鑠金，黃銅也變金，黃金也變銅。我們在臺灣之所以能成功，是仰賴訊息傳遞快速發達的幫助；因爲在臺灣書籍可以自由流通，網路上訊息也可以自由流通，可以將正法道理一一講清楚，所以我們今天才能立於不敗之地；不然的話，邪說者人多勢眾，一人吐一口痰就把我給淹死了！

我們現在於大陸則是反過來，因爲我們的訊息是被封鎖的，各省佛協和中佛協的那一些邪見可以到處流通，我們完全無法發聲，所以根本沒有辦法發揚正法。所以當人家在要求說：「你們大陸應該開放網路，不要作管制。」我當然第一個贊成，因爲眞的假不了，假的眞不了，就怕無法發聲論證。咱們在大陸佛教界，就算是跟他們全部混合在一個大布囊中，但我們是一支鑽子或一支錐子，人家說「如錐處囊」，一個布囊中放著很多東西，但裡面有一把錐子，最後一定會刺穿而顯露出來的，總是會冒出頭來，那時大家會去比較。但是在言論不能自由流通的情況下，我們被那一些大法師們集合各種利益集團的勢力，藉官方的力量把我們封鎖了，想要復興中國佛教就沒辦法了。所以現在我盼望大陸網路不管制，像臺灣一樣公說公有理、婆說婆有理、不說也有理，然後我們就來個什麼都說，人家就會漸漸注意到什麼才是正法，這就是眞理越辯越明的道理。所以復興中國佛教的事情，還要看大陸的政治局勢怎麼演變，這也是大陸同胞的共業所致，眞的無可奈何。

假使有一天能如我們所望，就是大陸的佛弟子們福報夠了；如果不能夠如我們所望，就是他們多數人的福報還不夠，還得要再等待吧。在古時訊息不發達的年代，說正法的人少，所以眾口鑠金的結果，正法就被淹沒了，因此「**說正法者少於援助**」，沒有資財可以運用，什麼事情都作不得，於是最後漸漸的滅沒。以前在印度就是這樣，我們只能逐漸移轉到南方，最後去到海邊，在海邊眼看著已經窮途末路了，只好生來華夏，就生到了中國來。當時這是另外一塊沃土，是因為儒家的仁義禮智信已經生根、已經發芽、已經開花了，有大乘氣象，是可以弘法的；可惜的是後來遇到元明清三代皇帝學密宗，這就無可奈何了！

現在大陸為了民族和諧，不得不承認天下第一大邪教，說他們密宗假藏傳佛教是合法的，成為合法的天下第一大邪教。但是時局就是這樣，還得需要諸位多迴向，看能不能改變。但「說正法者少於援助，則便散壞不復得立」，這件事情我們在臺灣已經算是突破了，所以現在正法終於站穩腳跟，這都是諸位的努力才能得到的。接著 如來又開示說：

經文：【「舍利弗！爾時世間年少比丘多有利根，所以者何？諸出家者有餘煩惱，還生人中即復出家，是諸比丘喜樂問難推求佛法第一實義。舍利弗！爾時增上慢者，魔所迷惑但求活命，實是凡夫自稱羅漢，謂諸年少比丘等言：『善身口意，此是佛法第一實義。善護淨戒讀誦經法勤修多聞，是名順忍因緣，所謂淨心信佛。又有第一實義，汝當繫心緣中，專念涅槃，滅三種苦，則能厭離五陰十二入十八界。汝等當於靜處觀此陰界入法悉皆無常，自觀其身種種不淨；汝等能如是觀，當得須陀洹果。又能於是五陰等法，深觀無常苦空無我，無有堅牢，則得斯陀含。轉復深觀得阿那含、得阿羅漢，是為第一實義。』是中年少比丘復問：『於佛法中，阿羅漢果便是第一義耶？我等亦知是事，得阿羅漢是第一義。今此五陰爲憶念者生？爲不憶念者生？』答言：『是五陰者憶念者生，不憶念者不生。』復問：『憶念與五陰爲異不？』答言：『如五陰，憶念亦爾。』復問：『若如五陰憶念亦爾者，誰是念五陰者？』答言：『若無念五陰者，則無涅槃。實有念五陰者，是故有修八直聖道入涅槃者。』舍利弗！未來世中多有比丘成就此忍；舍利弗！爾時會中多諸天眾，欲聞佛法第一實義，聞是增上慢者所說，心生疑悔如墮深坑，咸作是言：『咄哉！釋迦牟尼佛法今將速滅。』」】

語譯：【如來又開示說：「舍利弗！到末法時代世間的年少比丘很多人是有利根的，爲什麼呢？因爲有很多出家者是有其餘的煩惱繼續存在，沒有全部斷盡，他們捨壽之後還出生在人中，於是立刻又出家了；而這一些比丘喜歡愛樂於問難，想要推求佛法的第一眞實之義。舍利弗！到末法時代那一些增上慢的人，被惡魔所迷惑的緣故，只求能夠生存活命，事實上本質只是個凡夫卻自稱是阿羅漢，就告訴諸年少比丘們說：『你們要善於守護身口意業，這就是佛法的第一眞實義。善於守護淨戒、善於讀誦經、善於聽聞佛法，而且勤修多聞，這就叫作順忍的因緣，也就是我們所說的以清淨心來信佛。另外還有第一眞實之義，你們應當要把心放在修行的因緣之中，專心憶念於涅槃，能夠滅壞三種苦，就能夠厭離五陰十二處和十八界。你們應當在安靜之處去觀察這個五陰十八界六入之法全部都是無常，自己觀察色身有種種的不淨；你們如果能夠像這樣子觀察，將會證得初果。還能在這五陰、十八界及諸煩惱等法中，深入現觀全部都是無常、是苦、是空、是無我，沒有一法是堅固不壞而牢靠的，就可以不再貪愛欲界法而證得第二果。如果繼續深入觀察的話，就可以得到阿那含果，還可以證得阿羅漢，這就是第一眞實的正義。』在這些人之中如果有年少比丘接著又問：『在佛法之中，阿羅漢果就是第一眞實義嗎？我們也知道這個事情，得阿羅漢是第一眞實義。如今這個五陰是憶念者所生？或者是不憶念者所生呢？』」】今天只能講到這裡，因爲時間已經到了。

《佛藏經》上週講到三十四頁倒數第七行最下方，上週經文的最後一句是提出一個問題：「今此五陰爲憶念者生？爲不憶念者生？」這個問題爲什麼會提出來？實在是因爲這牽涉到三乘菩提的根本問題：五陰到底是誰出生的？這爲什麼會牽涉到三乘菩提呢？因爲在聲聞菩提中，其實是證解脫道，以斷我見、我執爲最主要的內容；但是在斷我見和我執之前，首先得要有一個正確的信仰，是說對於一個正確的見解要有正信，而那個正信就是「五陰是由另一個識來出生的」。上週是語譯到這裡？我以爲是講到這裡了。那好，現在再從這裡語譯，謝謝你提醒我。

語譯：【「在這些人之中如果有年少比丘接著又問：『在佛法之中，阿羅漢果就是第一眞實義嗎？我們也知道這個事情，得阿羅漢是第一眞實義。如今這個五陰是憶念者所生？或者是不憶念者所生呢？』答覆說：『這個五陰是由憶念者所出生，不憶念的不會出生。』又提問說：『這憶念的和五陰是否不相同呢？』答覆說：『猶如五陰，憶念的也就是這樣。』又提問說：『若是好像五陰，而這憶念的跟五陰一樣的話，那就是同一個，那麼誰是憶念五陰的？』答覆說：『如果沒有憶念五陰的，那就不會有涅槃。確實是有憶念五陰的，由於這個緣故才會有修八正聖道而入涅槃的人。』舍利弗！未來世中有許多這樣的比丘，對於這種不應該接受的事情他竟然接受了；舍利弗！在那個時候法會之中有許多的天眾，想要聽聞佛法第一義諦的眞實義，聽聞這個增上慢人所說的法，心中懷疑、悔恨，猶如墮入深坑一般，大家都這麼

說：『咄哉！釋迦牟尼佛的法如今將要很快速的消滅了。』」】

講義：接著就來解釋經文。如來呼喚舍利弗說：「到了末法時代世間有年少比丘，這些年少比丘之中有許多是利根人，根性很好的。」其實這是可以印證的，我們觀察臺灣佛教界好多人出家，他們出家時，我相信絕大部分人是為法出家的，不是因為想要名聞利養或者好吃懶作去出家的。為什麼他們年紀輕輕地就出家？一定是有一個抱負說：「佛法這麼勝妙，我應該可以實證，將來可以利樂眾生。」可是時日久之，漸漸地變質了。但是變質的原因不在他們，而在度他們出家的堂頭和尚，是住持本身的本質就是不好的；度他們出家的人跟這些為了理想、為了抱負而出家的人完全不同，但是這些人被籠罩而出家，時日久之漸漸發覺有問題，但是已經脫離不了。

特別是比丘尼，因為比丘尼還俗後不能再出家，只有一次出家的機會；那怎麼辦？她們捨不得為法出家的初衷，捨不了出家身，學法又學不上手，因為堂頭和尚本身就沒有法，她們若是想要跟住持「和光同塵」（或者說這個成語意境太高，就說同流合污吧），又怕擔負共業，那怎麼辦？最後只好離開。離開以後所得的供養很少，掛單也是個問題，非常多的問題一一而來，這就是一個女人出家之後不得不離開道場，然後自己去修行的難處。

但是不管是比丘或比丘尼，在這些年少的出家人中，其實有許多利根人是可教授的，但因爲沒有機會，所以就這樣蹉跎在道場中；繼續在道場中蹉跎時日久了以後，雄心壯志也就消磨殆盡，到最後就是跟著大家一起混日子，當個粥飯僧；不可能當行腳僧，也不是眞正的參禪僧，更不會是勝義僧，就只能當粥飯僧。這是非常可惜而且讓人覺得痛心的事！

但是卻無法避免，畢竟末法時代善知識很少了，一般所謂證悟的阿羅漢或諸地菩薩，其實都只是凡夫誤會而冒充的。那麼這一些人就籠罩或者誤導了「**年少**」「**多有利根**」的比丘，這其實是假善知識之過，而不是這一些「**年少利根比丘**」之過，因爲已經到末法時代了。那麼 如來說末法時代「**年少比丘多有利根**」，爲什麼說他們是利根？如來說：這一些末法時代出家者，還有其餘未斷的煩惱；也就是說他們還不是阿羅漢，所以他們捨壽後不會入無餘涅槃；還有這一些剩餘的煩惱，所以不會入於涅槃，繼續出生在人類之中——在人間出生，然後長大又出家了；而這一些「**年少利根比丘**」喜歡而且也愛樂佛法的「**問難**」。

我們對這種人就很歡迎，假使有的人學佛一、二十年，當人家推薦一本「**邪魔外道蕭平實**」的書給他讀，他連看都不看就丟了，也不許弟子們「**問難**」，那這樣的人我們度不了他。如果他拿到這「**邪魔外道**」的書，心想：「**好呀！我來研究看看他是什麼地方有毛病，我就找他的碴。**」這種人則是我們歡迎的；這種人爲了找碴，他會詳細去理解我們書中說的內涵是什麼，有沒有不對，他才可能被我們所度。那如果看到了蕭平實的書，連讀都不讀，那你就沒有一點辦法度他實證。所以愛樂問難、「**喜樂問難**」是我們所喜歡的。那末法時代「**年少**」出家比丘，這比丘二字包括比丘尼在內，不把妳們排除在外，比丘二字只是代表出家二眾；說「**年少**」出家的比丘們喜歡推求佛法的第一眞實之義，表示佛法中有眞實義，但其中有的是第一、有的是第二、有的是第三。

譬如聲聞菩提，那也是眞實義，因爲聲聞菩提證涅槃不是假的，是眞實可證的，所以也是眞實義，可以使人出離三界生死；但不是第一眞實之義，它排第三。還有緣覺菩提，藉著十因緣讓大家信受有一個識出生了名色，理解「**名色從識生**」這十因緣法，然後再來看看爲什麼識會出生名色？是因爲無明，然後就有十二因緣出現。這牽涉到名色之所從來，這開始接近「**第一實義**」了，所以它比聲聞菩提好，但只能排第二，還排不上第一眞實之義。那麼「**第一實義**」就是能出生名色的識，叫作如來藏，亦名眞如、法身、阿賴耶識、異熟識、無垢識，而祂是可以實證的。祂的自性是不生不滅、不垢不淨、不來不去、不增不減，跟五陰是不一不異的；而實證了以後現見「**一切諸法本來不生**」，這才是第一眞實之義。

那末法時代諸多出家的年少比丘、比丘尼們，其中有許多是利根人，他們就是喜歡這個第一眞實之義；這樣看來，末法時代的佛教有沒有復興的希望？有！眞的有希望。但是末法時代的佛教能不能夠復興或者發揚光大，其關鍵在有無善知識；只要有善知識引導著這些年少的比丘、比丘尼們，這些利根比丘、比丘尼們跟著修學、實證，然後陸續出世弘法，佛教就可以繼續利樂廣大有情。所以末法時代的希望就在這一些「**多有利根**」的「**年少比丘（比丘尼）**」身上。

我弘法早期有個心態，認爲自己是個客座講席；就好像古時有錢人家請了塾師來，塾師都安身在三合院的哪一邊？怎麼會是東邊？是西邊啊！都安排住在西屋，所以都叫作西席，所以古來塾師—啓蒙老師—都尊稱爲西席或西賓。我當年認爲自己只是個客座講席，我雖然坐在這個座位，但不是要當主人；我是要來這裡講學而當客人，把法傳好了以後就要回家吃老米。因爲我有老米可吃，餓不著我的，所以我在故鄉買了住宅區的地；但現在還擺在那邊，因爲現在當不成客座講席，已經自己眞的承擔起法主的職事來了。

但爲什麼這樣？因爲以前就是沒想要作什麼，從來沒想要成立一個道場。當時的想法是只要有哪個大法師願意接這個法，我傳給他了，就回故鄉去隱居了！我在故鄉買了一塊重劃住宅區的地，後來嫌吵，又去我同修的故鄉買了一塊八百多坪的農地，結果現在都擺著。當時是想有人接了這個法，我就歸隱山林（應該叫作歸隱田園，因爲那裡沒有山），沒想到後來發覺這些大法師們一個一個都不可靠，沒一個靠得住的。

當初我第一個打上主意的是淨空法師，當年他在臺灣的形象算是不錯的；沒想到他今天幹什麼？前幾年他那串唸珠的佛頭珠下面還掛了個十字架。他有練書法，因爲他以前是跟牟宗三學的，所以學了一些國學；那他寫書法時竟拿基督教的《玫瑰經》來寫，還裱起來掛在牆上。最近他又開講《玫瑰經》，然後去跟洋人和在一起，現在還公開支持假藏傳佛教中弘傳雙身法的索達吉。既然要這樣，爲什麼他不脫下袈裟還俗？眞的很奇怪！他前些年也在暢談什麼末日說，洋人一神教講末日說，他也學著講，這個人眞是腦袋有問題，越老越糊塗；然後最近這一、二年大力在拉抬索達吉密宗外道。所以你們看，大法師們靠不靠得住？欸！套一句內地的話叫作「不靠譜」，不靠譜意思就是離譜，不可以倚賴。

後來有人跟我推薦：「靈泉寺那位好像不錯吧？」我就瞭解看看，結果發覺他一天到晚隨口胡說：什麼清清楚楚明明白白，又是什麼處處作主。那不是依他起性就是遍計執性，把這兩個自性講成眞如佛性。後來他選舉時去托缽，幫人家選舉，原來是個政治和尚。後來想想不可靠，放棄了，也就回絕人家的建議：「你不要再跟我推薦他，縱使我去要傳法給他，他還當我是個小老百姓，不一腳把我踩死才怪。」去見淨空時不就是個前車之鑑。

然後有人到我家去，央著張老師帶他到我家去，我本來想：「這個也許可以考慮吧！」雖然算起來我是被他趕出門的，不過終究還是有三歸的恩德在，所以我跟張老師說：「假使有因緣，他想得這個法，行！您去他們農禪寺開個禪淨班，讓他在那邊旁聽。」我跟張老師講過的，結果也沒動靜。沒動靜後再過三五年，我又改變主意了，我說：「現在不想去那邊開班，如果他要得這個法，得要來正覺禪淨班共修才行。」當然我也明知那是不可能的事，太陽打西邊出來也不可能實現。至於其他的就甭提了，你們看都不可靠。

到內地去也沒有什麼可以度的大法師，所以大概十來年前我就說：「大法師們都不可靠，因爲他們被名韁利鎖套住了，怎麼解也解不開啦！」更何況他們根本不想解開，因爲名韁利鎖對他們來講，那是名牌。所以我乾脆放棄，不如度年少利根的多聞比丘、比丘尼，這就是我十多年前開始改變方向的原因與想法，一直到現在就這樣子走下去，因爲那一些老人病入膏肓了。老實說病入膏肓還可救，但是那些老人是不可救的，他們因爲被名韁利鎖繫縛住了，此生是不可能改變的，那我們就改變方向。因此我們認爲未來佛教的復興還是有希望的，因爲末法時代就像是 世尊說的：「爾時世間年少比丘多有利根，」我們就度這一些人，將來假使那些大法師這一世沒有抵制正法、沒有誹謗正法，下一世他們有可能變成「年少比丘多有利根」，那時我們再來度。不急，就讓諸位來度他們。

如來又說：「在末法時代那個狀況下，有增上慢的人，他們被天魔波旬所迷惑，他們出家是但求活命。」他們出家的目的不是爲了理想，不是爲了利樂人天，而是爲求活命；這樣的人出家的發心已經錯了，到後來就會繼續錯下去。這樣的人，如來說他們「實是凡夫自稱羅漢」，其實是一個凡夫，但是對別人自稱是阿羅漢。這樣的狀況多不多呢？很多啊！不但在臺灣，在大陸也是一樣。所以我們也常常開玩笑說：「打從正覺出現世間之後，『殺死了』好多阿羅漢！」因爲阿羅漢們都不見了，各個都留著五陰在人間而「入無餘涅槃去了。但那只是他們倒楣，碰到這個昇平時節可以弘法，所以蕭平實出來弘法，這些假阿羅漢就不得不承認自己是凡夫，所有阿羅漢全都消失了。冒稱賢聖的現象在末法時代非常普遍，末法時代永遠不乏其人；這種人在末法時代不斷地出現，不會有人警覺說：「上一輩子有誰、上一代有誰是凡夫自稱阿羅漢，後來被拆穿，我不要步上他們的後塵。」不會有人這樣想的，永遠都會有人繼續不斷以凡夫身自稱是阿羅漢，永遠都會這樣。

那麼這樣的假阿羅漢對這一些「利根」的「年少比丘」說：「要以良善的身口意來修行，也保持著良善的身口意，這樣就是佛法的第一眞實之義。」

那麼大家可以對照看看，不說內地，單說臺灣就好，是不是有不少大法師這樣子教導呢？對啊！例如「作好事，存好心，說好話」，說這樣就是第一眞實義，對吧？爲什麼不對？因爲大法師就是這麼說的呀！「存好心、說好話、作好事，這就是佛法」，結果就正好跟這個增上慢、這個魔所迷惑但求活命的凡夫自稱阿羅漢說的一樣，只是「善身口意」。如果身行善、口言善、心存善就是佛法第一眞實義，那我要高興死了，因爲大家眞的都成爲聖人了，何必憂愁什麼佛法不興盛；但這畢竟是五陰的境界，畢竟是世間法的境界，與出世間的解脫和實相智慧無涉。但這個增上慢的比丘就這麼解說：「只要身口意全都良善，這就是佛法第一眞實義。」但這其實仍是次法的範圍，還未觸及第一義諦。

然後說起實修的行門：「還要善於守護清淨戒，讀誦經典，好好把佛法聽聞熏習，然後精勤的修學，這就叫作順忍的因緣，這也就是淨心信佛。」這樣聽來似乎也沒有錯吧？你們從他的語意表義上聽來並沒有錯啊！所以臺灣南部、北部、中部都有大法師是這樣說法的：「不管人家說什麼，你都要好好的聽聞，好好的善護淨戒，好好的讀誦經法，只要你不破戒，精進地讀誦經法，那就是隨順於佛法的法忍因緣，不會退失於三寶，永遠都有清淨的信心。」這聽起來都不錯啊！但是背後到底是要以什麼爲實證呢？這就有問題了！

他接著說：「又有第一實義，汝當繫心緣中，專念涅槃，滅三種苦，則能厭離五陰十二入十八界。」諸位回想一下印順法師的《妙雲集》……等四十一冊（編案：後來增成四十三冊）是不是講這個？都是講這個喔！他認爲這樣就是第一實義。這位增上慢比丘說：「你應該要繫心緣中，在你所緣境界上專心的繫縛觀察，把心繫縛在這上面不要離開，然後要專念涅槃。」專念涅槃是什麼人所修？是聲聞人所修，菩薩可不專念涅槃；菩薩乃至證得涅槃以後還棄如敝屣，不當一回事，要繼續行菩薩道。結果他告訴你：「學佛最重要的、也是最終的目標，就是證得無餘涅槃。」

既然是要求無餘涅槃，就是要滅三種苦；把三種苦滅了（三種苦是什麼呢？就是苦苦、壞苦、行苦），這三個苦滅了以後當然是無餘涅槃，沒有錯；但問題是，得無餘涅槃之後就算是第一眞實義嗎？這還要再討論。他滅三種苦的目的是在「厭離五陰十二入十八界」，這個說法還算好，但他的問題是

「把方便法當作究竟法」，至少比釋印順要強多了！為什麼？人家還說要「厭離五陰十二入十八界」，釋印順呢？釋印順要保持細意識常住；他說的細意識是什麼？是直覺，他認為直覺是常住不壞的，所以他汙衊、羅織禪宗的祖師說：「禪宗開悟的內容就是直覺。」請問諸位，咱們開悟的是直覺嗎？咱們開悟的是完全沒有覺觀的，是永劫離念的第八識如來藏；而禪宗諸祖的所悟也是第八識如來藏，但他說禪宗祖師開悟的內容是直覺。我都覺得奇怪，禪宗所有祖師們為什麼沒有一個一個在每天晚上輪流去打他一棒，由著他這樣胡說八道，這樣羅織罪名。

你們看，這一個被魔所迷惑的增上慢者，至少還說要「厭離五陰十二入十八界」，而釋印順不厭離「十二入」中的直覺。直覺有幾種入？請問諸位：他沒有修定，那他的直覺會有幾種入？他的六根一定各有六塵入，那他的六識同樣各有六塵入，正是「十二入」。其實他說的直覺不過就是離念靈知，是還沒有生起語言文字的覺知，那是具足「十二入」的。可是當他具足「十二入」時，是不是就具足了「十八界」？因為一定還得有六塵才能具足「十二入」啊！所以你看六根、六識去直覺六塵時，就是具足十八界；人家增上慢比丘還說要厭離，他卻不教人厭離，看他這樣一個自認爲成佛的人，讚許人家爲他的傳記命名爲《看見佛陀在人間》，表示他自認爲成佛了；這個自認成佛的人不「厭離五陰十二入十八界」，所以度了一個「宇宙大覺者」同樣不「厭離五陰十二入十八界」，看來他們師徒還眞的遠不如這個增上慢比丘。

這個增上慢比丘還教人家說要「專念涅槃」，那麼印順既然說涅槃的內容是學佛的最終修證，那他自認爲成佛了就表示他對涅槃有實證，至少也得把涅槃的道理告訴大家吧？偏不！他在書中竟然還說涅槃是講不出來、說不清楚的。涅槃既然講不出來、說不清楚，那他究竟是證個什麼涅槃？就好像我去買了一輛車，但那輛車坐不上去也開不動，那還算是買車嗎？所以這個人眞的胡說八道。既然認爲自己成佛了，當然一定是實證了涅槃的，實證以後當然要爲人家解說涅槃是什麼樣的內容，這個涅槃是要怎麼樣修習而可以實證，它的原理以及實證的方法，或者說包括它實證的次第，都應該爲人家說明。

因爲你親自走過那一條路，那一條路上有些什麼風光都知道了，否則就是想像的。那麼實證的人一定有他的過程與內涵，也有它的次第，不可能一個人尚未離開胎昧，然後說他突然間就具足涅槃的修證，這是不可能的；除非他已經離開胎昧了，那就沒話講，但他是完全無所知於佛法的人，講了這些內容以後結果說：「**涅槃是講不清楚的，是沒有辦法說明清楚的。**」這怎麼能夠叫作實證者？

現在回到經文，這裡有一句話說「**滅三種苦**」，末法時代這位增上慢比丘，都還教導人家要滅三種苦，這三種苦滅了以後當然就是無餘涅槃。現在請問有誰能夠證明印順懂得什麼叫作行苦？沒有人能證明。因爲他提出來的所謂不生不滅的法就叫作直覺，請問直覺存在的當下有沒有行？諸位都明白，就他釋印順不明白。這十八界只要存在，行就存在；當這個行存在時就一定不離生滅，永遠都在變異之中，所以叫作行苦。即使證得非想非非想定，依舊不離行苦；即使證得滅盡定，依舊不離行苦；只有入了無餘涅槃，行苦才算消滅。但釋印順連未到地定都沒有，他如何能夠滅行苦？所以眞要把他的著作翻開來檢視，得要送給他四個字——一無是處。

可是有個問題來了，大家努力把他的著作讀啊讀，總是覺得讀不懂；老覺得他這法太深了，因為大家都讀不懂；讀不懂所以認為他說的法太深，因此他是臺灣佛教界的導師，第一把交椅，這是咱們正覺弘法之前臺灣佛教界對他的看法。老實講，大家讀不懂他寫的是什麼，他自己也讀不懂他寫的是什麼；他如果讀懂自己寫的是什麼，就不會使自己的書中所說前後自相矛盾；正因為大家都讀不懂他寫什麼，他自己也讀不懂，所以他成為臺灣佛學界的第一把交椅。

那我要請問諸位，現在我聯想到一個問題，我講經說法時，諸位聽懂嗎？（大眾答：懂！）懂嗎？（大眾答：懂！）懂！可是如果有一天我請了一個大師來上座說法，而諸位都聽不懂，那他的證量一定比我更高，對吧？（大眾答：不對！）為什麼不對？依釋印順的見解，你們應該說「對」啊！這就是一個知見的問題，聰明的人說：「這麼深的法，他講到讓我聽懂，真厲害！」有的人說：「這麼深的法，講出來以後我聽了、讀了就懂了，」這個人有世間智，會看得出來說：「這位講經者或作者能寫這方法論的書，一定是實證者。」這就是有智慧的人。學佛時最怕的就是善知識講的經法，或是閱讀善知識的純理論書籍，並沒有方法，也沒有具備不同層次順序的理論；當那位善知識沒有把方法、順序、次第、內涵一一講出來，你再怎麼讀都沒有用，因爲他實際就只是理論，沒有實修的次第與行門；而且理論大部分是玄學而不是義學，義學是實證的，理論是思惟得來的思想。

可是有的人知見很差，我作個比喻吧；如果有人本來跟隨一位法師或者跟隨一位居士學法，那位法師或居士拿起《成唯識論》來就講解，但他講解了老半天大家都聽不懂，然後大家說：「**這麼厲害欸！這麼深的法我們都讀不懂也聽不懂，而他講得津津有味呢！**」有一天飄洋過海來到正覺講堂聽蕭老師講經，講完了就聽懂：「**那蕭老師講的太淺，所以我對蕭老師沒有什麼興趣了。**」但他對那位爲他講《成唯識論》讓他聽不懂的老師很崇拜。而他不知道的眞相是：爲他講《成唯識論》的老師自己也不懂《成唯識論》。

所以人的法緣跟他的聰明智慧是有關聯的，如果他的聰明智慧不夠，他的法緣就不好，因爲他容易被人家籠罩。我們那本《邪見與佛法》當初流通時，對佛教界是個震撼，但是大家又不敢落實在文字上作評論。爲什麼震撼？因爲在那本書中，各大道場除了現代禪以外，我全部評論，只是不評論現代禪；不是因爲我不知道李老師的落處，而是因爲居士弘法困難，所以我不評論他；那其餘各大道場檯面上的大師們，我全部評論，一竹竿打翻一船人。可是我在書裡又講了無餘涅槃，無餘涅槃沒什麼深奧難解的：「無餘涅槃就是把五陰十八界十二入（十二處六入）全部都滅掉，不再受生，剩下如來藏離見聞覺知，獨存而永遠不作主。」無餘涅槃就是如此而已。難只難在怎麼樣滅除五陰六入十二處十八界，難在怎麼樣不再受生。所以無餘涅槃不難解釋，我這樣短短一段話就把它解釋完了。印順卻說涅槃是不可說的、講不清楚的，而我一小段話就把它講清楚。大家讀過了說：「啊！原來如此！」所以有好多人當年讀到《邪見與佛法》時很感嘆說：「我學法二十年搞不清楚佛法，讀了這一本書就瞭解了，終於知道原來佛法是這麼回事。原來佛法不是只有證無餘涅槃而已，原來三乘菩提是這樣一回事！」

更早期那時正覺只有二、三本書，有的人讀到《念佛三昧修學次第》時，趕快跑進講堂來，爲什麼呢？他說：「近代沒有人寫過方法論的佛書，這本書就是個方法論，可以從持名唸佛轉進到達實相念佛，有次第、有方法、有內涵，而且是一步一步可以實現的。」所以他就一腳踩進講堂來，再也不離開了，這就是聰明人。在會外有好多人知道我們增上班是講《成唯識論》，所以他們也跟著講；問題是他們懂《成唯識論》嗎？末法時代沒有實證八識心王的人要懂《成唯識論》？等太陽打西邊出來他都還讀不懂。

所以怎麼樣把深的法、妙的法，用簡單的譬喻和言詞解析，說出來讓大家可以理解，這才是最難的地方；但是眞正的佛法要詳細解說到很淺白，讓人聽懂其中最深妙的意涵，卻是不容易的。就說這三苦其中的一個「行苦」，幾百年來佛教界搞不懂，有誰把「行苦」講清楚了？沒有。過去三百年來能講清楚的人沒有出來弘法，那檯面上看到的，從多羅那他之後，有誰講清楚？都沒有。所以即使是這個增上慢比丘所說的法，到現在都不容易有人能說，現在我們把它提出來講，大眾終於理解。所以這十年來臺灣佛教界的法義知見水平的進步，現在有目共睹了。

這個成就，諸位都有一分功德，假使不是諸位這樣支持著，我們沒有辦法出這麼多書，也沒有辦法在宗教電視臺上繼續教育臺灣佛教界的基層大眾。所以從佛教界的基層大眾復興上來，這個很重要；因爲當基層大眾知見普遍提升以後，大法師再要籠罩就難了。所以在臺灣佛教界，你要再找到誰講什麼《成唯識論》、講什麼經典的，少了！大陸是因爲我們的講經節目沒有辦法搬到那邊廣大播映，所以還有人可以籠罩。但是也出現一個現象，大法師們乾脆選擇講最淺的法，因此最近不是網路很風行一句話嗎？有個法師公開說「眼睛有業障」，是啊！這也是一個現象，眞的不好說什麼。

不過最近這兩天，他好像又扯上蚊子的問題，那我就想起一個故事來，以前曾經一個比丘（這是眞正發生過的故事），大概三、四十年前，他每天晚上脫光衣服赤裸著上身到野外去坐著不動——餵蚊子；他發起大悲心：「蚊子好可憐！我每晚餵牠們，牠們吃了我的血，將來就被我所度。」我要說的是正知見的問題，那一些蚊子的業障是不是比人類更重？即使生爲人類，得法的因緣都還不知道什麼時候才會到來，更何況牠們現在還不是人類；生爲細小的蚊子要再生爲大一點的昆蟲，報完了再生到魚類或生到什麼蟲類，最後來當四條腿的畜生，再去當猿猴，然後才能回來當人，那要多久？他去利樂那一些蚊子說：「牠們喝了我的血，一定要歸我所度。」那請問：那些蚊子要將來多久才能回來當人？那可能是無量阿僧祇劫以後，那他要等到什麼時候成佛？

一個學佛的人既然發願說：「佛道無上誓願成。」總是要有個期限吧？

越晚成佛就越晚利樂眾生，越早成佛就表示利樂的眾生越多，而且能更快的利樂更多的眾生。那他發願去度那些蚊子，要到什麼時候才能成佛？還不如每天花一個小時去找一些人說說法還來得快一點。這就是知見的問題。所以有智慧的人應該要懂得衡量利弊得失、輕重緩急，如果不能衡量利弊得失，也不能衡量輕重緩急，那麼他的成佛之道是很久遠的！絕對不是三大阿僧祇劫，很可能是幾萬億阿僧祇劫。

現在回到經文來，增上慢比丘教導人家：「繫心緣中，專念涅槃，滅三種苦，」開示說要「厭離五陰十二入十八界」，這個說法是正確的，接著他又說：「你們應當要住在安靜的地方，來觀察這五陰十八界十二入諸法全部都是無常，還要自己觀察色身有種種的不淨，你們如果能夠這樣觀察，將會證得須陀洹果。」須陀洹果是應該求證的，而且應該說，證初果是佛法中的入門；如果沒有證得須陀洹果，就永遠都在佛法外門打轉。這釋印順自己也講，見道是修學佛法的第一要務；他自己也講這一點，這一點說得很好，我倒是認同讚歎他，問題是他也沒有見道。

關於證須陀洹果，還有一個知見要討論，以前佛教界都流傳一個說法，說初果人行走時離地四寸，又說初果人犁田時蟲離四寸。聽過吧？好了，如來在世時爲什麼制定結夏三月安居？啊？對了！因爲在印度夏三月，天天下雨，下雨時雨水淹了，螞蟻就跑到洞外爬來爬去，近午時分阿羅漢們、阿那含們乃至於初果人，大家去行腳托鉢，總是不小心而踩死了螞蟻，因此外道們開罵：「這些佛門出家人眞不慈悲，每天爲了自己吃飯，就要踩死多少眾生。」於是 佛陀制定了夏安居，三個月內結界，不許離開道場的範圍，大家住在道場裡專心修行，日中一食則由居士們送來供養，都不出去行腳。根據那些人的說法：初果人行走離地四寸，那佛世的所有阿羅漢們就應該不是阿羅漢了，因爲他們行路時還會踩死螞蟻。

所以那一些人腦袋是有問題的，但他們根源於誰的說法？一定有所本的，不然哪敢這麼講？他們宣稱說，這是智顗大師的說法。所以有智慧的人不要隨於流俗。但證初果卻是一個佛法修行人一生中第一件要事，就是聲聞法中的證初果一定要先得；至於證初果的內涵經文中說了，我不再重講，我們在《涅槃》的連載裡也講很多，這裡也不需要說。想要更深入理解的人可以去讀《阿含正義》，我們這裡就不再談，回到這個增上慢比丘的說法來。

他接著教導說：「除了證初果以外，還要能在五陰等法深觀無常苦空無我，無有堅牢，」五陰六入十二處十八界都是無常之法，不得久住，即使如來有四神足，假使為了某一個因緣不得不長久住世，可以「住壽一劫，若滅一劫」，就是最長可以住世一個小劫；但是這一個小劫過後依舊得要入滅，所以有生之法終必歸滅，說：「這樣可以證得初果須陀洹。」

增上慢比丘又教導說：「大家要繼續輾轉深入觀察，」也就是要深入觀察五陰六入十二處十八界都是無常之法，而且與苦相應，無常故苦，無常故空，空者無我，這無常之法不會是真實的「我」；無常的法因為必定會壞，所以是苦；無常的法生滅變異，一定跟苦的境界相應，這樣的法無常故空，不可能是真實的「我」，所以也是無我。這樣的法當然不可能是堅固、牢固、常住的，由於這樣的現觀，所以對於欲界的貪著就很輕微；既然欲界貪著輕微了，由於欲界貪之所不得或者欲界法之所喪失，而使起瞋的情況變得輕微，那也表示：「他對於欲界法看得更清楚了，他的智慧就更好，表示他對欲界的無明非常非常少，那他就可以證得二果斯陀含。」二果人又名薄貪瞋癡。又教導說：「那麼假使又繼續深入去觀察這一些法，也可以得到阿那含、阿羅漢果，這樣就是第一眞實之義。」

這位增上慢比丘這樣講完了，他這個理論是不是和釋印順講的一樣？理論上是一樣的；但實際的修證上，釋印順完全達不到這個境界，所以釋印順認爲解脫道就是佛菩提道，阿羅漢就是佛。但他這樣的看法倒是和這位增上慢比丘一模一樣。當這個增上慢比丘這樣講完了，年少比丘又提出問題來，因爲這年少比丘要的是第一眞實之義，他不是只想要修證解脫道。就像諸位來同修會不是想要求得阿羅漢，而是要求得眞實義——第一義，想要當個實義菩薩。所以這位年少比丘又問：「在佛法中阿羅漢果便是第一義嗎？我們也知道你說的這些解脫道的事情，說得到阿羅漢就是佛法的第一義，那這個五陰究竟是憶念者所生，或者是不憶念者所生？」

這問題就提出來了，因爲既然沒有離開胎昧，而這一些把解脫道當作是佛菩提道的人就是增上慢的人。這增上慢的人是這麼說的，那只好先聽從，因爲還沒有離胎昧，往世之所學暫時都忘了，這一世重新修學是這樣被教導的，那就這樣學了，但是心中總是會有個問題無法解決，因爲往世學的種子還在啊！所以就提出來問：「如今這個五陰是憶念者所生？或者不憶念者所生？」假使你往世學過，就會知道這出生五陰十八界的如來藏離見聞覺知，也沒有任何的憶念；你這個種子一定會在，所以就提出來問。這個問題很重要，憶念者跟不憶念者，這兩個是有差異的。能生之法一定是平等法，一定是無間等法；平等法、無間等法可不可能會憶念？這個問題一定要探究。把這個問題弄清楚，後面的問答就容易理解了。

如果能生的法不是平等法、不是無間等法，那麼能生的邏輯或道理就不能成立。先來說「**平等法**」。平等法是說一切法平等平等，祂對一切法都沒有偏黨。那麼平等法爲什麼不會憶念呢？假使平等法會有憶念的功能，那祂就不可能平等。比如張三謗法該下地獄，李四破法該下地獄，那他們各自能出生下一世五陰身的法，我們把祂叫作如來藏；他們也許給祂個什麼名稱，或者叫上帝或者叫神、叫什麼的；這個能生的法假使能憶念、會憶念，祂是不是會想：「**我要爲他出生個地獄身。**」李四破法要下到最深的無間地獄，那他捨壽以後，他的如來藏是不是要憶念說：「**我要不要爲李四出生下一世的無間地獄身？**」因爲他會憶念，就一定會思索這個問題；思索這個問題以後，祂一定會想：「**我爲他出生地獄身是沒道理的，我可以選擇爲他生個天身。**謗法歸謗法，破法歸破法，我可以為他生個欲界天身，我在上面也樂得享福。**」對吧？因為會憶念時就會這樣作選擇，那這樣的話，祂就不平等。因為造善業的生天，造惡業的也把他生在天上，那怎麼叫平等？所以平等法是一定不會憶念的，會憶念的心就不是平等法。

還有一個「無間等」，「無間等」是說祂每一剎那都是平等流注種子，使一切功能差別永不間斷——連一剎那的間斷都沒有。如果祂會有一剎那的間斷，那當祂間斷的時候，祂所生的五陰就壞掉了，那就不可能受報及造業而成為平等法。而且凡是會間斷的法，就不可能生任何一法，所以能生的法永遠都是「**無間等**」的法，也是永遠相續不斷，這是一個原則。這位「**年少多聞利根比丘**」問增上慢比丘說：「**今此五陰為憶念者生？為不憶念者生？**」他提出這個問題，確實是正問，那增上慢比丘不能逃避的。

現在還有一個問題：他既然教導人家證初果、二果、三果、四果，都是可以實證的，法也是正確的，佛為什麼說他是增上慢比丘？為什麼佛說他增上慢？大家再回憶一下我們前幾年講《法華經》，剛開始我也不敢公開說那些退席的阿羅漢是增上慢者，不然一定有很多人要造口業。可是《法華經》

快講完時，我就公開說：「不迴心阿羅漢也是增上慢者。」為什麼呢？因為他們認為阿羅漢就是佛，他們認為解脫道就是佛菩提道。我記得有舉例跟諸位說明那四十位阿羅漢以及一、二百位三果、二果、初果人加上一些解脫道的凡夫，他們作了五百結集時，結集了什麼？經部、律部、雜部。這四十個阿羅漢中還不是全部聲聞人，有一部分是菩薩；但菩薩沒有反對他們結集，隨順他們，否則四阿含諸經結集不出來，聲聞律也將結不出來，因為一定會有紛爭，不如讓他們先集結出來再講。

例如阿那律也不是聲聞人，例如阿難也參與結集，但阿難也不是聲聞人，現在先不談它。但主導的那些阿羅漢結集了四大部阿含之後，為什麼命名為「阿含」？「阿含」的意思就是「阿笈摩」，「阿笈摩」的意思就是師師相傳成佛之道。那麼請諸位看看四大部阿含總共兩千多部經典，有談到成佛之道的過程、次第、內涵嗎？並沒有；而且其中有許多的大乘經典，都被他們結集成聲聞解脫道的經典，那怎麼可以叫作成佛之道？可是他們堅持要這樣命名，那麼請問他們有沒有增上慢？顯然是有的。那麼這位比丘也是一樣，現在縱使說他證得阿羅漢果，當他說修解脫道證阿羅漢果便是第一義，那他是不是增上慢？正是增上慢者。因爲第一義是證得法界萬有的實相，而且要悟後進修具足一切種智才能成佛，這才是第一義。

實際上說來，像這樣的增上慢比丘絕大多數不可能證得阿羅漢果，所以還眞的是增上慢。爲何這麼說呢？就像我在《阿含正義》書中講的，想要證初果就得要在心底先認定：有一個能出生名色的識，祂是常住、眞實、清涼、寂滅、永不變異的，不在名色之內，祂能出生名色。先要認定這一點，然後才有可能證初果。那他們現在不認定有一個第八識出生了名色，所以證初果就不可能。而這個增上慢比丘教導的修行方法理論都對，但他不可能是眞的阿羅漢，因爲他說證阿羅漢果便是第一義，所以這位「**年少多聞利根比丘**」提出問題來。這是正面提出的問題，他不能不答覆，所以他答覆說：「**這個五陰是憶念者所生，不憶念者不會出生五陰。**」這叫作顚倒見。他說五陰是憶念者所生，問題隨之而來：那憶念者所生的五陰，與憶念者到底是同一個還是兩個？這是第一個問題。

那接著，憶念者出生了五陰，五陰也是會憶念的，那就是同時有二個憶念者；能憶念的心出生了五陰——五陰被能憶念的出生，那麼能憶念的跟五陰到底是同一個還是兩個？那能憶念者爲什麼會出生這樣的五陰？祂爲什麼不把我蕭平實這個五陰生得雄糾糾氣昂昂？祂爲什麼不把我生作一個世界小姐？又爲什麼生給我黃臉皮？因爲祂會憶念啊！會憶念就應該會給我最好的啊！因爲每一個會憶念的心一定都會給自己最好的，除非精神狀況異常，否則不會把自己塗得烏漆墨黑的。這問題一定存在的，當他這樣子答時，利根比丘當然要問他：「那憶念者和五陰是不相同的嗎？」因爲既然是憶念者出生了五陰，那憶念者跟五陰之間是一個能生、一個所生，能生與所生不應該是同一個吧？

提出了這個問題來，他得要答覆，所以他就答覆說：「就好像五陰一樣，憶念者也是一樣的。」他說這個能憶念的跟五陰是一樣的，但問題馬上就浮現了，問題更明確、更清晰地顯示出來，所以年少多聞比丘就問：「如果憶念的如同五陰是一樣的，憶念者跟五陰是相同的，那麼誰是念五陰的？」這就好像《中論》裡面破斥諸法自生一樣；「自生」的主張是被《中論》所破的，而他說：憶念者就好像五陰，那麼憶念者也是跟五陰一樣：「如五陰，憶念亦爾。」

那麼這利根比丘又問：「如果像五陰憶念是跟五陰一樣的話，那誰是憶念五陰的？豈不是五陰憶念五陰自己嗎？」五陰還沒有出生，要怎麼樣來憶念五陰自己？對了！所以「誰是念五陰者」？這個增上慢比丘沒辦法直接答覆這個問題，他就用別的說法來搪塞：「如果沒有憶念五陰的，那就不會有涅槃；但是眞實有憶念五陰的心，由於這個緣故，所以有修八直聖道入涅槃的人。」他就用這個理由來答覆，因爲他沒有辦法直接答覆，他如果要答說：「憶念者與所生的五陰不是同一個。」說有另一個不憶念的出生了五陰，那麼問題是馬上要面對那個不憶念的到底是什麼？有沒有實證不憶念者？

釋印順正是面對這個問題無法解決，所以乾脆把它推翻。因爲如果要承認演說第八識如來藏的諸經確實是 佛所說，那人家就要追問：「那麼老師父！您證如來藏沒有？」那他該怎麼辦？無法解決難題，乾脆就推翻，乾脆就說：「如來藏是外道神我。既然是外道神我，你來問我幹什麼？」他就這樣輕易解答了。可是這話一說出去，他就沒辦法改口了，因爲他很要面子。如果他眞的夠聰明，正覺出來弘法證實這如來藏是可證的，他就乾脆承認說：「我以前講的都錯了！」不就結了？但他很愛面子，就硬要撐到底，所以被正覺辨正之後無法回應一言一字，最後迷迷糊糊就這樣死了，什麼話都講不得。

所以說，凡是不能實證的就把它推翻，這個模式很不好，將來一定會有後遺症。因為菩薩不會永遠躲著，只要時局昇平，菩薩一定會出來弘法；除非是戰亂連連，那就沒辦法。當時局昇平時，菩薩出來弘法而提出論辯時，他就得面對這個問題，那他該怎麼辦？根本沒辦法對應，所以印順老時真的沒辦法了，就這樣子忍辱一直到死。這個增上慢比丘這樣的答覆，是答個什麼？正是答非所問啊！他沒有正答，從側面拉了一些答話來湊數，顯然他不解第一義。

因此如來就說：「未來世中多有比丘成就此忍。」忍可能是好的，也可能是壞的。為什麼這樣說呢？忍就是忍受，忍受就是接受它而安忍下來。例如無生忍，譬如接受未來世的無生而安忍下來，便叫作無生忍，這就是阿羅漢的所證；他們接受未來世不再有自己出生，這樣忍下來，就是二乘菩提的無生忍。那麼大乘菩薩的無生忍，是接受有一個眞實法叫作如來藏，這第八識如來藏從來無生，因為再怎麼追溯都找不到祂何時出生，祂是本來就在，祂從來無生，這樣接受如來藏本來無生而安忍下來，叫作大乘無生忍。所以忍在佛法上面來看，這是正面的。

但是這句經文中說的「**此忍**」，是增上慢比丘對這個邪見接受而安忍，這個忍是不好的，而他接受了。也就是接受有一個能憶念的出生了五陰，這個能憶念的跟五陰是一樣的；他接受了就是有「**此忍**」，但這個忍叫作惡忍，不能稱爲善忍，所以如來說：「**舍利弗啊！未來世中有很多的比丘成就這樣的忍。**」假使宗喀巴也算比丘，他是不是也成就了「**此忍**」？是了。因爲他說五陰是意識出生的，但意識屬不屬於五陰？對啊！意識是識陰中的一部分，宗喀巴主張意識出生了五陰，那豈不是自己生自己？好極了，那麼所有人都不必父母了，都可以自己生自己，是這樣子的嗎？那就叫無中生有的外道，成爲《中論》所破的「諸法自生」。

他同時也成爲「無因論」者，因爲五陰自己本來不存在，然而沒有自己竟然可以出生，這個理怎麼講得通？並且，既然有五陰等法出生，就是有一個能生也有一個所生，能生的一定在前，所生的五陰一定在後。結果自己本來不存在，突然就有自己出生了，就說由自己出生了自己，那麼不存在的自己怎麼能出生後來的自己？如果可以這樣生的話，好極了，我本來有不存在的五億新臺幣，現在突然出生了，這樣不就好了嗎？同理，明天我就可以這樣運作而把整棟大樓買下來，因爲我今晚就來一個不存在的一百億元，突然出生了一百億元，那不就好了嗎？可是這道理不能成立啊！因爲那是無中生有，成爲無因論者。所以說，這個增上慢比丘所成就的是個惡忍。

那麼 如來就說：「舍利弗！未來世中會有很多比丘成就這樣的惡忍；舍利弗！那時會中有許多的天眾也在那裡聽聞佛法，他們想要聽聞佛法的第一眞實之義，當他們聽到這個增上慢者所說的錯誤的法，這些天眾心中起了懷疑、懊悔，猶如墮入深坑之中，大家全都這麼說：『非常不好啊！釋迦牟尼佛教導的佛法，如今將要很快的滅亡了！』」

我不曉得海峽兩岸諸大法師、諸大居士在說佛法時，諸天天眾聽了這些聖教要怎麼感想？是不是也像 佛說的這樣呢？想來一定是這樣的。但是一般人都不能醒覺這個問題有多重大，所以當我們破邪顯正時，他們還出來當和事佬說：「大家都要說好話、都要存好心，都不要惡口、不要互相評論。」但這一些話爲什麼不在正覺剛出來弘法時講？而要等到正覺被逼出來作法義辨正以後才講？那些大山頭初期都說正覺是邪魔外道，他們爲什麼不出來講？要等到正覺被逼破邪顯正時才出來講？所以我說這一些人腦筋是有問題的，因爲我們破邪顯正，顯然是要救他們，也是可以救他們的，那我們救他們時，他們還出來說閒話，就是腦筋有問題。

那麼諸天當然看得很清楚，不會像他們這樣子顢頇，所以全都這麼說：「咄哉！釋迦牟尼佛法今將速滅。」這個說起來眞的很傷感，不過大家要接受、要習慣，因爲這是末法時代。接著大家再來聽聞 釋迦老爸怎麼開示：

經文：【「舍利弗！中有成就善根比丘，謂是比丘：『癡人！空老增上慢者，若（汝）有五陰相、十二入十八界相者。』不受此語，不喜不悅，從座起去。舍利弗！爾時諸天心大歡喜，四方唱言：『釋迦牟尼佛猶有好弟子在。』是諸人等善根不少，不喜聞是不淨所說，謂我見人見。諸天聞此皆大歡喜，稱揚讚歎：『是利根者喜樂問難，必皆成就無生法忍。』如是人等合集一處，共爲徒侶，人眾既少，勢力亦弱。舍利弗！爾時我諸眞子，於父種族尚無愛語，況得供養住止塔寺？舍利弗！汝且觀之，爾時如來便爲輕微；我滅度後，我諸子等成就善寂無所得忍時亦爲輕賤。我以是故，於無數劫摧諸怨敵，化諸一切天王人王，令心清淨。所以爾者，令我諸子得安父位。舍利弗！如來今以一切世間天人爲證，如來如法得阿耨多羅三藐三菩提，轉無上法輪，沙門、婆羅門、若天魔梵所不能轉。舍利弗！如是現事，如來滅後，我此阿耨多羅三藐三菩提，我諸弟子等欲廣流布，是諸惡人不能證明，亦復不能施與無畏。」】

語譯：【世尊又呼喚舍利弗說：「其中有成就善根的比丘，告訴那位增上慢比丘說：『愚癡的人！你是徒然增長年歲，是個增上慢的人；你明明就有五陰相，你是有十二入十八界相的人。』講完後，不接受增上慢比丘所說的話，心中不喜不悅，從座位上起身就離去了。舍利弗！在那個時候諸天心中大大的歡喜，就去到四方大聲的說：『釋迦牟尼佛還是有好弟子在的。』這一些比丘們的善根並不缺少，他們不喜歡聽聞那個不清淨的人所說的法——就是說我見人見的法。而諸天聽到他的問難時都是大大的歡喜起來，稱揚讚歎說：『這個利根的人喜樂於問難，必定都會成就無生法忍。』而這一些人們集合在一個地方共同修行，互爲徒侶；可是人眾既然很少，勢力也就很微弱了。」】今天只能語譯到這裡。

《佛藏經》上週語譯到三十五頁第六行第一句。接下來要從第二句開始：

語譯：【「舍利弗！到末法時代我有許多眞正的兒子，面對父親的種族之時，尚且得不到愛語，何況能夠得到供養以及居住，或安止於寺廟或佛塔之中？舍利弗！你就這麼觀察看看，到那個時節如來就會被那些破戒比丘們所輕視而衰微了；我釋迦牟尼佛滅度之後，我有許多眞正的兒子成就了良善寂滅無所得之忍，但是在那個時候也是被不淨說法者所輕賤的。我因爲這個緣故，在無數劫之中摧伏了種種的怨敵，並且也度化一切天王和人王，讓他們心地得以清淨。我爲什麼要這樣作？是爲了要令我的眞正兒子們可以安止於爲父者所住的地位之中。舍利弗！如來現在以一切世間的天和人來爲我證明，如來是如法證得無上正等正覺，運轉無上的法輪，是一切出家修行、在家修行的人，或者諸天天魔乃至梵天所不能運轉的。舍利弗！像這樣現前可以看見的事情，將來如來滅度以後，我這個無上正等正覺妙法，我的許多弟子們想要廣爲流傳宣布，但是這一些破戒比丘等惡人沒有辦法實證明白，並且也不能施與眾人在法上的無畏。」】

講義：如來說，在那其中有一些成就善根的比丘，就向那個增上慢比丘說：「你這個愚癡人！你是徒長年歲的老人而已，也是個增上慢的人！」諸位想想看，這種話在我們平常生活中常常也會聽到。「空老」的空是徒然的意思，有時因為人家讚歎說：「唉呀！您眞是耆碩耆老、年高德劭。」那他就自謙說：「不過是徒增年齒罷了。」說我這個智齒也是白長的，沒長智慧，又說是虛增歲月，那是自謙之詞。

可是如果是這一些破戒或增上慢比丘群聚營謀，就眞是虛長歲月。年高就應該德劭，沒想到他們年紀越大越是不像話，所以叫作「空老」。人是隨著年歲的增長而應該越有人生的歷練，就越顯現出他的智慧，但他一點智慧都沒增長，眞的是「空老」。老到這個年紀了，應該有的智慧沒有顯現出來受用，這是人生的一種悲哀。平常俗諺不也說嗎：家有一老如有一寶。老人家就是可以教導孩子很多的世間法，又比如身體的調養，因為家族遺傳的體質各異，自家人的體質老人家都知道了，那孩子預先弄明白了，將來老時自己也懂得照顧色身，所以說家有一老如有一寶。那如果年歲大了，一天到晚找是非，孩子們都會說這老人家不像個老人家，再也不恭敬他，就說他是「空老」，因為他老得不明不白。人家老就要隨著歲月而越來越有人生的智慧，他可沒有，眞叫作「空老」——白白的老了。

而這種增上慢比丘不但「空老」，而且是「增上慢者」，因爲他們未證言證，未得謂得，認爲自己很厲害，所以這個成就善根的比丘正好來責備他：「空老」也是「增上慢者。」不但如此，還要指出他的落處。假使指責別人但沒有辦法指明人家的落處，那個指責就變成不恰當，或者是虛構、構陷的指責。所以這位成就善根的比丘指責他：「若有五陰相、十二入十八界相者。」這個「若」在古時也當作「汝」或者「你」來使用。有時有些經典把「你」翻作「若」，所以這個「若」字不是假使的意思，而是「你」的意思。譬如有時候翻作「汝曹」，曹操的曹；「汝曹」就是指「你們這一些人」，不是只有一個人；有時翻作「若曹」，也有這樣的翻法。但這樣的翻譯比較少見，那就表示「你們這一些人」，所以「若」就是「你」的意思。

「若有五陰相」，這是指明增上慢比丘們心中是有五陰相的，落在五陰相的人而自稱開悟、自稱是聖人，那就是「空老」，也是「增上慢」。這種事情佛很早就預記了，我們看這晚近四百多年來一直都是這樣的，所以到處都是有五陰相的人宣稱自己是阿羅漢或者成佛了。一直流傳到現在最有名的例如宗喀巴的《菩提道次第廣論》，請諸位去看他的論，其中的內容自始至終都是在五陰的範圍打轉，從來都沒有離開過五陰。他並且還主張說「意識是常住的，意識是出生名色的心」，所以他說意識就是「結生相續識」；把意識指定爲第八識，當作能出生五陰的心，這不都是五陰相嗎？而且他在《菩提道次第廣論》中一開始就教導大家：其實不用學顯教的法義，也可以直接學密教的止觀，《菩提道次第廣論》後半部說的止觀，就是雙身法的境界。他的《密宗道次第廣論》是明說什麼法？就是雙身法。所以他的《菩提道次第廣論》只是作一個幌子，是騙人的，騙人家來先學：「你看我們密宗也有菩提道。」其實那根本就不是菩提道，全是外道法。

這個問題在臺灣很嚴重，隨著我們破《廣論》的那一些口袋書、《正覺電子報》的連載開始流通了，漸漸的抑止他們擴張的勢力；所以他們可能感覺勢頭不對而轉移陣地去大陸發展，現在大陸中國佛教協會的會長也是《廣論》的學習者、推廣者，各省佛協就不在話下，各地方佛協就更甭提了，現在大陸到處都是《廣論》的影子（編案：這是二〇一六年八月十六日所說），但是沒有人知道它的落處，所以他們不會指稱《廣論》是外道法，他們根本就不曉得《廣論》是常見外道法；那我們指出來說《廣論》是外道法，不是佛法，一定要指出它的理由來，不能只是指控人家說「你是外道法」。

但是，爲什麼那是外道法而講不出來？這就好像我們七、八年前都被人家罵是邪魔外道，但爲什麼是邪魔外道，他們都不說理由，就說我是邪魔外道。就好像大陸的雲南那個佛協，他們說正覺是邪教，可是國家並沒有說正覺是邪教，他們省佛協卻指說正覺是邪教。那我們要提出一個問題來，很簡單的問題：「正覺實證如來藏、弘揚如來藏，是邪教，那麼玄奘大師也是實證如來藏、弘揚如來藏；從玄奘往前追溯到無著、世親、龍樹、提婆等菩薩，再往前推到迦旃延、舍利弗、釋迦牟尼佛，全都是實證如來藏、弘揚如來藏，那是不是全都是邪教？」我們要問這一點，就公開指名雲南省佛協答話。

所以這一些人很奇怪，不曉得他們是完全不懂佛法或者裝瞎，或者連一點世間的邏輯、常識或道理都不懂，而作這樣的指控，因此這在末法時代很正常。我們沒有指責雲南省佛協他們是邪教，可是他們心中都有五陰相，因爲他們都推廣及修學《廣論》，而《廣論》從一開頭到最後全部都在五陰以及五陰的我所中打轉，從來沒有外於五陰的本身跟我所；既有五陰相，表示宗喀巴及《廣論》的信徒或學者都是凡夫，都沒有斷我見。所以有五陰相時，根本沒有資格指責什麼人是外道或邪魔或邪教，根本沒有資格。

接著說「十二入」，落在「十二入」之相中，也都是凡夫！譬如我們正覺弘法之前，諸方所謂的開悟大師都說開悟就是證得一念不生，都說開悟是清清楚楚明明白白，都說開悟就是離念靈知，或者說開悟就是一念不生而非常歡喜……有非常多的說法。且不說開悟只有一種，不會有他們說的那麼多種，因為開悟是證實相，而實相只有一種；可是諸位有沒有想到當他們一念不生時，是不是六根有六入，而六識也有六入？「十二入」全都有啊！不然他們怎能知道自己一念不生？又譬如說大法師講：「**我們證得眞如佛性了。那眞如佛性是什麼？就是清清楚楚明明白白，還可以處處作主。**」那麼請問他：「**清清楚楚明明白白是不是六根有六入？而六識也有六入？**」是了！那就是外六入與內六入全部具足，那就是「**十二入相**」。這個「**十二入相**」之外他又加上一個遍計所執相，因為處處作主啊！這個處處作主正好是意識與意根的自性：這個我要、那個我不要。隨時隨地每一剎那都在作主，那就不止「**十二入相**」了，還加上遍計所執相。

有的人說：「我們不落在那裡面，因爲那些都是修來的，我們這個是本來就有的，就是前念已過後念未起，這中間有個離念靈知，那是本來就有的。」可是我要問了：「那睡著時爲什麼沒有了？既然是本來有的，就不應該會間斷，白天也不應該因爲午睡而中斷啊！」可是睡著無夢時不見了，到第二天早上醒來才又出現，顯然間斷了。搞不好他膀胱無力一夜起來五、六次，那可是中斷五、六次後再現前五、六次，可是躺下床去又間斷了，是不是呢？要不然就問：「那你這個離念靈知是本來就有的，請問你住胎十月是不是每一天都離念而靈知？」又答不上話了！所以這一些人其實一直都不離「十二入」，全都不離三界境界，特別是欲界境界，但他們都誤以爲自己眞的出三界了。

還有一個問題是：「所證的涅槃是在三界外，不在三界中。」在三界外的涅槃沒有六根也沒有六塵，那他們現前就有這「十二入」在，明明六根、六塵都具足，怎麼說那叫作證涅槃？以前大家都沒有發覺這一點，很奇怪的是這道理在經中都已經說明白、講清楚了，而且白紙黑字句句都在，又沒有人拿紙把他的經文給蓋住、黏住，也沒有人糊了他的經文，爲什麼讀了還不懂？所以有「十二入」時就是三界中的境界，這離念靈知就是三界中的我。

那這「十二入」是從哪裡來的？從十八界來啊！因爲有六根所以有外六入，有外六入就有外六塵；有外六塵的入就會有內六塵，有內六塵就會有內六入；但是有內六塵時，大家都以爲覺知心直接接觸到的是外六塵，其實有情眾生所接觸到的六塵都是各自的如來藏變現的內六塵，並沒有實際上接觸外六塵，外六塵是你的六根才能夠接觸的。假使今天是第一次來聽我講經，聽到這裡大概會覺得很不服氣：「我明明就看見你坐在那裡說法，你怎麼說我沒看見你？」我們先不談那個道理，先從一個世間的道理來說好了：「心不是物。」識陰六識心無形無色，不是物，那六塵是屬於物質；心既然無形無色不能接觸物質，那麼心如何能夠接觸六塵而有了知？這是第一個道理，聰明人聽到這裡就知道說：「欸！那一定是另外有一個心來變現出另一套六塵讓我接觸到。」這樣自己清楚明白的這個意識心也可以死掉了吧？

那從另一個方面來說，《阿含經》中有說「外六入」、「內六入」，這是聖教量。剛才是講道理，現在講聖教量。聖教量上說有外六入、有內六入，有時又說有十二入，不是講六入而已；那麼既然每一個人都有外六入也有內六入，請問：「如果覺知心接觸到的是外六入的外六塵，那麼內六入要怎麼樣解釋？」難道要指責說：「如來講那一句話沒有意義，是隨便講一講。」不能這樣的，如來一舉一動、任何一句話都有用意的。這表示什麼呢？表示一定有接觸外六塵的、也有接觸內六塵的；那麼外六塵大家都知道，可是內六塵到底是什麼？其實每一個有情現前所接觸的都是內六塵；只是這個內六塵、外六塵之間的關係如鏡現像，完全相同一模一樣，所以有情不瞭解到自己其實都在了別內六塵，就誤以爲都是在了別外六塵。

那麼不談六塵全部，就舉一個例好了，譬如諸位看見我坐在這裡，是不是看見我的法座在上方，而我的頭在下方，是不是這樣？不是！你們看我好端端地正坐在這裡。請問諸位有沒有誰的眼球是沒有水晶體的？我是每回禪三都要講這個的。這回講到這裡，我想還是得要講，因爲這《佛藏經》講了這麼多破戒或增上慢比丘的事情，將來印了出去，那些破戒比丘、增上慢比丘們一定氣得不得了，那我裡面總得擺一點好東西給他們，讓他們也願意讀一讀說：「啊！果然如此，看來我們是錯了，改一改也就懺悔吧！」那他們死前就可以懺悔得救，那也是一件好事。所以我就特地拿到這裡來講，以後讀我的書到這裡時就懂了，那麼我接著講這個道理：

我就舉一個例子，我們先來講一講眼球的結構；我記得以前讀初中二年級時，那時有一門課叫作生理衛生，其中有講眼球的結構。說眼球為什麼叫眼球？因為它就像球體一樣是圓形的。譬如這邊是後邊有視網膜（平實導師以手握拳成圓形來比喻），中間是圓球形的液體好像水晶球一樣會透光，那前方是一個凸透鏡，叫作水晶體，凸透鏡放在瞳孔這邊；光線太強時瞳孔縮小一點，光線弱了瞳孔就放大，就在水晶體這邊，那麼中間全部都是透明的液體，光線都可以透過去；這水球後面是視網膜，前面是水晶體。不曉得現在你們學校的課程怎麼樣，我們以前叫生理衛生，書裡畫了這麼一個圖畫：這邊是一面牆壁，中間是一個凸透鏡，等於眼球那個水晶體，另一邊有一根蠟燭插在燭檯上，蠟燭上面點了火，而這個蠟燭的影像通過中間的凸透鏡映照在對面的牆壁上，它不是正立的，而是顛倒的。

諸位回家後也可以自己作個實驗來證明。如果影像模糊你就把蠟燭跟這個凸透鏡的距離挪動挪動，一定會有影像在另一邊的牆壁上；只要焦點對好了一定有個影像，那蠟燭的影像剛好是顛倒映在牆壁上。凸透鏡的另一邊蠟燭則是正立的，火往上燒，牆壁上的蠟燭是顚倒火往下燒。這意思代表什麼？代表大家眼睛往前看，攝受影像進來，經過水晶體—就是凸透鏡—透到後面的視網膜時，這視網膜上的影像是顚倒的。現在請問諸位！你們看我是不是顚倒的？看我現在是不是顯現神通倒坐著說法，有沒有？沒有。這表示你們看到我這個正立的影像，跟你眼球後方視網膜的影像不一樣，你眼球後方視網膜上我的影像是顚倒的：講桌在上方，天花板是在下方。可是你們看見我並沒有這樣，還是正立的啊！這表示你看見我的影像並不是外面的色塵，而是你的如來藏變現給你的內色塵相分，而祂變現給你的內色塵跟外面的影像是一模一樣的。這是藉著眼根攝取外面的色塵進來之後，變現出這個正立的影像給你了別。其實在眞正的法界中，沒有直立倒立或者橫立的問題，因爲你覺知心生活在如來藏中，所以永遠都是直立的。那你躺下來時，你的影像是躺下來的方向，但是你的眼球裡仍是這個方向，如來藏就給你同樣的方向。

因爲你覺知心生活在如來藏變生的六塵相分裡面——你是生活在如來藏的六塵中。比方說，你作夢時通常是躺著睡覺時作夢。有沒有人每天晚上坐著作夢的？都是躺下來睡覺作夢，其實這道理都一樣；那你躺下來睡覺，問你們了：你作夢時影像是直立還是橫立的？也還是直立的啊！因為你覺知心生活在那個境界的基礎，就是如來藏所生的內相分六塵，所以你作夢時不會因為躺著作夢，走來走去時就橫著走來走去，夢中你還是正立的走來走去。表示什麼？表示那夢境的六塵境界是你如來藏變現給你的相分。你的所見一切相，不管是色聲香味觸法都一樣，從來都沒有接觸外面的六塵，你覺知心接觸到的是如來藏變現給你的內六塵。如來藏變現給你的內六塵出現了以後，你在其中自然就依那個六塵境界而活動，你所有的心理活動也都在如來藏所變現的六塵影像之中；所以你作夢時的活動不會是橫向走來走去，而是在六塵影像中正立的走來走去，和白天的活動還是一樣，因為你所依的六塵境界是如來藏變現的內六塵相分，不聯結外六塵相分。

這樣把內六入、外六入講清楚了，這從色塵在視網膜上面是顛倒的，而你所看見的是正立的，就可以證明色塵是如來藏變現給你的，你並沒有眞的看見外面的色塵；那麼色塵如是，聲香味觸法塵莫非如是。所以如果要談六入，一定得談外六入與內六入；如果要談「十二入」，一定得談內相分與外相分。那麼只要有人落在「十二入」中，就跟證悟實相無關了；如果他還宣稱是證悟實相，那他就是大妄語。可是這「十二入」之所從來，就是因爲十八界；由於有六根，眼耳鼻舌身五扶塵根就攝入外面的五塵，這五塵中附帶著法塵，意根就在這個外法塵上去執著；這六塵進來之後，如來藏藉著這六根的所得，變現了內六塵；因爲有內六塵，覺知心才能生起；假使沒有這內六塵，你覺知心就不可能生起。

請問：覺知心有念無念是不是都同一個覺知心？有念時也是這個覺知心，無念時也是這個覺知心，這覺知心就叫作六識。六識都是要依於根塵觸等三法才能生起的，所以要先有根然後有塵，有了六根六塵之後，根塵相觸六識才能生起。那麼離念靈知生起的順位是第幾順位？第一？第二？是第三喔！離念靈知如果自稱「我是實相」，可是祂出生時的排行是老三；排行第三，若離念靈知可以自稱實相，六根跟六塵是不是更有資格自稱是實相？是了！因爲人家老大、老二幫你生起的，你都自稱實相了，老大老二怎麼不能自稱實相？對吧？這個邏輯不但是放諸四海而皆準，乃至放諸十方佛國、十方世界而皆準。

問題又來了：如果離念靈知可以說是實相，請問，我講到現在，目前所知的實相可以有幾個？有三個，對不對？這是講到目前，還沒有談到如來藏。離念靈知若可以說是實相，那實相會有三個；可是實相絕待，祂是絕待之法，怎麼可能跟人家相對而共同都是實相呢？實相永遠就只有一個，不會有兩個、三個。所以因為有六根六塵才出生了六識，那離念靈知正好就是六識，六識在時前面一定還有六塵和六根，就表示他們所認為的：「我證得離念靈知，將來入涅槃時就是這個離念靈知常存，我完全無念時就是涅槃。」那表示他們的涅槃中還是具足十八界；具足十八界時的涅槃就是外道涅槃。因為他們的涅槃境界還是在三界中輪轉，而且還只是欲界中的輪轉，還談不上色界、無色界的輪轉，哪能叫作涅槃？所以說這是佛教界基本知見不具足而產生這樣的大笑話。以前大家認為理所當然，所以到處都有阿羅漢，只要打坐坐到離念時就說：「這是涅槃。」就說：「將來死時一念不生，我就不再來三界中了。」一念不生就可以不來？一念不生正得再來！所以他們不瞭解五陰，不瞭解十二入也不瞭解十八界時，就會未證言證、未得謂得，那就是增上慢者。

所以說，以前臺灣東西南北中，都有阿羅漢；南洋也是一大堆的阿羅漢，如果談到中國，那更不得了，更多！可是正覺出來弘法之後，這些阿羅漢漸漸地都不見了。可是他們人沒死，爲什麼阿羅漢不見了？眞是奇怪。原來是後來讀了正覺的書，知道說：「自己那個境界是落在陰界入裡面。」所以要指責人家悟錯了，或者指責他人未悟言悟時，必須要具體的說明出來，說他們爲什麼悟錯了，或者說明他們爲什麼是未悟言悟，理由得要講出來。如果指責別人是邪魔，爲什麼他是邪魔？得要把道理說明清楚。如果說別人是外道，爲什麼是外道？如果指責別人是邪教，爲什麼是邪教？全都要把理由講清楚，不能只是指控而不說明。

可是佛教界，臺灣部分還算好，在大陸就很糟糕，他們對於正與邪完全分不清楚。說到邪教，現在全球最大的邪教，而且是合法的邪教，就是西藏密宗假藏傳佛教；這個天下特大號的邪教卻是合法的，你們看這是不是眞正末法時代典型的現象？正是啊！但那邪教卻來指責正教是邪教，而且還眞的行得通，運作了大陸政府取締眞正的佛教；因爲定義邪教的權力抓在中佛協、省佛協那群學喇嘛教的人手裡，是他們掌管的，你我都無可奈何。

所以說，誰落入五陰相：某甲有五陰相，落入五陰中；某乙有十二入相、十八界相，落入十二入、十八界中，這是很清楚可以檢查出來的。以前佛教界很少人在講五陰、十二處、六入、十二入、十八界，只有我們正覺開始出來講，講到現在大家知見水平提升了，所以臺灣佛教界水準比起大陸水準至少超過十五年。因爲大陸佛教大部分被各省佛協把持住，被中國佛協把持住；官員也不懂佛法，由著他們說了算。所以大陸和臺灣的水平距離至少落差十五年，這是大陸同胞們的悲哀，但是也無可奈何，只好祈求佛菩薩加持局面趕快改觀，不然大陸的佛子們還是會繼續被誤導，求證無門，大陸佛教復興無望，只能仰望臺灣佛教興嘆。

接著下來說：「成就善根的比丘把那個愚癡破戒或增上慢者的落處指出來，因爲不接受破戒或增上慢比丘們的虛妄說法，不接受他們說的那些言語，心中不喜不悅，指責那個破戒比丘之後，從座起去而離開了。」那麼如來就說：「這時諸天心大歡喜，因爲諸天看見還有成就善根的比丘，能看得出破戒或增上慢比丘的落處，還敢站出來把它說明清楚，所以諸天四方唱言：『釋迦牟尼佛猶有好弟子在。』」因爲很歡喜。

但諸天爲什麼歡喜？因爲如果破戒、增上慢比丘多了，就表示將來阿修羅道的人數將會增加，他們死後會去當阿修羅，天眾相形之下就減少了。如果破戒、增上慢比丘少，成就善根的比丘多，將來天眾就會增加；因爲他們會度很多人在正法中修學，將來天眾就會增加；如果破戒比丘勢力大，接引很多人跟著他們忙修瞎練誹謗正法，那麼將來修羅眾就會增加，所以諸天不喜。現在看見了這位「成就善根比丘」這樣的作爲，所以諸天心大歡喜就會四方走告；他們有神足通，到處來來去去互相述說：「釋迦牟尼佛還有好弟子在啊！大家別發愁。」「此時的這一些人等」，也就是成就善根的比丘這一些人，「他們的善根不少，他們不喜歡聽聞那些不清淨的破戒比丘所說，也就是說他們講的是我見、人見所含攝的不正確佛法。」因爲那是假佛法。那麼「諸天聽到成就善根比丘所說的這些話，皆大歡喜，於是稱揚讚歎說：『這位利根的人喜樂於問難，一定遲早都會成就無生法忍的。』」

那麼請大家來看看四百年來的佛教界有多少人是「喜樂問難」的？你們可以舉出來，看曾經有哪些善知識「喜樂問難」？四百年來有沒有？沒有啊！可是其實是有的，咱們九樓佛龕的玄奘菩薩像面前供著一小尊大陸同修送來的像，那是什麼人？是篤補巴，他爲了對治假藏傳佛教密宗的邪說，特地寫了《山法了義海論》，外面通稱之爲「他空見」的書，就是我們這個第八識正法；轉世以後他又成爲多羅那他，表面上弘傳時輪金剛，暗地裡破斥時輪金剛——破斥四大派的無上瑜伽；所以後來達賴五世受不了，就把他消滅了。那他們是不是「喜樂問難」的人？在當時「喜樂問難」就沒命，因此我們當時死了不少人。但是當年達賴五世還有顧忌，他怕殺了聖者以後會有因果報應，不敢殺；其實那時覺囊派被殺或被傷了三、四百人，那眞是非常慘痛；但是達賴五世不敢殺多羅那他，給他一匹瘦馬、兩個隨從趕出西藏，這是西藏佛教史中不敢記載的事。

那覺囊巴他們兩人算是「喜樂問難」，接下來有誰？還有哪一個人再「喜樂問難」？在達賴五世的極權統治下，「喜樂問難」的人就得死；自從多羅那他以後，還有沒有哪一個善知識是「喜樂問難」？都沒有了，一直到有個白目的正覺蕭平實出現在人間，才又開始有人「喜樂問難」。那我眞的「喜樂問難」，所以寫一些辨正法義的書，這就是「問難」；但是一般人遇到「問難」時就儘量避開，可是諸天讚歎說：「**是利根者喜樂問難，必皆成就無生法忍。**」只有「**喜樂問難**」的人，才有可能成就無生法之忍。

無生法的忍很不容易成就，因爲要成就無生法的忍，必須要先把自己殺了，也就是把五陰十八界的自己全面否定，要把五陰的自己、十八界的自己、十二入的自己全部都找出來否定，承認另一個完全沒有見聞覺知的心——第八識「**無名相法、無分別法**」，說那個心才是眞實的我。這個事情容易嗎？這個事情要是容易，現在臺灣佛教界應該滿街都是初果人、都是阿羅漢了，可是並沒有啊！表示這是很困難的事。俗人說：「**是可忍，孰不可忍？**」可是他說的那個不可忍的事情只是被人家當眾罵了一句忘八蛋，就這樣而已，他就「**是可忍、孰不可忍**」；這只是被羞辱而已，就不能忍受；那如果要把自己全面否定，一絲一毫都不留情，那他還能忍嗎？更不能了。所以把自己全面否定這件事情如果辦得到，佛道就能跨出第一步了，否則永遠都是在外法上面轉，談不上佛法的實修。那麼每個有情自己都有一個無生之法，這個法能夠證實明白了，然後可以安忍，這叫作無生法忍。

這裡講的不是入地後的無生法忍，是無生法之忍；這個無生法之忍，福德不夠、慧力不夠的人，縱使你指導他實證了，他還會懷疑然後退轉；退轉後跟著就是否定本來無生之法，那就是謗法。所以如來爲了保護眾生，不斷地交代：不可以明講、不可以明講……。因爲這個無生法，眾生難以安忍（編案：此書出版時，正逢瑯琊閣、張志成等人不能忍於第八阿賴耶識的本來無生，橫加否定及毀謗，亦是具體事例，證明如來所說完全正確；至於地後的無生法忍，當知更不能忍）。那諸天說：「**這個利根的人喜樂問難，一定是已經成就無生法的忍。**」因爲他以本來無生的自己的如來藏作爲眞實的法，所以聽到人家所說的所謂佛法是落在五陰、是落在十二入、落在十八界時，他不能接受，因此「**不受此語，不喜不悅，從座起去。**」這是有原因的。諸天看了當然知道這人一定是證得無生法，而且他已經能忍了。忍就是接受了。

能忍的人此世不能證果，來世也會證果；會退轉就是無忍，他知道此第八識法無生而不能忍，所以退轉於無生之忍，那就會謗法。所以假使有人悟得如來藏之後，又退轉的時候，他們自己宣稱是更加增上，於是把如來藏給否定了，說另外還有一個眞如——另外找到一個比第八識如來藏更好的法，那一定是退轉了，因爲世尊早就說過「**齊識而還**」了，說探究因緣法中說的名色從何而生的時候，探究到第八識就只能退回來，因爲再過去時就沒有任何一法可得了。連如來都沒有辦法在第八識以外再找到別的法，他們竟然比如來更厲害，還可以找到另一個第九識可以出生這個第八識，那他們應該是佛上佛了。可沒有這回事啊！所以他們宣稱找到另一個能出生阿賴耶識的更勝妙的心，唯一的出路就是回墮意識境界，這是很容易判斷的事。

所以二〇〇三年那一批人說：「**我們證得佛地眞如，這個眞如出生你們正覺所證的阿賴耶識。**」我當時公開說那一定是退轉，沒有別的話可以講。很簡單！因爲識不過八。如果還有一個能出生第八識的心，那不就是第九識了嗎？這樣的人就表示仍然不能忍於無生之法。那他們所謂的增上，其實就是退轉；因爲識不過八，如果還有一個他們所謂的最新證得可以出生第八識的法，那就是妄想；凡是妄想法，不外乎意識境界、不會超出意識境界，這是「**喜樂問難**」的善知識可以預先斷言的。

所以他們抗議後離開，我就在講經時公開爲他們授記：他們只有兩條路，第一條路是回墮意識或識陰的境界，自以爲增上，自以爲另證一個眞如心；第二條路是，隨著我們逐漸作法義的辨正之後，他們不得不回歸到阿賴耶識來，但是一定偷偷回歸而不讓我們知道。我當年公開說他們只有這條路，第一條路走完再走第二條，沒有別的出路。後來證實，才不過半年他們就眞的如此了。所以諸位學法要有智慧，要懂得判斷，因爲不論十方三世任何法界，永遠不可能越過「識不過八」的正理；這是鐵則，是不可改變的定律。諸佛如來都這樣證，怎麼可能佛弟子比如來厲害，還能證得另一個出生第八識的心？

那麼有人也許想：「就像他們當初來質疑蕭平實一樣，我們又沒有講是第九識，你爲什麼用〈略說第九識與第八識並存…等之過失〉來指責我們？」我說：「既是能夠出生第八識的法，那個法是不是心？難道會是物嗎？或者會是虛空嗎？既然是心識，當然就是第九識。」於是他們從此以後口似扁擔——一張嘴就像扁擔一樣，什麼都不能講了。因爲識不過八，那你還可以出生第八識，不就是第九識了嗎？那過失就一大堆了。所以能夠成爲一個利根善根的比丘而「喜樂問難」，他一定是有一個無生之法作憑藉，他已經成就這個無生法的實證而能安忍。能忍時智慧才會出生，假使有人知道這個無生之法但不能忍，不忍之時智慧就不會出生；以前成就那個忍所得的智慧，由於現在的不忍，智慧就全部消失了，二〇〇三年的那一群人就是現成的例子。所以諸天看得很清楚，這樣讚歎是正確的：「必皆成就無生法忍。」

然後 如來接著說：「這一些人因為大家志同道合，都知道有一個無生之法，不屬於五陰十二入十八界，大家都能忍，所以合集一處，共為徒侶。」共為徒侶時他們一定是少數，因為尚未實證或證錯的凡夫永遠都是多數，實證的人永遠都是少數，所以 佛說：「人眾既少，勢力亦弱。」這不就像正覺剛出來弘法時的寫照嗎？當年不論哪一個大山頭、哪一個大居士或者小居士小山頭，異口同聲說正覺是邪魔外道；但我並沒有想要入住或搶奪他們的寺院，我想的是要把法傳給他們，因為我往世也是出家人；那我想，把法回歸到寺院，就回到故鄉養老去。沒想到這妙法竟然沒有人要，眞怪！當年大家都喜歡黃銅，不喜歡黃金；他們硬說咱們的黃金是銅，他們那些銅才是黃金；沒奈何，我就找一些瑪瑙來把黃金打磨，變得亮晶晶了，銅的光亮再怎麼打磨也比不上眞金的光亮，因此這十年來他們才不再說咱們的黃金是銅。

但這已經是我弘法將近二十年的事了，整整奮鬥了將近二十年。以前我們是「人眾既少，勢力亦弱」，眞的像是 佛所說的這樣，可是我們為什麼可以有今天的局面？諸位要想，我們這個局面是不得了的，臺北、桃園、新竹、臺中、嘉義、臺南、高雄還有香港、洛杉磯，週二同時都在聽我講的《佛藏經》，而臺北本身就有五個講堂坐滿（編案：此書出版時是六個講堂坐滿）；諸位想想看，打從中國有佛教以來有過這樣的局面嗎？所以諸位不要小看自己；諸位都是這個偉大的佛法復興時代的一分子，將來佛教研究者會記載這一段的：「二十一世紀初的正覺同修會是這樣興盛。」那原因在哪裡？因為我就是「喜樂問難」。

所以有些法師居士亂講話、亂說法，只要不跟咱們牽扯，我就不理他們；但若是硬要跟咱們正覺牽扯起來，硬要說我們的法不對，那我不但理他，還會特地給他面子為他出專書；這就是「喜樂問難」。等專書出來之後，大家一讀，很清楚、很明白法義的正訛了；正因為這樣，所以我們今天有這個局面。雖然復興中國佛教還是荊棘重重，但我們就穩紮穩打，必要時我們後退一步也沒關係，後退一步才有空間可以衝。

我把這一些道理鋪陳出去給大家都瞭解了，未來臺灣佛教的局面自然漸漸會打開，大陸佛教的復興，眼前就只能再看因緣了。但因為我這一世本來是想出家的，可是後來看看出家以後反而沒有辦法復興佛法，特別是我針對密宗假藏傳佛教要作的事，以出家身就沒辦法作；而密宗假藏傳佛教正是佛教界的最大隱患，所以我後來打定主意就以在家身去作；那我總得有一個榜樣吧？所以剛開始是客座教授的想法，到後來眞正成立正覺同修會時，我就一心一意要把制度建立起來。所以假使哪天我走人了，同修會不會有問題，因爲制度已經在那裡，所以教學事項教學組討論後，我看可以就付諸實行；行政組有行政組的工作，財務組有財務組的工作，我都不去干預或參與，放手交給他們去作，這就是制度。

所以你們看，以財務組爲例，財務組收錢的有人收，記帳的由不同的人記，出納由不同的人作，我什麼都不用過問，不必煩心。我在什麼時候才會問？當我需要用錢時。例如我想要買個講堂、想要買塊地、想要作什麼時，就會問他們：「我們現在總數有多少錢？」我只問總數，知道總數後就可以決定要作或不作，我從來不問財務組細節，也不去參與那些事務。行政組，看著他們各個部分自己去作，我也不用過問；作不好時又無法改進，我只要換人就好了，平常都不用去指導他們該怎麼作，或者什麼不可以作。就是這樣一直堅持下去，制度建立以後就一帆風順了；剩下只是人，最大的問題也是人，整個教團最大的問題也是人。你們看《摩訶僧祇律》、《四分律》、《五分律》中記載的多少事情，莫非是人的問題，那是不可避免的，但有個制度在就可以運行了。這有個好處，我只希望下輩子再來時不要被人家打壓到沒辦法講點什麼法，只要這樣就好、就夠了！那麼下輩子就不需要重新再去打這個基礎，因爲打基礎很辛苦。

我們走到今天，已經不能說「人眾既少，勢力亦弱」了，因爲至少各地講堂每週二聽經的人有幾千人，都這麼多了。可是比起大山頭來，他們經營五六十年的勢力當然是大，但那勢力我有一個譬喻：就比如你是一顆石頭，他們是一大堆的棉花，那你不論去到哪裡，都沒有人能把你擊毀，而你可以把他們踩平，所以他們勢力大沒有用。我們不需要跟人家比人眾，不需要跟人家比錢財，我們夠用就行；我們在住持正法、推廣正法上面，錢夠用就行。比較欠缺的是會裡每一位修學者想要證悟時所需要的福德，而不是欠缺錢財。這個觀念大家要建立起來，我們不想擁有很多錢財，因爲那很燙手。不要以爲我是講酸葡萄的話，要想想後世，不要只看這一世。只看這一世而不看後世，那是愚癡人；因爲過去劫所曾遭遇的那一些事情，在這一世現前時或者看見時，使我們不能懷疑因果的存在。所以我們要很小心，要看作一件事情時是不是此世利、後世利。菩薩不但要看這一世有利，還要看後一世有利；如果後世有利而這一世不利，也可以作，最好是這一世有利而後世也有利，菩薩要看這個。

我們正覺走到今天這局面，是因爲我們就像一把很銳利的錐子，被放在布囊裡面也沒有關係，人家要包就把我們包起來；把我給包住了沒有關係，那你總不能包了一直放著，你這行囊總是揹來揹去的，等他揹著動來動去，我們有一天就刺穿布囊了。有一句成語叫作「如錐處囊」，下一句我便叫作「終不自棄」，所以我們還是可以把正法彰顯出來，而天下沒有誰可以挑戰。那末法時代能夠使正法達到這樣局面的情況並不多，眞的不多，所以一般而言都是「人眾既少，勢力亦弱」。

你們出家法師就可以瞭解了，爲什麼你們都不在那一些大山頭安住而必須離開？你們對這一點的認知就很清楚了。因爲我所看見的那一些大山頭，只要有法師擁有蕭平實的書就是大罪，馬上要被遷單，再也不可能留在有正覺講堂的同一個市鎭，馬上會被調走，一定被遷單；你在臺北精舍，正在讀正覺的書，被發現了很快就被調到臺北縣的深山或者桃園縣的深山，會讓你不容易接觸正覺講堂。這是屢見不鮮的事，我們已經接獲很多消息了；這就是末法時代邪見勢力強大、正見勢力弱小產生的一個現象。所以 如來就說：

「舍利弗！爾時我諸眞子，於父種族尚無愛語，況得供養住止塔寺？」

父親的種族，在佛法中誰是父親？對！就是 釋迦老爸。釋迦老爸的種族，這個定義是廣泛的，你不可以說那破戒比丘不是 釋迦老爸的種族，因爲同樣都是祂的孩子。一對父母生了五個兄弟，四個爲非作歹，一個良善而且很用心經營家務，這五人同樣都是這對父母的孩子，不能說那些不肖子就不是孩子，因爲同樣是這對父母所生。所以你只能說他們是敗家子，而不能說他們是外人。敗家子是不是子？還是子啊！「於父種族」說的「父種族」，指的就是那一些增上慢比丘們；這時眞正的兒子——也就是可以克紹箕裘而成就善根的比丘們，是眞正的兒子。敗家子一天到晚敗壞家財，要把整個家給敗光的，所以不想把他們算是眞正的兒子，雖然也是兒子，但他們是敗家子，不想把他們當作眞兒子；如今眞兒子們面對父親的種族時「尚無愛語」，四個敗家子一天到晚都要罵他，因爲這個眞正的兒子不肯讓他們敗壞家產，會阻止他們，所以那四個兒子就一起都指責他。那我們出來弘法不也是這樣嗎？我們是到今天才少受指責，而這只是在臺灣，以前是廣受指責的；現在大陸佛教界仍是對我們大加指責與實際行動的抵制，因爲他們要把 如來的家業掏空，我們要把 如來的家業豐富起來，理念不同，不相爲謀。

所以我們不說他們的法錯了，他們倒要說我們錯；我們不說他們是敗家子，他們卻說我們是邪教，這也是末法時代魔強法弱下的必然現象。所以當初有的師兄弟很氣憤，我說：「你們不用氣憤，因爲當大家都說他們是證悟了，而咱們證悟的內容跟他們不一樣，我們也講出了所以然來，讓大家可以發覺他們弄錯了，那我們雖然不說他們錯，他們卻得要說我們錯，不然他們怎麼生存？」我這麼一講，大家就想：「原來如此！」懂了，就不再氣憤，就可以平心靜氣設想施設，才能救他們大妄語者的信徒們；最後可以救到他們，這就是好事。

所以不跟他們同流合污時，他們一定會說我們錯了，這是永遠不變的道理。這是直到二〇〇三年後又過了幾年才改觀的，因爲二〇〇三年是有人從根本上來否定我們，那我們不生氣，而是要讓正法彰顯以及救護他們，所以印出了很多書，講得更徹底、更明白，於是臺灣佛教界才終於明白正覺這個法是不可推翻的，是眞正圓滿具足的佛法；於是大家馬上想到一點：「既然是眞正的法，那我們去誹謗就是謗法，誹謗弘揚這個法的人就是誹謗賢聖，將來死時果報難料。」他們警覺到這一點了，所以大家閉嘴不談。甚至於有個大道場信徒問師父說：「師父！我們想開悟，您得教教我們。」師父說：「你去正覺，別說是我講的。」這是二〇〇三年之後演變出來的結果；在那之前我們是廣受臺灣佛教界指責的。

而我們如今在大陸還是被指責的，因爲在大陸佛法的知見水平還很低，中佛協與各省佛協的成員大多數也都是學密宗假藏傳佛教的，所以這也是不可避免的。在臺灣，我們雖然沒有再被指責了，但能不能得到佛教界對我們的「愛語」？會有哪一個大道場說：「你們正覺弘揚的法義眞好，你們才是正法。」會嗎？不會啦！即使他們轉型成功，每天口袋麥克、麥克，也不會讚歎你正覺的。所以這是古今如然，佛陀都已經預記在先了，我們就不用期待說：「你們爲什麼都不讚歎正覺一下？」都不用，自己有解脫與智慧上的受用最重要，所以佛說：「於父種族尚無愛語，」眞是如實語。

那你想要去要求他們來支持、來贊助，或者要他們請我們去說法，門兒都沒有！爬窗也不可能，何況門？眞的無可奈何吧？可是 如來早就講了，所以不要打那個妄想。我本來想把法傳給一位大法師，但十年前打消那個妄想，我想：不如栽培一些新的法師還來得快一點，要寄望那一些大山頭的大和尚們，永遠不可得。所以 如來說的眞沒錯：「**況得供養住止塔寺？**」因爲在那些寺院中，假使有人讀我們的書被發現了，就會被遷單，馬上就被遷單，我們已經接獲好幾個例子；那些法師被遷單後就沒辦法每週來共修了，那怎麼辦？只能說是法緣還不具足。所以他們不可能得到供養，更不可能繼續住在原有的塔寺中，一定會被趕出來，除非放棄修學正法而跟他們同流合污。

這樣會產生一個後果，如來就說了：「**舍利弗！汝且觀之，爾時如來便爲輕微；**」到末法時代產生這個現象，他們都不看重 如來了。我們很看重 如來，而他們不看重，我們也無可奈何。我說，我一生努力辛苦、不求名、不求利，什麼都不要，只求一件事情：未來我捨壽時，如來前來看我說：「**你這一世幹得好。**」有這一句話我就夠了，其他我都不需要。但他們不是，他們根本不把 如來看在眼裡；更甚的是密宗假藏傳佛教，根本就把 釋迦如來踩在腳底，還輕賤說：「**釋迦牟尼佛只是個化身佛，我們是報身佛，層級比**

祂高很多。」但他是什麼報身佛？（此時平實導師作出雙手環抱的動作說：）不過是這樣抱而已，亂講一通。

還有一個附佛外道也是一樣，就是法輪功李洪志，他在書中竟然還亂講，說他的層次比　釋迦佛還高一級。諸佛還有分級？可是李洪志本身連我見都沒有斷，根本就只是一個凡夫，而這一些人都敢輕賤　如來，所以到末法時代「如來」眞是「輕微」了，他們各個都輕視　如來。所以在一般人的眼中，如來的地位漸漸衰微，在大家心中的　如來地位已經不高了。

但我們不一樣，想一想，只是夢見當年　如來涅槃時，祂突然間又張開眼睛看了我一眼，那就不得了，那這個是……唉！沒辦法說。可是他們不把如來當一回事，你想末法時代不都是這樣嗎？如來開示了很多很多，但他們也不當一回事；他們的想法，例如印順的想法是：釋迦如來已經過去了，灰飛煙滅。他們以爲　如來入了無餘涅槃就是永遠沒有了，這還是個佛教中的法師呢！竟然會有這種邪見；他們不曉得　如來的無住處涅槃是不入無餘涅槃的，但是比無餘涅槃的境界高到無法想像。他們對最粗淺的無餘涅槃就已經誤會到很嚴重了，於是不把　如來當一回事，所以「爾時如來便爲輕微」，這就是末法時代的現象。

因此 如來接著說：「我滅度後，我諸子等成就善寂無所得忍時亦為輕賤。」我們剛出來弘法時就是這樣，廣被輕賤！當時臺灣佛教界的大法師、小法師、大居士、小居士大多數都輕賤正覺，一直到我們改弦易轍拿釋印順來開刀，才開始一步一步扭轉過來。我的想法很簡單，那些小蘿蔔頭，你把他們砍光了也沒用，擒賊先擒王，不如把臺灣最大的邪見頭目抓來砍了，看誰要再來找我麻煩；他們大山頭的大法師來了，能比釋印順厲害你就來吧！我還在書上印出法義辨正無遮大會，徵求被我辨正法義的大師們來公開論議，就是要這樣作。然後密宗假藏傳佛教，他們是一千多年累積下來天霸王特大號大馬蜂窩，我照樣把它捅了；這是從來沒有人敢捅的，就只有我膽子大，敢捅它。但是我認為這個事情現在不作，未來世也得作，既然這一世有機會，咱們就作吧！

好在我們成就「善寂無所得忍」，雖然暫時被他們「亦為輕賤」；但我們正好有這個機緣，在臺灣百花齊放不會有事，百家爭鳴也不會有事；百家之中獨獨出了我們這一家不一樣的，我們也跟著爭鳴、也跟著開花，而我們聲音不同、花朵不同，讓大家來比較比較；他們輕賤沒有關係，我們繼續作，總是有機會讓大家可以詳細比較出來的。所以我們有今天的機會，不能輕易放過。但這一世如果我去出家了就沒有破密的機會。

談到這個事情，要說到一個祕辛，那是《念佛三昧修學次第》出版之後的事，有一個禪坐會的會長姓李，名字就不談她；有一天打電話來我家，本來我都不接電話的，那天我同修在廚房忙著沒聽到，於是我在三樓接聽，她問我說：「你想不想出家？你不是一直想出家嗎？」我說：「我現在還想啊！妳為什麼問我這個問題？」她說：「如果你想出家的話，現在可以來出家。」我說：「先別談出家，我先問妳一個問題，這是妳的主意還是師父叫妳打來的？」她說：「這是我的主意。」我心裡想：「才怪！」談到後來，我提出三個條件：「第一個條件：假使我同修主動放我出家，不是我提出要求。這個條件完成了，還有第二個條件：師父要親自來我家請我去出家，不是我自己去那裡出家。第三個條件：假使我不出家，佛教就會滅亡，我就出家。這三個條件具足了我就去師父那裡出家。」諸位想想，有沒有可能三個條件都具足？算是強人所難吧！所以後來她當然知道我的意向何在。她的世俗名字也命得很好，既美麗又有智慧，不是愚人，所以她聽了就知道我的意思，沒繼續再談下去。這個祕辛，以前只有少數幾個人知道，今天索性把它公開。

這意思是說，臺灣佛教界在正覺剛開始弘法時，他們不知道這個法的本質，當時都太輕視這個法；隨著時日的推移，我把往世的證量一點一滴開始回復過來，我們演說的法義層面就越來越廣，也越來越勝妙，到那時知道這個法的本質，想要我去出家就太慢了。在那之前他們也曾派來法師跟我談一個交換條件：「**你這本《念佛三昧修學次第》不要出版，我們某某山在臺灣各地的道場你都可以去說法。**」出家的事，是被我拒絕之後又過二、三年才提出來的。這表示什麼呢？人無遠慮必有近憂；當蕭平實提出這個法來，弘揚這第八識妙法時，有智慧的人就要趕快去比對經藏，研究這第八識如來藏又名阿賴耶識，這到底是什麼法？就該趕快改變作法了。

以前臺灣佛教界沒有人在講第八識如來藏的法義，我們正覺首先提出來弘揚，那時有智慧的人就應該深入經藏去研究看看：「**這到底是什麼法？**」可是他們不這樣作，就只是一味的抵制與毀謗，而我們不得不一一辨正，到後來法講得越多越勝妙時，終於瞭解了，但已經太慢，跟我合作的機會已經不存在了。而我一向存著與人為善的心態，例如現代禪前副宗長張志成老師，他們剛來時我給他們的期待是什麼？是默默地、隱密地學法，悟了以後回去把現代禪發揚光大。我今天當著張老師的面前跟他的同修王老師的面前這樣講，我當初就是這樣講、這樣期待的，後來不曉得為何使他們來正覺學法的消息走漏，又因為李老師把現代禪交給一個搞本願念佛的法師領眾，結果他們開始排擠張老師，於是他們乾脆離開，不然也沒辦法。我一直都是有善念存在，我認為正法不需只有一個正覺來弘揚，如果原來有個道場可以復興起來共同弘揚正法，也是很好的。所以我當初的期待是這樣，結果是沒有辦法如人所願，後來就演變成這樣子，他們如今都是助教老師，也快要當上親教師了，依序也快輪到他們了。（編案：王老師明心後不數年又已眼見佛性，並因見性故而提前於二〇一七年四月開始執教了。但張志成不能忍於王老師先當上親教師，導致後來退回釋印順的邪見中，執迷不悟，從二〇二〇年開始否定正法至今，縱經正覺的同修們一一加以辨正其謬而無法回應，至今仍未曾亦不願改變其邪見。）

這也是一個事證，我從來沒有想要把正法把持在自己手裡，也沒有想要將正法把持在正覺手裡。所以當年有兩位同修不斷推薦一個靜老，說是八地菩薩，我說：「**那好！請他來帶領同修會。**」我二度提出邀請，他不敢來，因為他讀了我的書，知道自己完全沒辦法來領眾；也算他聰明，好在他沒來，不然他來了以後會被我公開推翻的，因為我後來發覺他根本連我見都沒有斷；而那兩個同修持續兩年一直跟我推薦他：「**他是八地菩薩。**」我總是與人為善，但我並不是愚人，還是發覺那兩位同修們沒看清楚事實。這個所謂的八地菩薩是從石頭蹦出來的，沒有一個到達八地的過程，又是未離胎昧的人，確實是有問題的。

所以我們這個法的本質是無私的，是無我的，是解脫的，也是正直的，悟了就應該這樣轉依。所以我告訴過諸位：我是買好田園的，在家鄉的建地，本來打算要歸隱田園；而且我還買了兩塊地，本來是在我故鄉買了一塊，結果發覺住宅區還蠻吵，不利退隱後修定，到現在都還擺著；又去我同修故鄉明航寺旁邊買了一塊八百多坪的農地，預定退隱後要蓋農舍隱居的，現在農舍也不能蓋了，因為被蘇嘉全的選舉事件搞砸了。但現在兩塊地都還擺著，我不缺錢，也不用賣，就把它擺著。

我現在反而主動把這個重擔挑起來，不想退休、不談退休了，就想怎麼樣把正法根基紮得越深，根盤擴展得越廣，這才是重要的。現在的目標是一百零八個明心之後又見性的同修，是我懸在那裡的目標；這看起來好像很高的目標，目前好像還摸不到邊，但總是個目標。我們這樣辛苦的目的，不求名，不求利，這目的無非就是爲了了義正法的延續。我希望的是 如來預記的「於父種族尚無愛語，況得供養住止塔寺？……爾時如來便爲輕微」的事情，能不能扭轉；如果能夠扭轉，這功德很大，而諸位都是在其中的參與者，未來世有如夢觀時，你們看到這一世的所作，就會知道爲什麼道業可以進步很快。今天就講到這裡。

《佛藏經》我們上週講到三十五頁第一段的倒數第五行中間，現在起應該講解的速度會比以前快。剛好我們增上班講《根本論》，現在速度也蠻快的。因爲以前我們講《佛藏經》，有時一句要講兩個小時，真的講很久，今天已經是一百三十一講了，接著後面這些速度應該就會很快。增上班也是一樣，以前三個小時再怎麼趕，也只能講三頁；那論本的字蠻大的也才只能講三頁，但是上個週末我們三個小時講了十五頁，很深的法但是講很快，大家也發覺說我好像氣力很充滿，但我不覺得，就只是趕速度而已，所以越講越大聲越快。

我們本來是因爲增上班課程中引述很多《解深密經》的經文，其中談到這部經說的甚深之義「如來於凡愚之中不開演」，我心裡想：是不應該公開來講《解深密經》吧？因爲現在臺灣固然沒有愚人，但是公開來講的話，有很多凡夫同時聽經，將來也會整理成書，就覺得好像是不該公開來講。可是正安師勸我還是得講，他說的也有理由，那理由也很充分：如果我不講，那些講錯的註解就會繼續大肆流通，那會變成劣幣驅逐良幣（這是經濟學上的名詞，結果變成到處都是劣幣，良幣反而不存在了）。所以想一想，還是得要公開講解。

但也希望我們編譯組跟正安師幫忙收集一些會外把《解深密經》註解錯的資料，可以讓我拿來作對比，讓大家瞭解良幣與劣幣到底有什麼差異；否則單單講了正確的法義出來，與錯說、錯註解的假佛法不作對比，大眾是無法如實瞭解的；尤其是那麼深的經典，又不能講得很詳細而洩漏了密意，當然是應該把正說與錯說作一比對。而且老實講，解說《解深密經》時不可能像《佛藏經》講這麼久，因爲不可能把其中的深密義理全部公開講出來，應該是幾十講就會講完。

所以最近這幾堂增上班的課，講的是最深的法，因為論中大量引述《解深密經》的經文，但我卻講很快。講很快的原因是因為對於實證者來講，把經文唸過一遍大約就瞭解了；對於沒有實證者來講，再怎麼解釋也還是聽不懂，所以那些經文總共十五頁，我三個鐘頭就講完了。因為在增上班聽課的人都是證悟者，不必作詳細的解釋，稍微解釋一下大家都能聽懂；若是公開講經，卻又不可能詳細解釋，只是多解釋一些，因為要護覆密意，所以一樣也是會很快就講完，估計《解深密經》講起來應該大概是《佛藏經》的一半時間之內就可以講完；如果作一些正說與錯說的比對講解，可能比較會有豐富性。所以現在還是宣布眞的要講《解深密經》，以免那一些僞劣的註解繼續誤導學人。

言歸正傳，今天要把上一週最後那一段再唸一遍，稍微講兩句，聽者在見地上才能聯貫起來：「舍利弗！爾時我諸眞子，於父種族尚無愛語，況得供養住止塔寺？舍利弗！汝且觀之，爾時如來便為輕微；我滅度後，我諸子等成就善寂無所得忍時亦為輕賤。」我說這一段如來的聖教，正好是我們弘法以來十六、七年之中在臺灣所遭遇的狀況；這六、七年來算是比較好了，但依舊無法「住止塔寺」，所以正法要回到寺院裡何其困難！那我們在臺灣此前十六、七年的遭遇，現在大陸正在複製中，所以大陸那邊假使眞的可以大事底定，我想也得要再十來年才有辦法改過來；因爲正法不同於流俗，不同於表相之法，當大家都在識陰境界打轉時，我們可以說是特立獨行，被接受的可能性很低，尤其大陸強力管控及干預宗教的外在環境，複製成功的機會很小。（編案：在大陸的複製不成功，因爲中佛協及各省佛協都被密宗滲透了，全面影響政府反對正覺弘揚世尊的八識論妙法。）

我們提出第八識如來藏正法這麼勝妙的法義，可以說與眾不同，就像俗話說的不能隨波流轉、同流合污，一定會成爲佛教界的中流砥柱；而中流砥柱的命運，不可避免的就是要被俗世洪流不斷衝擊。他們不會投降的，因爲他們永遠是住在世俗的識陰境界中，而咱們弘揚如來藏正法是少數人，於是我們就成爲異類；異類一定會遭受異樣的眼光，不是一樣的眼光，那不同的眼光不是青眼，套句政治術語說：不是關愛的眼神。所以中國佛教的復興，前途充滿荊棘，永遠都是要在逆境中與俗世洪流對抗，而我們期待的是可以永遠屹立不搖，繼續提升兩岸佛教界的知見水平；然後正法在我們未來世再來受生學習時，可以比較順利地繼續推展下去，可以眞的續佛慧命，把如來的光明燈繼續照明下去。

接下來說：「我以是故，於無數劫摧諸怨敵，化諸一切天王人王，令心清淨。所以爾者，令我諸子得安父位。」這就是說，如來有時會開演妙法度化天王、人王證悟菩提，有時已經修行兩大阿僧祇劫的菩薩們，看到如來座下有一些天王或人王，也知道他們得道的因緣其實還不夠，但是如來卻會開恩特別幫助他們證悟菩提；不懂的人就說：「如來對他們特別好，他們實證的因緣明明還不夠啊！」但是如來不是看他們那幾個人，而是看他們能夠對眾生有多少利益，就這樣來看事情。

所以假使這個天王、這個人王能夠證悟佛菩提，他們護持正法之後可以利益更多的人，如來就會特別開緣，在他們的因緣還不夠具足時，先幫助他們實證，這就是如來特別疼愛眾生的一個具體事例。所以有時假使某一個人證悟的因緣還不很夠，我也會學如來這個模式，就努力去幫助他，而他悟後可以對正法的住世有很大的幫助；假使因爲這樣而有人背後講我閒話，那就是他不懂事。諸位將來遲早都會當法主，乃至於最後成佛而當如來，這也是諸位將來必須要辦到的事。不是因爲他對你的供養特別多或者他對你特別恭敬，你就幫助他開悟；而是因爲他對法的實證而生起更大受用時，可以對眾生有更大的幫助，要這樣來看待事情。

所以有時有的人覺得奇怪，來向我反應說：「老師！我看那某某人，他對您不太恭敬，您爲什麼還要幫他開悟？」我說：「我不看他恭不恭敬我，我只論他悟了以後能不能利益眾生；如果他悟了以後對眾生有更大的利益，不恭敬我也無所謂，我還是要幫助他。」這就是身爲一個法主必須要辦到的事。那諸位在這上面也得學著，因爲你們進了正覺，未來世或者一劫，或者兩劫或者五劫、十劫，遲早都會當法主的，這個作法或者這個觀念，都應該先建立起來；不因一己之私而去幫助誰或者拒絕了誰，而是要看佛教整體的情況；假使你幫他開悟了，對眾生是有利的，那你就應該要作，不要管自己的利害關係。

如來就是這樣一直在示現給我們看，所以 如來在無數劫中「摧諸怨敵」，才能「化諸一切天王人王，令心清淨」。「化諸一切天王人王，令心清淨」的前提就是無數劫「摧諸怨敵」，諸位要聽懂 如來的開示。天王與人王，諸位想想看，當你遇見天王或者遇見了人王，那是怎樣的一個情境？他們會很謙卑而低聲下氣來接待你、跟你談話嗎？不會的，因爲他們都還有慢心。不說天王、人王，就說一些大公司老闆，他們見了人，多數都不會是謙卑地對待下屬的，大概多是很嚴厲的，更何況是天王與人王呢？那好，如來想要度化他們「令心清淨」來護持正法，如果只是溫言軟語教化，而不理那一些邪見的破法者，能夠度化天王、人王嗎？

這就是說，你想要度化那些有威德的人，必須要示現出另一個層面，也就是能摧伏一切怨敵；那一些邪見者，包括天魔波旬等人，你都能全部加以摧伏，讓他們無言以對，證實你的正理是無可非議的，那麼人王、天王看見了說：「連他化自在天的天魔波旬都被如來摧伏了，那我們第五天、第四天乃至四王天的天王們，怎能不服？」或者人間的人王看見了，也就信服 如來了。但是這摧伏怨敵的事，並不是在人間示現一世就可以，而是要「無數劫」來「摧諸怨敵」。

諸位看咱們摧伏怨敵有多久的時間了？將近二十年了。因爲我們前五年都不摧伏怨敵，我們不覺得有怨敵；到後來是因爲他們抵制正法，說我們是邪魔外道，於是我們就有怨敵了！既然有怨敵，我們就要加以摧伏。那我們摧伏怨敵還不滿二十年，所以到現在也沒度得一個人王。那麼二十年可以度得諸位，投入這麼勝妙深奧難解、難證、難信之法中，其實也眞的夠好了！因爲這麼勝妙的法，能夠在其中安住的人非常之少；所以度化天王與人王，讓他們對三寶信心清淨，這必須要經過「**無數劫摧諸怨敵**」才能達成。那我們正覺摧伏怨敵以來不滿二十年，想來沒有度得一個人王也是應該的，所以就不必覺得遺憾，應該覺得差強人意。

那麼話說回來，如來努力在「**無數劫摧諸怨敵**」，來「**化諸一切天王人王**」，使他們的心可以清淨，目的是「**令我諸子得安父位**」。這裡先要說明什麼叫作「**父位**」；一個家庭中以父爲尊，所以「**父位**」就是代表正統。特別是以前在印度，如果你說別人是得安母位，人家會說你瞧不起我。因爲在天竺，一個男人可以娶十幾個老婆；即使是菩薩，在天竺最多可以有五個妻子。如果有五個老婆，那麼你說，我作這一件事情是爲了令我兒子得安母位，那兒子聽了會怎麼想，他說：「**原來老爸對我不夠好，只是令我得安母位，不**

是『得安父位』。」兒子會這樣想，因為母親有五個，權力再大也不過五分之一，何況這五分之一加起來還不夠父位的威德，所以兒子一定會抱怨。

同樣的道理，如來不輕視任何一位子女（其實如來沒有女兒，只有兒子），妳們女眾也都是如來的兒子。可不要說：「我是留長頭髮，點了胭脂還穿裙子，不是兒子。」其實都是 如來的兒子。如來沒有偏黨，所以對每一個兒子都一樣看待，希望每一個人都能夠住在 如來的境界中，這就是「得安父位」。但如來的境界是什麼境界呢？是住於實相般若中的境界，也就是住於如來藏的境界中，就是「得安父位」。那麼想要讓所有的孩子都住於 如來的境界中，就必須要有外護；假使沒有外護，正法很快就被壞滅了；假使沒有國王的支持，而國王信受了外道法，如來的正法在人間就不容易推展，所以如來必須要「於無數劫摧諸怨敵」，讓天王、人王不斷地熏習，而心地不斷地漸漸清淨了，可以依止如來藏正法而安住，那麼 如來的遺法弟子在人間才能好好的弘揚正法救護眾生，這就是 如來之所以要那麼地辛苦「於無數劫摧諸怨敵」的目的。

這樣看來，如來那麼辛苦都是為了我們，可是末法時代竟然有很多人住如來家、吃如來食、穿如來衣，說如來法時卻來破如來法，不把 如來瞧在眼裡；這種事情在臺灣我們是親眼所見，在大陸密宗喇嘛教普遍推廣的環境下更是平常。所以對我們來說，那是不可思議的現象，因爲我們看重 如來甚於一切，一切都是以 如來爲依歸；說個歸命三寶其實就是歸命 如來，假使不是 如來，哪來三寶？假使沒有 如來把法爲我們解說，又哪來法寶可以學？法寶現成，可是沒有人能知能見，所以歸命三寶其實就是歸命 如來，我們是這樣看的。

因此打從我們弘法以來一直沒有改變，就是看重 如來甚於一切，可是那一些人動不動就否定 如來。例如釋印順說：「如來常住這是一種外道思想，因爲很多人說過如來常住，外道一向都這麼說。」他在書中講的大意就是如此，那同樣的道理，如來示現在人間之前，更多的外道也都說是阿羅漢，是究竟解脫；外道們各個推崇阿羅漢，也自稱是阿羅漢，依照釋印順同樣的邏輯，是不是也要這樣說：「佛教中阿羅漢的果位或思想也是外道法。」對了！這是同樣的邏輯，而且是在同樣的時空。更何況「如來是外道思想，外道自稱是如來」，這現象其實少之又少，在四阿含中也找不到這樣的證據，卻有許多證據顯示外道們自稱是阿羅漢的，所以釋印順其實是顚倒黑白亂說的；這就顯示他讀四阿含時只撿其中他所認同的少部分來說，因爲《阿含經》中明明記載很多外道成爲佛的聖弟子以前，都曾自稱是阿羅漢，然後被 佛陀所度才成爲眞正的阿羅漢，那他爲什麼不說阿羅漢也是外道思想？

所以這個人一直是兩套標準，這種人說的話哪能聽？所以他們對 如來沒有一點點的恭敬。在他們的想法裡，如來入滅之後已經灰飛煙滅，再也不存在了；所以後代的佛弟子們爲了對 佛陀的永恆懷念，才創造了大乘經典。就是這麼講的，那你看他們對 如來有沒有尊重？而這個事情 如來在二千五百多年前已經講過了，難道他也要說「《佛藏經》是釋印順死後，爲了對治釋印順這類人才創造出來的」嗎？如來在《佛藏經》也公開授記「爾時如來便爲輕微」，在他們眼中不認爲 如來是什麼，所以他們隨意貶抑 如來，還說 如來就只有阿羅漢果位的解脫與智慧而已，所以 如來跟阿羅漢一樣，他們現在有人還這麼講。至於密宗假藏傳佛教那一些外道更別提了，就公然貶抑 如來，但他們其實是連初果都沒有實證的，就別提阿羅漢乃至菩薩的實證，也敢大膽輕賤 如來。

所以在人間行道時如果看見有人輕賤　如來，就知道那個人一定是凡夫；因為初果人就不會輕賤了，何況是更高的修證者，一定是凡夫才會輕賤。所以到末法時代天下都是凡夫時，「**如來便為輕微**」；直到我們這七、八年來寫出了更多的書，講出更多的法，於是臺灣佛教界開始懂得真正的佛法，才開始尊重　如來，沒有人敢再批評　如來。現在包括密宗假藏傳佛教，他們也不敢再輕視　如來；因為我們很恭敬　如來，而我們宣稱離佛地還很遙遠；我們也舉例證明密宗全都是凡夫，連初果都沒有證得，而他們也無法否認這一點，所以他們不再輕賤　如來。但這是我們弘法二十幾年後的事，我也只是化度你們一小部分人「**令心清淨**」，未來要使那些凡夫們「**令心清淨**」還是沒有機會的，所以正法的未來還是要大家繼續努力。

在正法的住世跟推展上，有一句成語恰恰可以用，就是儒家說的：「**學如逆水行舟，不進則退。**」所以不能守成，必須要不斷地開創，多幾條路走出去，不能單靠原來那一條小路去走。這是大家要實證正法之前應該有的認知，就是說你不能是為自己來求證正法，而是為眾生來證這個如來藏妙義，這個功德才大，也才比較有成功的機會；那麼你為眾生來實證這個勝妙之法，不是爲自己，就要有必要的相契應的身口意行如實去執行，如果光說不練，那是沒有觀眾的。在外面縱橫江湖，一定是口說手練，要讓人家瞧出來一套功夫；如果到了某一個地方敲了鑼，大街小巷都敲過了，正式上場開始推銷藥品前，不練功夫給人看，觀眾就離去了；第二天再怎麼敲鑼打鼓都沒有用，沒有人會來看，因爲他光說不練。

所以身爲菩薩要有菩薩的格，但菩薩的格怎麼樣具足表現出來，這就是每一個菩薩行者自身要面對的一個課題；也就是如何是爲眾生而去求證這個勝妙法，這是每一個人應該去檢視的。那我們讀經時就必須要深入去體會 如來的意旨，如來講經這麼辛苦、度化眾生這麼辛苦，目的是在哪裡，我們要深入去體會；能深刻體會到 如來眞正的意旨了，就知道 如來的慈悲所在，那時就會自動自發去作了，不必人家催促。到這個地步，實證勝妙法的因緣自然就成熟了，因爲你是眞的菩薩呀！當你眞的爲眾生作事了，不帶私心，那時 如來不幫助你開悟，那要幫助誰呢？道理始終都是這樣的。

就好像一個家庭三個孩子中，一個在家裡無所事事，一個老是要跟家裡要錢出去外面花，另外一個很努力去外面奔走賺錢擴大事業，賺得錢就拿回家裡來；那你說老爸將來要把公司交給誰？這是淺顯易見的道理，可想而知。如來就是這樣的看法，所以哪一個人是努力挑著如來家業的，如來就幫助他實證更勝妙的法，讓他將來更有能力利樂眾生，我們要體會如來這個意旨。如來終於「化諸一切天王人王，令心清淨」，而且「令我諸子得安父位」，這就是眾生的福報。

如來說到這裡還得要吩咐一些話：「舍利弗！如來今以一切世間天人為證，如來如法得阿耨多羅三藐三菩提，轉無上法輪，沙門、婆羅門、若天魔梵所不能轉。」這得要公開說，而且得要有人證；假使沒有人證，你說破了嘴人家也不信。所以如來呼喚舍利弗說：「我如今就以一切世間的天和人來為我作證明，我釋迦牟尼佛如法證得了無上正等正覺，我來運轉無上法輪，這是世間的沙門、婆羅門、天魔梵天之所不能運轉的。」有誰敢這麼公開講？就只有如來敢這麼講。而且如來說有世間的天與人作證，因為有天眼通的人都可以看見，現場是有天王、天人以及天女、魔王、梵天等人在現場。一定要有人作證，否則空口說白話沒有用的。

記得我剛弘法那時連一本書都沒有，所以有的人在我的幫助下證悟後，他們懷疑這個法的可信性；外面也有人聽說：「這個蕭某某竟然度人家明心開悟，這是眞的假的？」既然大家有懷疑，那我就多度一些人；度出來的人之中有些人能寫文章的就讓他們寫〈見道報告〉，於是漸漸地有一些報告，我們就登出來——印在書中流通，於是大家開始有信心了。但也不是這樣子就大事底定，因爲有的人學佛以來時劫還不夠長，而當年我不是半買半送，是全部都送的，他們都沒有經歷辛苦參禪的過程，所以不珍惜，心裡想：「人家古人行千里路、讀萬卷書，求個悟處了不可得，我也沒有供養過蕭老師，也沒有辛苦修福德，只是跟隨他上課而已，如今我就悟了，天下有這麼便宜的事嗎？搞不好是假的。」所以就有人退轉了。

後來經過三次的法難、還有兩次的挑戰，我們沒有所謂過關不過關的問題，我們就是如實地應對和解說，讓大家看這個法的實質是什麼，於是佛教界才信服，那麼這些也是人證。退轉的人來推翻而推翻不了，那也是一種人證；見道報告不斷地印出來，也是人證。有了這些人證，正法才算眞正的被承認；我現在倒是想到應該再出一本《我的菩提路》第三輯了，事情太忙就忘了，下個月得要開始編輯了。所以　如來自己一個人說證悟菩提、眼見佛性、一切種智等，那沒有用；如果只有自己能證，別人不能證，沒有說服力的。

當然，弟子本身若沒有因緣證悟，那是另一回事；例如廣欽老和尚因為弟子們沒有因緣，雖然他也有許多機鋒給弟子們，但他們悟不了，那是另一回事；也因為他不識字，想要幫弟子們證悟後繼續攝受弟子們眞的不容易，他也只好這樣；否則他會被推翻的，也無可奈何。那我們不一樣，我這個人，初中二年級時就自己讀《古文觀止》了，悟後援引經教當然沒問題；那麼悟後我們還可以為人家解說經論，更沒這個問題。而我必須要幫助更多的人實證，所要作的只是要使實證的人全都不退轉，這就是我們現在要作的事。那麼這是向佛教界證明這法的眞實性，不是只有一個蕭平實可以證悟，而是很多人可以連續不斷地證悟；表示這是眞正的法，因為可以重複驗證。假使某一個法宣稱非常勝妙，但是不能有許多人可以重複去驗證，就表示那只是口頭上說的，不是眞實，這一點大家要有認知。

如來所說的法，世間的出家人、在家人，或者天人、或者天魔乃至大梵天王來了，也沒有辦法運轉這個法輪。不說大乘法輪，單說聲聞菩提四聖諦的法輪，他們就無法運轉了。所以諸位可以看到《阿含經》中的記載，如來所度化的那一些弟子們，他們在 如來度化他們成爲阿羅漢之前，還在外道法時都自稱是阿羅漢；如來就告訴他們：「你們這個不是阿羅漢果。」如來再爲他們說法，才度他們成爲阿羅漢，所以他們都對 如來死心塌地。如來出世之前有什麼佛弟子？全面都是外道。而那些外道很多很多後來成爲佛弟子，所以外道的身分也沒什麼可恥，只要願意歸命三寶修學佛法就行了。因爲兩千五百多年前我也是外道，後來被 世尊所度，所以「外道」二字不算是罵人，只是說他在佛門之外，或者說他於眞心之外求法，因此叫作外道。

以前常常佛教界有人罵我：「蕭平實一天到晚罵人是外道。」我說「外道」不是罵人的話，因爲現成可以看見《阿含經》中 佛就有講過很多次「外道」，而且我本來也是個外道，因爲被 佛度了就不是外道。那諸位歸依三寶之前是不是外道？對！也是外道，所以「外道」不是罵人的話，那只是一個名詞。他們認爲那是罵人的話，是因爲他們拿外道這兩個字來罵人，他們罵誰？罵蕭平實是外道，還加上邪魔二字。所以他們說我講別人是外道的話就是在罵人，眞是天哉枉也！看來是當賊的喊抓賊。

所以運轉三乘菩提法輪，那是 如來才能辦到的；一切大菩薩們都是跟隨 如來修學，也才能夠運轉三乘菩提法輪。我出世弘法轉三乘菩提法輪，看來好像我沒有跟誰學過，但這只是這一世的表相，往世也是從 如來學來的，不是我有多行。你們沒有聽我講過一句話說我蕭平實眞行，從來沒有啊！我從來都覺得自己很笨。我覺得自己笨，是從學生時代一直到學佛之後證悟，並且弘法之後，現在還是這樣認爲，沒有覺得自己很行過。我這一世初學佛時，也是看著人家而稱讚說：「**唉呀！他還眞行！**」總是認爲：他這個眞行、他那個也眞行，而我覺得自己很不行。

之後初次弘法時也不敢說我最行，所以人家問：「**那一些大法師們，那位某某大師你看如何？**」「**也很好啊！**」我都讚歎，從來不敢有一句話輕嫌他們。但是後來被逼不得不摧邪顯正時，作法就不一樣了；他們有多麼差勁，我就把他們寫得多麼差勁，如實顯現出來。但是我不說他們差勁，純粹從法義上來作辨正，就應該是這樣作。可是我們從來不敢對 如來有任何輕心慢心出現，一切尊重 如來，因爲 如來就是有那個功德。且不說運轉法輪，光說 如來十號，那些自稱法王、自稱成佛、自稱是宇宙大覺者的人們，他們能夠理解十號中的其中一個嗎？連理解都不能，就別說能證得十號中的一個。所以 如來示現在人間很不容易，但是卻需要有人、人王、天王、梵天來作證，否則 如來說破了嘴，眾生也是一樣懷疑不信。

因爲眾生看到 如來在人間示現時，他們想：「**如來還不是跟我一樣，都一個頭、兩個眼睛、一張嘴巴，也是要吃飯。**」眾生的知見只能看這樣，所以凡夫眾生看菩薩，他們認爲菩薩就是要能夠飛過來飛過去，菩薩就是應該不怕冷不怕熱，菩薩就是刀子把他割了，他說好了就好了，都不用敷藥，他們是這樣看的。如果給眾生看見菩薩會冷也會熱，菩薩也會感冒，就說：「**那一定不是菩薩。**」這就是凡夫眾生的想法，於是讓某一些人有機可乘，因此那一些人去學魔術、學幻術來籠罩眾生，眾生就信得不得了。

最近網路上有一個視頻說：臺灣那位盧先生（奇怪？哪個臺灣的盧先生？我都沒聽過，怎麼在大陸會那麼有名？），說他示現大神通，是什麼樣的大神通呢？他弄個大火爐，上面燒了開水，開水已經滾了，你親眼看見開水滾了，然後他就用手掌托起水盆來，手上也沒有墊什麼就直接托著那一盆開水；那個不鏽鋼鍋很燙的，他就這樣托起來給大家看，然後又放回火爐上，水又立即滾開；他又拿起來放在手上。大家見了都信他有大神通，於是他要拐騙錢財就很容易了。然而那只是一個化學的原理而已，那水並不是眞的燒開，那水是有玄機的，那才四十幾度就開了，我們都以爲它高達一百度，眼見爲憑；但你看水盆中的水確實滾開了，水開了那當然是一百度，而一百度的開水可以直接拿在手上，但其實不是，那就是一個化學原理的幻術。

有的人則是搞魔術，達賴喇嘛以前也搞過魔術，當眾使身體飄浮起來；那眾生就吃這一套，有智慧的人譬如諸位就不看這個，看什麼呢？看你說出來的法有沒有合乎邏輯？有沒有合乎聖教？然後就看自己隨學之後是不是也可以實證，實證之後是否可以再三驗證，是否符合現量與聖教量，這就是有智慧的人。所以智顗大師有一句話講得很好：神通度俗人，智慧度學人。諸位願不願意當俗人？不願意喔！想來也是不願意，如果要當俗人就不進正覺來了。可是想當學人，進到正覺來，你必須要忍受我一天到晚指稱別人什麼法錯了，以及我接著所作的法義辨正。但我不作人身攻擊，我不是罵人，是作法義辨正；這個目的是在示現有沒有證量，可不可以從之受學，讓大家來作個判斷。如果講得天花亂墜，結果不可實證，結果不符聖教量也不符現量，再從比量來作觀察也通不過檢驗，那就是假的。所以咱們要當學人，不要當俗人，如來就這樣示現給我們看，所以 如來大多數時刻都禁止弟子們示現神通，因爲示現神通吸引來的通常只會是俗人，因此要大家只在三乘菩提上面去弘揚。如來就以天王、人王等有情來作證，說 如來得的是眞正的無上正等菩提，而 如來轉法輪也不是一切人、天所能作的。

世尊接著又預記說：「舍利弗！如是現事，如來滅後，我此阿耨多羅三藐三菩提，我諸弟子等欲廣流布，是諸惡人不能證明，亦復不能施與無畏。」現在不都印證 如來所說的了？也就是說，如來示現的這一些事情，在將來示現入滅以後，這無上正等正覺，如來的弟子們一心一意想要廣爲流布，在廣爲流布時，應該這些比丘們也可以實證，可是他們不能，因爲他們是破戒比丘、輕賤比丘，所以那一些惡人沒有辦法實證，更不可能明白，那他們當然也不可能在法上施給眾生無畏。

我說法二十年來不正是施給眾生無畏嗎？以前大家談到開悟的事馬上就退避三舍，口中說：「唉呀！我不行！」另外一種人是完全不知道開悟爲何事，卻到處嚷嚷，宣稱他開悟了。以前就是這兩個極端，這兩個極端中，其實一種是少數，另一種是多數；多數人對於實證菩提有所畏懼，心中恐怖；如果你要求他：「你要學佛，這一世無論如何要開悟。」我想如果哪個師父這樣要求，弟子們大概十個有九個會跑掉，大部分人都恐懼，都想：「我算哪根蔥？」不承認自己是人，老是說自己是哪根蔥——我怎麼可能？

不單如此，其實咱們出來弘法，把證悟的實質內涵解說清楚之後，佛教界都還有很多人說：「那蕭平實才不過學佛五年，說什麼他開悟了？」不也是這樣罵了嗎？哪一天他們要來責問我：「你學佛五年就說什麼開悟？」我就問他：「你知道我學佛幾年？」因爲那一些人只看這一世，他當然沒有機會開悟。所以我也常常告訴諸位說：「你到正覺來不能只看這一世，要看你往世可能修學佛法很多劫；但也可能才三、五劫，還要到下一劫才能開悟，也有可能。」但是在正法中待著不走，彌勒尊佛來人間時至少當阿羅漢，其實也不賴；就算不能開悟也沒有關係，只要不入涅槃，迴小向大繼續跟隨彌勒佛，久了總是會開悟的，所以學佛不能只看一世。

如果只看一世，我想那一些大法師都要去撞牆死掉了；他們少小出家，然後修行到現在七老八十了都還沒有悟，或者是悟錯了，心想：「蕭平實一個在家人懂什麼？學佛才不過五年，說什麼開悟？其誰能信！」偏偏就有諸位信了，因此諸位才有開悟的因緣，因爲學佛眞的不能只看一世。那麼這些惡比丘正因爲破戒壞法而且「輕賤於如來」，所以如來的證悟弟子們想要廣爲流布正法時，他們也想要開悟卻是沒辦法，因爲他們的因緣被自己破壞了。既然自己無法實證、無法明白——「不能證明」，如何能在法上施給眾生無畏呢？因此 世尊說他們：「亦復不能施與無畏。」

所以我說自己住世弘法二十幾年，其實也對佛教界作了一項無畏施，就是在佛法的實證上面使很多人開始無所畏懼。現在大家在會中努力修學，會外還有許多人沒有進到同修會來，但他們在書局去買每一本我的書好好去讀，好好去作功夫，好好去參究，表示心中對開悟事開始無所畏懼了。以前一談到開悟就退避三舍，現在對開悟有信心，表示他們對於實證般若無所畏懼！那他們這個無所畏懼從哪來的？從咱家書上布施的正法來。所以我賣書時作法布施以外，同時也就作了無畏施，讓眞正的學人在法上無所畏懼。

即使那一些讀了幾本我的書而自稱是阿羅漢的人，也等於接受了我的無畏施。那麼凡是在弘法上利樂眾生的人，一定同時布施了法上的無畏；這樣的布施功德最大，所以我才勉勵很多人說：「不管這一世能不能在會裡當上親教師，都得要發這個願，因爲這一世辦不到，未來世也許能辦到。」連成佛的願都發了，這個願竟不敢發，那不是很奇怪嗎？佛道無上誓願成，這願都發了，當親教師的願竟然不敢發，確實很奇怪。我也不是要求你們這一世就當老師，我們並沒有這樣要求；以前有位師姊，我說：「明年換妳上來帶一個新班。」結果她不告而別，就不來了，原來是個聲聞。我說：「奇怪？她爲什麼這樣子？」我還眞度錯人了。

也有一位法師，我說：「你身爲法師，來寫這一本書最恰當。」結果禪三破參回去以後，不是給我見道報告，而是給我一封信，說他要請長假。啊！我眞的瞎了眼，度這些聲聞人。所以度人時要看這個人對眾生有沒有利益，我以前不這樣看，所以今天要罵自己瞎了眼；現在我都要看這個人破參對眾生有沒有利益，先要衡量這一點。那麼這樣子說明，就是說作法布施同時也是無畏施；在法上「施與無畏」的人，必須要自己先有實證，實證的內涵必須要是無上正等正覺。所有的菩薩沒有誰很行，全都依止 如來才有無上正等正覺的妙法可以作法布施，也才可以因此而施與眾生法上的無畏。這就是如來這一段開示告訴我們的道理。那麼 如來接下來怎麼開示：

經文：【「舍利弗！譬如蜜瓶置四衢道，而作是言：『若人能食一毛頭者，常不老死。』爾時諸天世人各以刀杖衛護是瓶，時衛護者各作是言：『若或有人食一毛頭者，我等當殺。』舍利弗！中有一人竊作是念：『是瓶中蜜，食一毛頭則不老死，我今何爲惜死不噉？若得噉已，則便不畏諸衛護者，亦可常得無老病死。』如是定心不惜壽命，直詣瓶所，諸衛護者各持刀杖競欲殺之。舍利弗！是人若能刀杖未及，食一渧者，則免衰患，無復老死。如是，舍利弗！多有惡人魔及魔民欲滅我法，如來滅後若有人能隨順空法，通達無礙，則於諸法心無所得，成就上忍；爾時雖爲惡人所輕，沮壞其道；是人若能不惜身命勤行精進，通達諸法無生無作，則得度脫生老病死。舍利弗！蜜瓶是佛第一義法，諸天世人衛護瓶者，則是惡人樂行魔事；自失大利，亦遮他人行實相者失於大利。舍利弗！增上慢者皆是魔黨助成魔事，咸共譏訶無生無滅法。」】

語譯：【世尊又開示說：「舍利弗！譬如裝蜂蜜的瓶子置於十字街頭，而公開向大家說：『如果有人能吃這瓶裡的蜂蜜少至像一根頭髮的尖端那麼少，他就永遠是常而不老不死。』這時諸天以及世人各個都以利刀和木杖來衛護這個蜜瓶，那時衛護蜜瓶的人，每一個人都這麼說：『假使有人來吃上一毛頭的蜜，我們一定要把他殺掉。』舍利弗！其中有一個人心裡私下這麼想：『這瓶中的蜜，只要吃那麼一毛頭就不老不死，我如今到底爲了什麼而怕死不去吃它呢？如果能吃到，就不再畏懼那些衛護蜜瓶的人，也可以常、而得到不老不病不死。』就像這樣子心中決定而不惜壽命，於是他直接趣向蜜瓶的所在，那時所有衛護蜜瓶的人各個都持著木棍以及利刃急著想要殺害他。舍利弗！這個人如果能在刀與杖還沒有觸及他身體時，吃上一滴的話，就可以免去衰患，再也不老不死。就像是這樣子，舍利弗！有很多惡人、魔以及魔民，都想要壞滅我釋迦牟尼佛的正法，如來入滅之後如果有人能隨順於空這個勝妙法，而能通達並且無所障礙，就能處在諸法中而且心中都無所得，成就了上上之忍；那時雖然被惡人們所輕賤，並且破壞阻擾他所弘傳的法道；但是這個人如果能不惜身命精勤修行而非常精進，能通達諸法本來無生、本來無作，他就可以度脫生老病死。舍利弗！蜜瓶是譬喻諸佛的第一義諦勝妙之法，諸天世人衛護瓶的事，則是譬喻惡人樂於實行天魔所作的事；他們自己失掉了大利益，也遮止其他修行實相的人失掉了大利益。舍利弗！增上慢的人都是天魔的群黨，他們幫助天魔來成就壞法的魔事，他們全部都共同來譏笑、來訶斥無生無滅之法。」】

講義：蜜瓶就譬喻如來的第一義勝妙之法，這蜜瓶裡裝的這一些蜜就譬喻如來的一切種智，只要吃上那麼一滴——一毛頭上的極小一滴，是說你拿一根頭髮去沾那個蜜，一定戳不進去，就只有毛頭能碰到蜜，就這樣拿起來，那蜜是很少的；就只有吃上那麼一點點，這譬喻明心證悟了，就是一毛頭的蜜。

這一點點蜜，跟那一整瓶的蜜相差有多少？這譬喻諸位也要理解。往年常見有人才稍微懂一點，就宣稱他成佛了，都還沒有吃到一毛頭的蜜。例如釋印順《看見佛陀在人間》的傳記，譬如他的徒弟「宇宙大覺者」，他們有沒有吃上一毛頭的極微少的蜜？全都沒有。且不說這蜜瓶裡一毛頭的蜜，單說斷我見的一毛頭糖水，他與她都沒吃到。這樣說起來，增上慢者太多了。

而她們也眞的瞧不起 如來，浴佛時不用佛像來浴佛，竟然用自己的塑像來浴佛，這不是輕賤 如來嗎？而我們對 如來始終畢恭畢敬，這眞的無法想像，差太多了！

但是就算是眞的證悟了，心不退轉而入於第七住位常住不退，始終都有般若正觀現在眼前，也不過才一毛頭的蜜而已，比起那一整瓶的蜜還差得遠呢！所以諸位來到正覺，說幸福是很幸福，說倒楣也眞夠倒楣；因爲一般人的想法說：「**悟了就大事已畢，天下太平！**」每天墊三個枕頭睡覺——高枕無憂。所以在外面的人想法是說：「**我要是進了正覺，只要悟了，我就馬上跟蕭老師說莎喲娜拉、good-bye，good-bye。**」可是進來正覺三年、四年終於悟了以後，沒有辦法 say good-bye，夠倒楣吧？是倒楣啊！因爲在正覺證悟的人比比皆是，大家都說：「**喔！你悟了，才吃到一毛頭的蜜，不該滿足，我們都要吃完那一整瓶的蜜。**」這下才驚異地說：「**啊？原來還有一整瓶的蜜。**」

所以到最後終於瞭解：「**還有這麼多勝妙法等著我學。**」這時不再覺得倒楣，反倒是覺得好幸福：「**因爲不用自己摸索，平實導師都爲我安排好了，我只要一步一步去學就好。**」可是我想到自己，是誰爲我安排好了？我這一世可是自己摸索的啊！因為沒有人教過三乘菩提的任何一乘。但這只是表面的說法，實際上我就覺得我很幸福，因為 如來早為我安排好了，確實是這樣。假使不是 如來安排，那七十三年前我幹嘛生到鳥不生蛋的臺灣來？其實就是 如來安排的。所以這樣一步一步就走上來，同樣都幸福。所以你們跟我同樣幸福，我跟你們一樣幸福，不用抱怨，努力作事就是了。

那這一毛頭的蜜，跟一瓶蜜相比差太多了，所以我依據律部的經教說：證悟不退才只是第七住位，離入地都還遠著。當年我這麼判教時，臺灣與大陸佛教界都有人罵我，有好多人罵我：「你蕭平實明著在弘揚禪宗，其實是在暗貶禪宗。」說我貶抑禪宗。可是同一批人又罵我：「你宣稱證悟了，就說你多麼行，說你成佛了！」問題是我怎麼不知道我有宣稱成佛？因為我判定開悟明心只是七住位，眼見佛性是十住位，都還沒入地呢！然後他們又罵我說：「你這個人好傲慢，證悟有什麼了不得？」我判開悟明心只是第七住位，這樣有傲慢？眼見佛性才只是第十住位，這樣有傲慢喔？而那些被我評論的凡夫們各個都自稱成佛了，卻自認為沒有傲慢。所以同一批人講話自己掌嘴了還不知道痛，咱也無可奈何。

所以證悟了確確實實就只是第七住位而已，入地的事門兒都沒有，還有得等；因爲還有很多的法要學、很多的福德要修集，也還有許多的性障要滅除，怎麼能說一悟就入地了？所以吃了那一毛頭的蜜，就成爲「**常不老死**」，但這只是入門；就好像聯考考過而註冊成功了，卻還沒有開學，這有什麼可以傲人的？所以如來才說六住滿心位觸證到如來藏之後，「**般若波羅蜜正觀現在前**」，而且要有「**諸佛、菩薩、知識所護故**」才能常住不退，才是眞正的進入第七住成爲不退菩薩。生疑而退回第六住位就不算數了，要在第七住位常住，才算有般若正觀現前的人，否則一念生疑時，智慧就不見了，又退回到六住凡夫位去。那麼悟後要學的很多，因爲證悟才是那麼一毛頭的蜜而已。

可是話說回來，這一毛頭的蜜吃了就「**常不老死**」，那麼還沒有破參的人，你們可以去詢問增上班的同修們：「**聽說你在增上班，那你是吃了這一毛頭的蜜了。那你是不是常？是否眞的不老不死？**」他們一定告訴你說：「**是常，是不老不死。**」當你改天又說：「**欸！可是我看你證悟十年後，就老了十年，將來也要死啊！**」他這時也許心血來潮就告訴你：「**過來、過來，我**

把密意告訴你。」然後拎著你的耳朵說：「常，不老，不死。」一把就將你推開了！

確實如此，因為你吃了這一毛頭的解脫蜜，就看見全身了——整個法身現前。那十牛圖說要先看到腳跡，祂又不是眞的牛，哪來的腳跡？祂無形無色，怎麼會有腳跡？然後抓到牠的尾巴摸到牛屁股，抓到牠的後腿再往前摸索，漸漸才看到牛頭，眞是胡扯啊！這叫作瞎扯淡。那種佛法你聽起來一點味道都沒有，因為那完全是胡說八道，都是玄想、玄學。所以他說的佛法，聽來聽去都一樣，不是清淡少味，根本就是沒有味道；老是不斷地瞎扯又淡而無味，不叫瞎扯淡嗎？眞是言之無物。

那你如果實證了，就會知道：「原來般若正觀是這麼回事！」實證了以後，你看見這位師兄親證後十五年就老了十五年，不然看看這蕭老師，他以前剛開講《瑜伽師地論》時看起來這麼年輕，講了十幾年後現在是七十幾歲，變得這麼老了，明明是有老，怎麼沒有老？可是我告訴你：「就是不老，而且不死，眞的是常。」因為是依如來藏而說，不再依五陰而說了。所以我這一世悟了以後，沒有去檢查此世的師父到底悟或未悟，把報告寫了上去，我說：「信知從來不曾禮佛，信知從來不曾修行。」我想他讀了一定心裡想：「這蕭居士好大的膽子，敢大妄語，說他不曾禮佛；每次來我農禪寺，不都在大殿禮佛嗎？」一定這樣罵起來，只是不敢開口而罵在心裡吧。

我就說「信知從來不曾禮佛，信知從來不曾修行」，爲什麼才剛破參就敢這麼講？因爲我看見不老不死的心，這個不老不死的從來不修行，從來也不禮佛；對啊！確實如此。可是等到你來參禪時，我又問你：「唸佛的是誰？禮佛的是誰？」這不是很奇怪嗎？可是不奇怪，當你會了，全部都一樣，全都通了。就譬如那一大瓶的蜜也許五公升、也許一斗，一大瓶蜜在那一邊，你只要吃了一毛頭，就知道整瓶的蜜了。整瓶的蜜都是那個味道，不會有所不同而這樣說：「**我說上面的比較甜，下面的比較酸。**」不會這樣，所以法同一味。你只要眞的證悟了，一切人所悟跟你不同時他就是有問題，如果不是他有問題就是你自己悟錯了。因此實證者跟悟錯者之間不可能同流合污。

所以當你實證之後，會發覺自己五陰是假的。現在那一些大法師們在輪流說色是假的、外我所是假的、世間是假的，全都是生滅法，但他們何曾知道是假的？有誰出來講過離念靈知心或有念靈知心是假的？他們嘴巴說假的，其實心裡都認爲：「眞的！眞的！眞的！」所以信徒如果供養十萬塊錢，「這是眞的」，他不會說：「假的，把它丟了。」一定馬上收起來，然後就好好讚歎這個信徒。那時又不說是假的，然後都說：「我們這個覺知心，處處分明，是眞實不壞的。」何曾是假的？只有我們說是假有的，也只有我們才有資格說是假有的。可是在眾假之中無妨有一個眞實不壞的心，那個眞的叫作空；那個空就是蜜瓶裡所容納的蜂蜜，你只要嚐上這麼一點點，就知道整瓶的味道同樣都是這樣；至於悟後你如何把整瓶都吸收，那是你的事了。

可是你如果還沒有趣向蜜瓶，還沒有吃到那麼一毛頭，就被殺死了，不就是末法時代佛教界的模樣嗎？打從正覺弘法以來，有不少人說：「我要去學正覺的法，聽說那裡可以實證。」於是師父砍他一刀，師兄砍他一刀，師姊砍他一刀，大家都來砍他；他還沒有接觸到正覺這瓶蜂蜜就已經死了，進不來正覺了。就是這樣啊！可是有的人聰明，偷偷跑到正覺學，避過他們；等到他們發覺時，他已經吃到蜜了，於是砍不死。這時換他告訴他們：「是眞正的蜂蜜，我已經不老不死了，我也從來不生病。」這時他師父要砍他、師兄要砍他、師姊要砍他，都砍不著了，因爲沒辦法砍，只能聽他講了，沒開口的分兒，就是應該這樣學啊！

所以有智慧的人要想：「**這瓶中的蜜，我只要吃上這麼一毛頭，就不老也不死；既然這樣，我爲什麼怕死而不敢過去吃它呢？如果吃到就不再恐怖、不再畏懼那些保護蜜瓶的人；因爲我都已經吃到了，要砍我都砍不死了，從此已無老病死。**」要這樣心得決定而直接趣向蜜瓶。那趣向蜜瓶時可不要大搖大擺，要巧設方便避過他們，因爲每一個人都會來阻撓；這時你不能期待每一個人都很有智慧、能判斷正覺這個法是眞正勝妙法，不能這樣期待。要有心理準備：「**有許多人會反對我，要巧設方便規避這一些人的阻礙。**」這就是避免被這一些人以刀殺、以杖擊，保全性命可以在死前先吃上這一毛頭。

只要能吃上了一毛頭的蜜，接下來他們就無可奈何，是因爲你吃了這一毛頭蜜之後就有金剛般若；這金剛般若就等於金剛不壞身，那你有這個金剛不壞身以後，隨他們怎麼砍都行。他們用邪魔這一句話砍來，你就告訴他們什麼叫作邪魔；他們用外道這一句話砍來，你就告訴他們什麼叫外道。因爲這時你已經般若在胸，橫說豎說你都有理；說常也行、說無常也行，說老也得、說不老也得，說病也行、說不病也行，全都由著你說。這時他們對你無可奈何，空有「刀杖」而只能看著你乾瞪眼，然後蜜瓶在那裡，你就繼續吃吧。一毛頭吃不夠，用手指沾一下吃一吃，手指沾了吃不過癮，拿一支調羹，一湯匙又一湯匙地吃也行，應當要有這樣的決心。

那麼如來說：「到了末法時代『多有惡人魔及魔民欲滅我法，如來滅後若有人能隨順空法，通達無礙，則於諸法心無所得，成就上忍；』」如來示現入滅之後，弟子四眾想要隨順空法並不容易；空，千萬不要當作就是緣起性空。空有兩個意涵，第一個是「空性」，第二個是「空相」。空的本身有祂的自性，簡單的集合起來講，叫作「本來自性清淨涅槃」；空是因爲祂無形無色，但是祂卻有自性能生萬法，所以叫作「空性」。這個空性能生萬法，所生的萬法就示現出來緣起性空，其實依舊是祂，名爲「空相」。

從這一些所生的萬法示現出來，有一個法能夠藉各種緣來生起種種法，而所生的法其性本空，所生的法都歸屬於這個空性如來藏，所以本來就歸空性所有，一切所生法其性本空；而所生的法，緣生性空、無常故空，所以也說是空，叫作空相。因此空有兩個意涵：第一是空性，第二是空相。隨順於空這個法，必須要具足空性與空相兩個層面，隨順之後不是就天下太平了，而是要繼續修行通達無礙，因爲證悟般若之後而能夠安忍時，那只是下忍；你得要去設法發起種智，這才能稱爲上忍。

所以通達無礙之後，在諸法中心無所得。若是證悟之後藉著所悟的智慧和名聲或者身分去搞錢財，那麼請問他是不是眞的證悟者？（大眾回答：不是。）對！因爲他沒有轉依成功，還住在有所得的世間物欲中。轉依成功之後心無所得，那他一定看得很清楚：「這一些錢財，不過是一世之物，帶不去未來世，我把它據爲己有，將來要還三寶；等到未來世再還三寶的錢，比欠眾生的錢去未來世還還要恐怖，我千萬別幹傻事。」

所以有人建議我說：「老師！您都不讓人家供養，我供養個一千元、五千元的紅包，又不是大錢，那有什麼？」我說：「我這一開了例，以後就麻煩了！」爲什麼呢？因爲某甲聽說老師接受供養，那我也供養個五千元，未來世福德無量。那我接受了某甲供養，能拒絕某乙嗎？無法拒絕的。不能拒絕某乙，就不能拒絕某丙、某丁、某戊、某庚、某辛，可我未來世損減了多少福德？道業進展就更慢，對眾生就不會有更大的利益。所以我從來不接受任何錢財供養，原因就在這裡。因為這是因果律則所實行的範圍，諸佛也不能改變它，誰也不能改變它，可以確定的是你不要收就沒事。那你如果口袋裡剛好有一顆糖，見了蕭老師心中很歡喜而供養一顆糖，這是可以的，沒問題。道理就是這樣子。

所以要怎麼樣「**成就上忍**」，這真的不容易，因此證悟之後轉依成功了，一定是「**於諸法心無所得**」。如果看到錢財：「**唉呀！是真的，不是假的。**」就收了，那他證悟的「**無所得法**」在哪裡？就沒有了。如果我要弄錢財其實很容易，每買一間講堂，我先要求給我百分之五的回扣，那也能賺不少錢。可是收來幹嘛？我一餐只吃一碗飯，又不能改吃三碗；睡覺也只一張床，我也不能把床弄成像講堂這麼大；穿衣也是這一套，不可能因為有那麼多錢就穿十套，熱壞了。那又何苦來哉！這一世弄了很多錢財，帶不去未來世，下一世就當窮光蛋，人家看見說：「**哪有菩薩當窮光蛋的！**」一定是如此。

所以「**於諸法心無所得**」時，表現出來一定有身口意行讓人家可以觀察到，所以咱們不開供養這個例子，不是沒有原因的。因為你這例子一開，以後就沒完沒了。諸位有正知正見，懂得種福田；我難道自己不懂種福田，要去給人家種？所以諸位想種福田，可以在更大福田上種，比如護持正法、供養 如來、修除性障、尊敬師長、孝順父母、教養子女上面，都可以作的。不一定要在我身上種福田，因爲我怕貪的習氣種子復生，何況是悟後轉依時都無所得，還要貪個什麼？因此要能「於諸法心無所得，成就上忍」，這才能證明他的轉依是成功的，才算是眞悟的人，否則就是大妄語人。

但是 如來有附帶說：「爾時雖爲惡人所輕，沮壞其道；是人若能不惜身命勤行精進，通達諸法無生無作，則得度脫生老病死。」對啊！就是要這樣子修。因爲惡人雖然輕視於你，卻無妨你有自己的實證，因爲你的實證本質不是建立在惡人的口上；你的實證，是在自受用功德和他受用功德上顯示出來的，所以惡人雖然輕視你、設法來破壞你弘揚的法道，但是你必須要能「不惜身命勤行精進」。只要能使正法久住，只要能利樂更多的有情，在法上無所畏懼，那你就應該去作；而你「通達諸法無生無作」時，就可以「度脫生老病死」。但什麼是「諸法無生無作」？明明諸法有生有作，爲什麼叫作「無生無作」？時間又到了，咱們只能下週分解。

《佛藏經》我們上週講到三十六頁第一段的倒數第四行：「通達諸法無

生無作，則得度脫生老病死。」世尊如是宣示：「只要能通達**諸法無生無作**，他就可以度脫生老病死。」這樣的宣示，本來所有佛弟子都應該如實而具足信受，可是在末法時代卻有許多人號稱是佛弟子，而且出了家、受了三壇大戒，結果竟然說大乘經典都不是佛說，顯然他們是不信受的。那他們不信受的原因就是因爲不懂，如果有人要求他們承認不懂，那簡直比殺了他們還嚴重；因爲他們自詡爲出家的、專業的修行人，怎麼可能不懂？

就像我們弘法早期常常有一些法師說：「蕭平實他一個在家人，又修行沒幾年，就說他開悟，他懂什麼？」但是時間久了以後發覺：「這傢伙還眞懂！比對經典論典要來找毛病也找不出來。」找到最後發覺說：「原來是自己不懂，以前都誤會了經論的意涵！」所以漸漸地他們不說蕭平實不懂，以後凡是有人要求開悟，師父就跟弟子說：「你去正覺。」就完全轉變了。當然密宗假藏傳佛教外道就不談它，因爲他們不是佛弟子；聽說他們現在還是一天到晚說：「蕭平實是阿賴耶外道。」沒想到佛傳的正法正是阿賴耶識妙法，那這麼一來，到底誰才是外道？不言而喻啊！

但我今天講到這裡，就得把　如來這兩句話講清楚、說明白，未來不會再有人因爲不懂而誹謗說：「**大乘經不是佛說。**」因爲當他們誹謗大乘經非佛說時，表面看來好像沒有謗佛，其實正是謗佛；因爲這明明是佛說的，而且實證之後再來比對三乘諸經，也證明大乘經遠勝過二乘經非常多，沒有辦法用譬喻來形容勝過多少倍。那他們的意思等於是誹謗說：「**如來的智慧不如後世的佛弟子。**」因爲後世的佛弟子寫出來的這一些大乘經典，確實遠比二乘菩提的經典更勝妙無數倍，所以他們也等於是謗佛；同時也是謗法，因爲這明明是佛講的，而且是一一可以實證的，絕對不是戲論。

臺灣佛教界後來有一段時間，他們一直在否定眼見佛性的事，說眼見佛性的事沒有聖教根據。當我們提出來《大般涅槃經》的聖教時，他們又另外有別的說詞；但仍然是講不通，完全沒有合理性。在實證上我們又特地提出來：明心與眼見佛性是多麼不同，有多少個地方是不同的。所以那些爭執說「**明心就是見性，見性就是明心**」的人，漸漸地不說話了！不說話就是好事，因爲說越多，他們謗法的罪就越多。有一分人就是誤會了佛法，就把五祖、六祖說的「見自本性」那個見性，當作是眼見佛性的見性，那誤會就大了。

因爲那是截然不同的，六祖講的只是看見如來藏本自清淨的自性、能生萬法的自性……等，所以六祖說的見性指的是明心——看見如來藏的各種自性；不能拿祖師方便說的見性來評論正覺的眼見佛性，或套用在經典中 佛講的眼見佛性，說那就是明心。如果這樣，如來講眼見佛性的事不就變成戲論了嗎？可是 如來不會講戲論啊！而且我們也從實證的層面提出來明心跟見性有什麼不同，之後關於眼見佛性的諍論漸漸地減少，最後消失了。

所以佛法不是那麼容易理解的，因爲佛法的意涵非常深而又廣，沒有善知識的教導很容易誤會的。比如說：爲什麼菩薩六度要講「禪定」？而這個禪定有時又叫作「靜慮」，那麼禪定跟般若是同還是異？到底其中有什麼差別？那麼開悟明心了，開悟明心跟禪定又有什麼關聯？而禪定實證以後跟開悟明心到底一樣或不一樣？那麼開悟境界說是離見聞覺知、說是無分別，而禪定中仍有見聞覺知啊！那禪定有見聞覺知，有時卻又說有覺有觀、無覺有觀、無覺無觀，那這個無覺無觀跟般若開悟明心的無覺無觀的境界，到底是同還是異？喔？所以這裡面問題好多。要是沒有般若、禪定都實證的善知識出來講清楚，恐怕末法時代的佛教界到現在都還迷迷糊糊，都還混爲一譚。所以佛法不是那麼容易理解的。

那麼十幾年前臺灣佛教界常常有人講「般若甚深極甚深」，講得很好！確實甚深極甚深！可是講這句話的人，自己也不懂般若，也誤會了。而我們會裡現在（編案：這是二〇一六年八月十六日所說）有四百多位、將近五百位實證般若的人，我們也講「般若甚深極甚深」，因爲事實上祂是非常深妙難解的，連信受都難。可是實證而繼續進修以後，會發覺般若甚淺甚淺，就好像你在一個皇宮住久了，國王當久了以後你說當國王也沒什麼，那皇宮的深宮大院也沒什麼，那是因爲你已經習慣了。然而實際上般若確實甚深極甚深，所以以釋印順的才智，臺灣佛教界公推爲導師，結果他連般若也誤會了。

因此說，佛法確實是甚深難解的。那麼這兩句話 如來說：「**通達諸法無生無作，則得度脫生老病死。**」他們那些六識論的聲聞僧讀了以後，沒有辦法理解的緣故就毀謗。爲什麼會毀謗？因爲在他們的認知之中，一切諸法都是有生有作，都是生滅的，都是有作有爲，竟然 如來說「**諸法無生無作**」，而且要弟子們「**通達**」；從文字表面看起來好像是顛倒了，尤其那些所謂的阿含專家們特別去研讀阿含以後（四大部阿含總共兩千多部經典），從頭讀到尾，經中都說一切諸法生滅不住，都說一切諸法有爲有作，所以才要滅除，才能夠出離三界生死。

那麼為了滅除，要多辛苦修行，所以一定先修次法，所謂「施論、戒論、生天之論」，然後還要實際上去觀行「欲為不淨，上漏為患」，結果就是要把一切諸法全部滅盡，滅盡以後不再有來世，沒有任何一法存在時叫作「出離生死」。所以一切諸法都是有生有滅，都是有為有作，都是應該要滅除的。沒想到來到《般若經》、來到《方廣諸經》，竟然說「諸法無生無作」，甚至於如來還說「一切諸法無生無滅，本來自性涅槃」。這要怎麼理解啊？為什麼如來前後說法不同？他們就這樣懷疑起來了。

然而從實證的菩薩來看，如來前後三轉法輪的說法根本沒有不同，只是深淺差別廣狹有異，是他們不懂才會毀謗。那我們既然自稱懂得如來所說，總得要把它講清楚吧？總不能只說：「你不懂啦！我不告訴你。」這不算是實證的人，所以我們要講清楚諸法為什麼無生無作。一切諸法從入胎之後開始生起，入胎之後就有了名色；才剛入胎那時的「名」就只有意根一個法，所以那時的心就只有第七識意根；「色」就只是一顆肉眼都看不見的受精卵，經中叫作羯羅藍。如果意識是不滅的，他們剛入胎時應該知道說：「我現在住在母胎裡面，吃不到好吃的，我也聽不到好的音樂，什麼都沒有。」當時就應該知道，可是那時意識都還沒有出現啊！那時還只有意根。

意根可不是意識，沒有五別境中的大部分心所法，只有一個慧心所中的一點點而已，連反觀自己的能力都沒有，這時也不懂自己正住於母胎中。所以沒有誰是住在母胎中「清清楚楚、明明白白」還加上「處處作主」的。假使第八識眞如心就是清清楚楚、明明白白、處處作主的心，那麼住在母胎中一定會向媽媽抗議：「媽媽您今天怎麼沒有放音樂給我聽？」或者說：「媽媽您今天怎麼沒有說愛我？」一定要抗議的，因爲媽媽對他不理不睬。對吧？是喔！如果意識在，一定對媽媽整天動來動去很討厭，一定是這樣。所以那時的名色很簡單、也可以說很微小，也沒有什麼功能差別；可是畢竟還是名色，因爲意根在，也有受精卵在！

然後隨著日月如梭，很快的十個月到了就呱呱墮地，那時五陰十八界都具足了！於是一出生就哭，因爲受擠壓覺得痛苦。有沒有誰出生時笑嘻嘻的？如果出生時笑嘻嘻，人家會說那是妖怪；但如果出生時都沒動靜，哭也不哭的，醫生一定要打他屁股：「他太壞了！出生了也不讓人家知道他出生了，還以為他死了。」對吧？所以醫生要打他屁股，打得越痛越好，希望他可以醒過來。

那麼這樣十八界有了以後，就開始了知很多的法，一一法越來越多，這些都是法，六根、六塵、六識全都是法。接著有了知，由這十八界來了知生活上的許多事，那些也是法。當學生時要學更多，那也是法；接著一生有無量無邊法，學佛以後又知道六根、六塵、六識，又知道心所法……等，那這一些法明明都是有生的；除了意根是無始延續下來（未來是可滅的，假使你不是菩薩，意根未來是可滅的），但其他都是有生。「**有生則必有滅**」，這是永遠不能改變的至理。

「**有生則必有滅**」，請大家來看看世間的諸法：你聽了就過去了，你學懂了就過去了，你說了就過去了，你吃了就過去了，全部都會過去。那你出生了幾十年、一百年後也是死了，也是過去。且不談第八識如來藏，就只有一個從往世延續下來的叫作意根，除了這個意根，因為祂無始以來就是跟如來藏在一起，所以人死了祂不會滅，除了這個意根以外其他都會滅。但意根是這一世出生的嗎？不是！從往世來的，所以不能說祂有生；但祂可滅。

除了第七識意根與第八識如來藏，其他的都不能去到未來世，都只能存在一世。那麼請問：清清楚楚、明明白白是什麼心？是意識心，搭上五個識：眼、耳、鼻、舌、身。這六識心是有生之法，有生則必滅；既是有生必滅的法，怎麼可以說那叫作眞如？所以一定是糊塗蛋，還沒有很老就糊塗了；五十幾歲、六十幾歲就開始糊塗，所以叫作糊塗蛋。那釋印順則是老糊塗，他從年輕就糊塗，糊塗到一百零一歲死亡時還是糊塗，所以他是老糊塗。其他人都是七、八十歲死的，死後繼續糊塗；但他們比起釋印順來算是很年輕，那麼這樣看來顯然有生之法必滅。

所以有個婦人希望愛子可以死而復生，如來叫她挨家挨戶去問，看有哪一家從來沒死過人的，可以索取他家的香火來，兒子便可以復生。結果問了很多的人家，都沒有一家不曾死過人，那婦人才終於清醒過來：所有人有生即必有死。所以接生時很高興，兒媳婦生了一個金孫，高興死了，其實都用不著。所以我兩個女兒生了孩子，我沒有高興，只是好奇他長什麼樣子，想要瞧一瞧；可是我沒高興，因爲知道他是十個月前死了來出生的，這一世來跟我結這個緣，所以我沒有特別高興。但是我好奇說他長什麼模樣，想要端詳一下，因為終究要跟他結上這個緣，就好好待他們，未來世又可以度他們。因為很清楚知道是人家在別的地方死了才來我們家投胎，在今天出生；那麼十個月前曾經有個人家那邊是很哀傷的，那我想起來時能高興什麼？事實是這樣啊！所以在這邊高興時，顯然對不起十個月前某個人家，真的對不起那家人的哀傷。我覺得印度比較好，他們送終時不流眼淚，除非家人是意外或有什麼緣故突然離去，所以心中不忍；要不然你看他們送葬時，沒有誰是哭哭啼啼的，沒有誰是在那邊流眼淚的，他們認為人的輪迴就是這樣，這是平常事。所以我們有這個認知：「**有生必死、有生必滅。**」沒有任何一法生了以後可以長存。

既然是這樣，從三界的現象中來看，只要有生將來就必死；只要有生就必定受苦，不論是八苦或者是三苦，總之就是有苦。為了滅苦就得要把有生之法滅盡無餘，使它不再生；所以阿羅漢的無生就是死後不再出生，叫作無生忍。因為他的無生表示斷了我見、我執、我所執，所以他是人天應供，因此想要出離三界生死痛苦的人，就是要滅盡我所執，滅盡我見、我執，不再受生；滅盡一切法之後成為無餘涅槃，這是解脫道的必然。不可能讓誰可以留著某一個法繼續存在，不可能某個已生之法繼續存在不滅，而可以叫作涅槃，永遠都不可能。因爲那是外道涅槃，而外道涅槃不是眞實涅槃，那是虛妄想。

很多人證得阿羅漢而進入第二轉法輪時期，世尊開始說般若。般若諸經大家請出來讀時，好像都在告訴你說：一切法都是生滅的，一切法都是無自性空、不眞實。好像是這樣。好多人讀《般若經》時都是這樣認爲的，包括釋印順等聲聞僧。然而如果證得無餘涅槃也教授大家能證得無餘涅槃，宣講《般若經》時卻來告訴大家說一切都是虛無、無常，所以是空，那不等於同一個解脫的法重複來說嗎？等於是把《阿含經》說的解脫道重新講一遍；換個方式再講一遍而已，那不就是戲論嗎？

在釋印順他們的想法正是如此，所以他把《般若經》第二轉法輪時期的所有經典，判作「性空唯名」，意謂只是一些名相再講一講而已，講的就是一切諸法性空，沒有實質。可是他們眞的誤會了，因爲《金剛經》中講得很清楚：讀這一部經時不是執以爲虛，而是執以爲實，這就是菩薩。又說這個人已經過去供養過無量無數諸佛來到這一世了。那釋印順就是把它執以爲虛，認作是說一切都是空，空來空去，全部都緣生性空而歸於無。結果就誤會是跟《阿含經》講的一樣，所以他認爲般若部的所有《般若經》，講的只是一些名詞，只是把阿含部諸經的緣起性空再作一次表述，表述的內容是一切法的自性空。

對他們而言，佛說的般若諸經沒有意義，因爲有四阿含諸經講的就已經夠了，那其實是因爲他們讀不懂所以誤會；事實上般若諸經講的是一切法生住異滅的背後都是眞如心第八識如來藏的常恆不滅，是眞實法，所以講「**眞如雖生諸法而眞如不生，是名法身**」；既然有個眞如能生諸法，而眞如心自己從來無生，怎麼會是性空唯名呢？如來只是要大家把三十七道品所有的一切諸法，都一一來比對眞如，來看清楚一切諸法都是眞如所生，而這一切諸法都是生滅無常，但是這一切諸法都收歸到眞如來看時，這一切諸法就變成無生無滅；然後生滅的諸法從眞如來看時，生滅的諸法全都不存在，無一法可得。你用眞如看一切法時就沒有一切法可說，因爲眞如離見聞覺知，眞如無所得，所以從你轉依眞如之後來看一切法時，沒有一法可得。般若諸經是說這個意思。

但他們誤會了，就說《般若經》告訴我們：就是沒有一法可得，因爲一切法都是生滅無常，所以全部都是空。他們誤會得這麼離譜，所以在《般若經》中告訴我們：一切諸法都是眞如所生，也就是第八識如來藏所生，但因爲如來藏函蓋一切諸法，而一切諸法都在如來藏中生滅，所以依如來藏來看一切諸法時，一切諸法就是無生無滅。譬如一面明鏡，明鏡中看到很多影像在那邊活動，有一個家庭在那邊，那個老人死了，明鏡中的影像顯示老人死了。或者不說明鏡，因爲現在有電視可以形容，在電視機中演出一個家庭在生活，有一天那個老人死了，會是誰在說那老人死了？是旁邊的觀眾——是劇情中的其他人說老人死了，但電視機有沒有說：「我這裡面有一個老人死了。」會不會？絕對不會的；對電視機來講，那只是它的一部分，只是鏡面的影像而已，它自己也不了知那個影像；然後電視機中不久又出生一個嬰兒，一家子人中有個智者很高興說：「哇！我們爺爺來出生作孫子了。」看電視的人不會覺得自己家中眞的生了一個兒子，全都只是電視機中的那一些影像，影像中的他們一家人自己在那邊來來去去，就是這樣子；可是對電視機（如來藏）而言，沒有誰死了或重新出生了。

所以電視機的影像中顯示有人生、有人死，然而對電視機來講沒這回事，它就只是這樣把影像顯示出來而已，跟明鏡的現像是一樣的。因爲古時沒有電視機，所以用明鏡來講；明鏡不會說「張三來了然後離開了，李四來了又離開了」，不會這樣了知或這樣講。如來藏也是一樣，當你從如來藏來看：過去世我叫張三，這一世我叫蕭平實，未來世我叫李四。但是從如來藏的立場—站在如來藏的立場—來看待這三世的影像，而如來藏假使有知時，就會這樣看待說：三世影像只是影像，而我如來藏一直都在，而我所有的三世有情的影像不斷在生住異滅，但生住異滅的影像是我如來藏所擁有的，這就是智者轉依如來藏眞如心的所見。凡夫眾生不瞭解就說：「喔！我五陰的自己是眞的。」從來不知不覺明鏡如來藏的存在，因爲沒有智慧而不能證明有明鏡如來藏的存在。

假使一面鏡子中的影像人物都在主張自己是眞實常住的，每一個人都在說他們五陰是眞的，就沒有一個人認定明鏡是眞的。明鏡如果有智慧，將會怎麼樣？一氣之下把他們每人都一分一分漸漸滅掉，讓他們知道誰才是眞的。可是明鏡無知，明鏡無智，有一天在明鏡中的某人終於知道說：「原來明鏡才是眞的，我們自己五陰都是假的。」只有他出來講，鏡中的所有人根本沒有人信他：「明明我們是眞實常住的，你怎麼說我們是假的。」就是這樣。到後來苦口婆心、費盡唇舌，終於爲大家講清楚，也幫大家實證後：「果然還有一面明鏡，我們只是生活在明鏡裡。」原來是每一個人有一面古鏡，各自都住在自己的古鏡裡，藉著自己的古鏡去接觸別的古鏡裡的人。我這話，眞的好像在講夢話，但事實眞是這樣，佛說的眞實不虛。

所以禪宗祖師看見人家來，他扭頭就走，徒弟問：「師父！您都還沒跟人家打個招呼，怎麼就走了？」師父說：「我已經跟他打過招呼了。」有時徒弟始終都悟不了，每天來禮拜師父，師父都說：「沒看見，我沒看見他來。」明明徒弟每天都來禮拜，他卻每天說：「我沒看見他來。」爲什麼沒有看見他來？他明明有來禮拜師父啊！師父說：「因爲他看不見我啊！」可是有時善知識來時，雙方打個照面就各自離開了；不遠千里來會見，才這麼打個照面就走了，因爲他們互相見過眞人了。你們看怪不怪？徒弟每天來見，師父都說沒見；人家來這麼一照面走了，卻說已經見過了。

都是因爲每一個人各自揹著一面古鏡，這面鏡子也眞夠古，沒有年歲可以說的。世間人要是擁有古時的一面銅鏡，比如一千多年的古鏡，我就說這是老古董，價值連城；可是每一個人揹著一面古鏡，大家卻不認識。這面古鏡不是百千萬億無量阿僧祇劫的歲數可以說的，遠超過無數無數倍，因爲祂無始。而這一面古鏡出生了各人每一世的有情，上一輩子我在江浙生活，這一輩子來到臺灣，下輩子還要回到大陸去，那這個眞我到底是誰？要叫作前世的張三嗎？叫作今世的蕭平實？叫作後世的李四嗎？都不是，無可名狀，所以姑妄名之曰古鏡。因此人家如果問我說：「**你到底是什麼？**」我說：「**是古鏡。**」人家說：「**你姓古，名鏡？**」誤會了。

（未完，詳後第十五輯續說。）

佛教正覺同修會〈修學佛道次第表〉

第一階段

* 以憶佛及拜佛方式修習動中定力。
* 學第一義佛法及禪法知見。
* 無相拜佛功夫成就。
* 具備一念相續功夫—動靜中皆能看話頭。
* 努力培植福德資糧，勤修三福淨業。

第二階段

* 參話頭，參公案。
* 開悟明心，一片悟境。
* 鍛鍊功夫求見佛性。
* 眼見佛性〈餘五根亦如是〉親見世界如幻，成就如幻觀。
* 學習禪門差別智。
* 深入第一義經典。
* 修除性障及隨分修學禪定。
* 修證十行位陽焰觀。

第三階段

* 學一切種智真實正理—楞伽經、解深密經、成唯識論…。
* 參究末後句。
* 解悟末後句。
* 透牢關—親自體驗所悟末後句境界，親見實相，無得無失。
* 救護一切衆生迴向正道。護持了義正法，修證十迴向位如夢觀。
* 發十無盡願，修習百法明門，親證猶如鏡像現觀。
* 修除五蓋，發起禪定。持一切善法戒。親證猶如光影現觀。
* 進修四禪八定、四無量心、五神通。進修大乘種智，求證猶如谷響現觀。

佛菩提二主要道次第概要表——二道並修，以外無別佛法

佛菩提道——大菩提道

資糧位

十信位修集信心——一劫乃至一萬劫

初住位修集布施功德（以財施為主）。

二住位修集持戒功德。

三住位修集忍辱功德。

四住位修集精進功德。

五住位修集禪定功德。

六住位修集般若功德（熏習般若中觀及斷我見，加行位也）。

外門廣修六度萬行

七住位明心般若正觀現前，親證本來自性清淨涅槃。

八住位起於一切法現觀般若中道。漸除性障。

十住位眼見佛性，世界如幻觀成就。

見道位

一至十行位，於廣行六度萬行中，依般若中道慧，現觀陰處界猶如陽焰，至第十行滿心位，陽焰觀成就。

一至十迴向位熏習一切種智；修除性障，唯留最後一分思惑不斷。第十迴向滿心位成就菩薩道如夢觀。

內門廣修六度萬行

遠波羅蜜多

初地：第十迴向位滿心時，成就道種智一分（八識心王一一親證後，領受五法、三自性、七種第一義、七種性自性、二種無我法）復由勇發十無盡願，成通達位菩薩。復又永伏性障而不具斷，能證慧解脫而不取證，由大願故留惑潤生。此地主修法施波羅蜜多及百法明門。證「猶如鏡像」現觀，故滿初地心。

二地：初地功德滿足以後，再成就道種智一分而入二地；主修戒波羅蜜多及一切種智。滿心位成就「猶如光影」現觀，戒行自然清淨。

解脫道：二乘菩提

←斷三縛結，成初果解脫

←薄貪瞋癡，成二果解脫

←斷五下分結，成三果解脫

入地前的四加行令煩惱障現行悉斷，成四果解脫，留惑潤生。分段生死已斷，煩惱障習氣種子開始斷除，兼斷無始無明上煩惱。

近波羅蜜多 ｜ 大波羅蜜多 ｜ 圓滿波羅蜜多

修道位 ｜ 究竟位

三地：二地滿心再證道種智一分，故入三地。此地主修忍波羅蜜多及四禪八定、四無量心、五神通。能成就俱解脫果而不取證，留惑潤生。滿心位成就「猶如谷響」現觀及無漏妙定意生身。

四地：由三地再證道種智一分故入四地。主修精進波羅蜜多，於此土及他方世界廣度有緣，無有疲倦。進修一切種智，滿心位成就「如水中月」現觀。

五地：由四地再證道種智一分故入五地。主修禪定波羅蜜多及一切種智，斷除下乘涅槃貪。滿心位成就「變化所成」現觀。

六地：由五地再證道種智一分故入六地。此地主修般若波羅蜜多——依道種智現觀十二因緣一一有支及意生身化身，皆自心眞如變化所現，「非有似有」，成就細相觀，不由加行而自然證得滅盡定，成俱解脫大乘無學。

七地：由六地「非有似有」現觀，再證道種智一分故入七地。此地主修一切種智及方便波羅蜜多，由重觀十二有支一一支中之流轉門及還滅門一切細相，成就方便善巧，念念隨入滅盡定。滿心位證得「如犍闥婆城」現觀。

八地：由七地極細相觀成就故再證道種智一分而入八地。此地主修一切種智及願波羅蜜多。至滿心位純無相觀任運恆起，故於相土自在，滿心位復證「如實覺知諸法相意生身」故。

九地：由八地再證道種智一分故入九地。主修力波羅蜜多及一切種智，成就四無礙，滿心位證得「種類俱生無行作意生身」。

十地：由九地再證道種智一分故入此地。此地主修一切種智——智波羅蜜多。滿心位起大法智雲，及現起大法智雲所含藏種種功德，成受職菩薩。

等覺：由十地道種智成就故入此地。此地應修一切種智，圓滿等覺地無生法忍；於百劫中修集極廣大福德，以之圓滿三十二大人相及無量隨形好。

妙覺：示現受生人間已斷盡煩惱障一切習氣種子，並斷盡所知障一切隨眠，永斷變易生死無明，成就大般涅槃，四智圓明。人間捨壽後，報身常住色究竟天利樂十方地上菩薩；以諸化身利樂有情，永無盡期，成就究竟佛道。

圓滿成就究竟佛果

七地滿心斷除故意保留之最後一分思惑時，煩惱障所攝色、受、想三陰有漏習氣種子全部斷盡。

←

煩惱障所攝行、識二陰無漏習氣種子任運漸斷，所知障所攝上煩惱任運漸斷。

←

斷盡變易生死
成就大般涅槃

佛子**蕭平實** 謹製
（二〇〇九、〇二 修訂）
（二〇一二、〇二 增補）

佛教正覺同修會 共修現況 及 招生公告 2021/04/21

一、共修現況：（請在共修時間來電，以免無人接聽。）

台北正覺講堂 103 台北市承德路三段 277 號九樓 捷運淡水線圓山站旁 Tel..總機 02-25957295（晚上）（**分機：九樓**辦公室 10、11；知客櫃檯 12、13。 **十樓**知客櫃檯 15、16；書局櫃檯 14。 **五樓**辦公室 18；知客櫃檯 19。**二樓**辦公室 20；知客櫃檯 21。）Fax..25954493

第一講堂 台北市承德路三段 277 號九樓

禪淨班：週一晚班、週三晚班、週四晚班、週五晚班、週六下午班、週六上午班（共修期間二年半，全程免費。皆須報名建立學籍後始可參加共修，欲報名者詳見本公告末頁。）

增上班：瑜伽師地論詳解：單週六晚班。雙週六晚班（重播班）。17.50～20.50。平實導師講解，2003 年 2 月開講至今，僅限已明心之會員參加。

禪門差別智：每月第一週日全天 平實導師主講（事冗暫停）。

解深密經詳解 本經從六度波羅蜜多談到八識心王，再詳論大乘見道所證眞如，然後論及悟後進修的相見道位所觀七眞如，以及入地後的十地所修，乃至成佛時的四智圓明一切種智境界，皆是可修可證之法，流傳至今依舊可證，顯示佛法眞是義學而非玄談，淺深次第皆所論及之第一義諦妙義。已於 2021 年三月下旬起開講，由 平實導師詳解。每逢週二晚上開講，第一至第六講堂都可同時聽聞，歡迎菩薩種性學人，攜眷共同參與此殊勝法會現場聞法，不限制聽講資格。本會學員憑上課證進入第一至第四講堂聽講，會外學人請以身分證件換證進入聽講（此爲大樓管理處安全管理規定之要求，敬請諒解）；第五及第六講堂（B1、B2）對外開放，不需出示任何證件，請由大樓側門直接進入。

第二講堂 台北市承德路三段 267 號十樓。

禪淨班：週一晚班。

進階班：週三晚班、週四晚班、週五晚班、週六早班、週六下午班。禪淨班結業後轉入共修。

解深密經詳解：平實導師講解。每週二 18.50~20.50 影像音聲即時傳輸

第三講堂 台北市承德路三段 277 號五樓。

禪淨班：週六下午班。

進階班：週一晚班、週三晚班、週四晚班、週五晚班。

解深密經詳解：平實導師講解。每週二 18.50~20.50 影像音聲即時傳輸

第四講堂 台北市承德路三段 267 號二樓。

進階班：週一晚班、週三晚班、週四晚班（禪淨班結業後轉入共修）。

解深密經詳解：平實導師講解。每週二 18.50~20.50 影像音聲即時傳輸

第五、第六講堂

念佛班 每週日晚上，第六講堂共修（B2），一切求生極樂世界的三寶弟子皆可參加，不限制共修資格。

進階班：週一晚班、週三晚班、週四晚班。

解深密經詳解：平實導師講解。每週二 18.50~20.50 影像音聲即時傳輸。第五、第六講堂爲**開放式講堂**，不需以身分證件換證即可進入聽講，台北市承德路三段 267 號地下一樓、地下二樓。每逢週二晚上講經時段開放給會外人士自由聽經，請由大樓側面梯階逕行進入聽講。**聽講者請尊重講者的著作權及肖像權，請勿錄音錄影，以免違法；若有錄音錄影被查獲者，將依法處理。**

正覺祖師堂 大溪區美華里信義路 650 巷坑底 5 之 6 號（台 3 號省道 34 公里處 妙法寺對面斜坡道進入）電話 03-3886110 傳眞 03-3881692 本堂供奉 克勤圓悟大師，專供會員每年四月、十月各三次精進禪三共修，兼作本會出家菩薩掛單常住之用。開放參訪日期請參見本會公告。教內共修團體或道場，得另申請其餘時間作團體參訪，務請事先與常住確定日期，以便安排常住菩薩接引導覽，亦免妨礙常住菩薩之日常作息及修行。

桃園正覺講堂（第一、第二講堂）：桃園市介壽路 286、288 號 10 樓（陽明運動公園對面）電話：03-3749363（請於共修時聯繫，或與台北聯繫）

禪淨班：週一晚班（1）、週一晚班（2）、週三晚班、週四晚班、週五晚班。

進階班：週四晚班、週五晚班、週六上午班。

增上班：雙週六晚班（增上重播班）。

解深密經詳解：平實導師講解。每週二晚上，以台北正覺講堂所錄 DVD 放映；歡迎會外學人共同聽講，不需出示身分證件。

新竹正覺講堂 新竹市東光路 55 號二樓之一 電話 03-5724297（晚上）

第一講堂：

禪淨班：週五晚班。

進階班：週三晚班、週四晚班、週六上午班。由禪淨班結業後轉入共修

增上班：單週六晚班。雙週六晚班（重播班）。

解深密經詳解：平實導師講解。每週二晚上，以台北正覺講堂所錄 DVD 放映。歡迎會外學人共同聽講，不需出示身分證件。

第二講堂：

禪淨班：週一晚班、週三晚班、週四晚班、週六上午班。

解深密經詳解：每週二晚上與第一講堂同步播放講經 DVD。

第三、第四講堂：裝修完畢，即將開放。

台中正覺講堂 04-23816090（晚上）

第一講堂 台中市南屯區五權西路二段 666 號 13 樓之四（國泰世華銀行樓上。鄰近縣市經第一高速公路前來者，由五權西路交流道可以快速到達，大樓旁有停車場，對面有素食館）。

禪淨班：週四晚班、週五晚班。

進階班：週一晚班、週三晚班、週六上午班（由禪淨班結業後轉入共修）。

增上班：單週六晚班。雙週六晚班（重播班）。

解深密經詳解：平實導師講解。每週二晚上，以台北正覺講堂所錄 DVD 放映。歡迎會外學人共同聽講，不需出示身分證件。

第二講堂　台中市南屯區五權西路二段 666 號 4 樓

禪淨班：週一晚班、週三晚班。

第三講堂台中市南屯區五權西路二段 666 號 4 樓

禪淨班：週一晚班。

第四講堂台中市南屯區五權西路二段 666 號 4 樓。

進階班：週一晚班、週四晚班、週六上午班，由禪淨班結業後轉入共修

解深密經詳解：每週二晚上與第一講堂同步播放講經 DVD。

嘉義正覺講堂　嘉義市友愛路 288 號八樓之一　電話：05-2318228

第一講堂：

禪淨班：週四晚班、週五晚班、週六上午班。

進階班：週一晚班、週三晚班（由禪淨班結業後轉入共修）。

增上班：單週六晚班。雙週六晚班（重播班）。

解深密經詳解：平實導師講解。每週二晚上，以台北正覺講堂所錄 DVD 放映。歡迎會外學人共同聽講，不需出示身分證件。

第二講堂　嘉義市友愛路 288 號八樓之二。

第三講堂　嘉義市友愛路 288 號四樓之七。

禪淨班：週一晚班、週三晚班。

台南正覺講堂

第一講堂　台南市西門路四段 15 號 4 樓。06-2820541（晚上）

禪淨班：週一晚班、週三晚班、週四晚班、週五晚班、週六下午班。

增上班：單週六晚班。雙週六晚班（重播班）。

第二講堂　台南市西門路四段 15 號 3 樓。

解深密經詳解：每週二晚上與第三講堂同步播放講經 DVD。

第三講堂　台南市西門路四段 15 號 3 樓。

進階班：週一晚班、週三晚班、週四晚班、週五晚班（由禪淨班結業後轉入共修）。

解深密經詳解：平實導師講解。每週二晚上，以台北正覺講堂所錄 DVD 放映。歡迎會外學人共同聽講，不需出示身分證件。。

高雄正覺講堂　高雄市新興區中正三路 45 號五樓 07-2234248（晚上）

第一講堂（五樓）：

禪淨班：週一晚班、週三晚班、週四晚班、週五晚班、週六上午班。

增上班：單週六晚班。雙週六晚班（重播班）。

解深密經詳解：平實導師講解。每週二晚上，以台北正覺講堂所錄DVD放映。歡迎會外學人共同聽講，不需出示身分證件。

第二講堂（四樓）：

進階班：週三晚班、週四晚班、週六上午班（由禪淨班結業後轉入共修）。

解深密經詳解：每週二晚上與第一講堂同步播放講經DVD。

第三講堂（三樓）：

進階班：週四晚班（由禪淨班結業後轉入共修）。

香港正覺講堂

香港新界葵涌打磚坪街93號維京科技商業中心A座18樓。

電話：(852) 23262231

英文地址：18/F, Tower A, Viking Technology & Business Centre, 93 Ta Chuen Ping Street, Kwai Chung, N.T., Hong Kong.

禪淨班：雙週六下午班、雙週日下午班、單週六下午班、單週日下午班

進階班：雙週五晚上班、雙週日早上班（由禪淨班結業後轉入共修）。

增上班：每月第一週週日，以台北增上班課程錄成DVD放映之。

增上重播班：每月第一週週六，以台北增上班課程錄成DVD放映之。

大法鼓經詳解：平實導師講解。每週六、日19:00～21:00，以台北正覺講堂所錄DVD放映；歡迎會外學人共同聽講，不需出示身分證件。

美國洛杉磯正覺講堂　☆已遷移新址☆

825 S. Lemon Ave Diamond Bar, CA 91789 U.S.A.

Tel. (909) 595-5222（請於週六9:00~18:00之間聯繫）

Cell. (626) 454-0607

禪淨班：每逢週末16：00~18：00上課。

進階班：每逢週末上午10：00~12：00上課。

解深密經詳解：平實導師講解。每週六下午13：30~15：30以台北所錄DVD放映。歡迎各界人士共享第一義諦無上法益，不需報名。

二、招生公告　本會台北講堂及全省各講堂、香港講堂，每逢四月、十月下旬開新班，每週共修一次（每次二小時。開課日起三個月內仍可插班）；但美國洛杉磯共修處之禪淨班得隨時插班共修。各班共修期間皆為二年半，全程免費，欲參加者請向本會函索報名表（各共修處皆於共修時間方有人執事，非共修時間請勿電詢或前來洽詢、請書），或直接從本會官方網站(http://www.enlighten.org.tw/newsflash/class)或成佛之道網站下載報名表。共修期滿時，若經報名禪三審核通過者，可參加四天三夜之禪三精進共修，有機會明心、取證如來藏，發起般若實相智慧，成為實義菩薩，脫離凡夫菩薩位。

三、新春禮佛祈福 農曆年假期間停止共修：自農曆新年前七天起停止共修與弘法，正月 8 日起回復共修、弘法事務。新春期間正月初一～初七 9.00～17.00 開放台北講堂、正月初一~初三開放新竹、台中、嘉義、台南、高雄講堂，以及大溪禪三道場（正覺祖師堂），方便會員供佛、祈福及會外人士請書。美國洛杉磯共修處之休假時間，請逕詢該共修處。

密宗四大派修雙身法，是外道性力派的邪法；又以生滅的識陰作為常住法，是常見外道，是假的藏傳佛教。

西藏覺囊巴以他空見弘揚第八識如來藏勝法，才是真藏傳佛教

佛教正覺同修會　弘法行事表　2021/04/21

1、**禪淨班**　以無相念佛及拜佛方式修習動中定力，實證一心不亂功夫。傳授解脫道正理及第一義諦佛法，以及參禪知見。共修期間：二年六個月。每逢四月、十月開新班，詳見招生公告表。

2、**進階班**　禪淨班畢業後得轉入此班，進修更深入的佛法，期能證悟明心。各地講堂各有多班，繼續深入佛法、增長定力，悟後得轉入增上班修學道種智，期能證得無生法忍。

3、**增上班 瑜伽師地論**詳解　詳解論中所言凡夫地至佛地等 17 師之修證境界與理論，從凡夫地、聲聞地……宣演到諸地所證無生法忍、一切種智之眞實正理。由平實導師開講，每逢一、三、五週之週末晚上開示，僅限已明心之會員參加。2003 年二月開講至今，預定 2021 年講畢。

4、**解深密經**詳解　本經所說妙法極爲甚深難解，非唯論及佛法中心主旨的八識心王及般若實證之標的，亦論及眞見道之後轉入相見道位中應該修學之法，即是七眞如之觀行內涵，然後始可入地。亦論及見道之後，如何與解脫及佛菩提智相應，兼論十地進修之道，末論如來法身及四智圓明的一切種智境界。如是眞見道、相見道、諸地修行之義，傳至今時仍然可證，顯示佛法眞是義學而非玄談或思想，有實證之標的與內容，非諸思惟研究者之所能到，乃是離言絕句之第八識第一義諦妙義。已於 2021 年三月下旬開講，由平實導師詳解。不限制聽講資格。

5、**精進禪三**　主三和尚：平實導師。於四天三夜中，以克勤圓悟大師及大慧宗杲之禪風，施設機鋒與小參、公案密意之開示，幫助會員剋期取證，親證不生不滅之眞實心——人人本有之如來藏。每年四月、十月各舉辦三個梯次；平實導師主持。僅限本會會員參加禪淨班共修期滿，報名審核通過者，方可參加。並選擇會中定力、慧力、福德三條件皆已具足之已明心會員，給以指引，令得眼見自己無形無相之佛性遍佈山河大地，眞實而無障礙，得以肉眼現觀世界身心悉皆如幻，具足成就如幻觀，圓滿十住菩薩之證境。

6、**阿含經**詳解　選擇重要之阿含部經典，依無餘涅槃之實際而加以詳解，令大眾得以現觀諸法緣起性空，亦復不墮斷滅見中，顯示經中所隱說之涅槃實際—如來藏—確實已於四阿含中隱說；令大眾得以聞後觀行，確實斷除我見乃至我執，證得**見到**眞現觀，乃至**身證**……等眞現觀；已得大乘或二乘見道者，亦可由此聞熏及聞後之觀行，除斷我所之貪著，成就慧解脫果。由平實導師詳解。不限制聽講資格。

7、**成唯識論**詳解　詳解一切種智眞實正理，詳細剖析一切種智之微細深妙廣大正理；並加以舉例說明，使已悟之會員深入體驗所證如來藏之微密行相；及證驗見分相分與所生一切法，皆由如來藏—阿賴耶識—直接或展轉而生，因此證知一切法無我，證知無餘涅槃之本際。將於增上班《瑜伽師地論》講畢後，由平實導師重講。僅限已明心之會員參加。

8、**精選如來藏系經典**詳解　精選如來藏系經典一部，詳細解說，以此完全印證會員所悟如來藏之眞實，得入不退轉住。另行擇期詳細解說之，由平實導師講解。僅限已明心之會員參加。

9、**禪門差別智**　藉禪宗公案之微細淆訛難知難解之處，加以宣說及剖析，以增進明心、見性之功德，啓發差別智，建立擇法眼。每月第一週日全天，由平實導師開示，僅限破參明心後，復又眼見佛性者參加（事冗暫停）。

10、**枯木禪**　先講智者大師的《小止觀》，後說《釋禪波羅蜜》，詳解四禪八定之修證理論與實修方法，細述一般學人修定之邪見與岔路，及對禪定證境之誤會，消除枉用功夫、浪費生命之現象。已悟般若者，可以藉此而實修初禪，進入大乘通教及聲聞教的三果心解脫境界，配合應有的大福德及後得無分別智、十無盡願，即可進入初地心中。親教師：平實導師。未來緣熟時將於正覺寺開講。不限制聽講資格。

註：本會例行年假，自 2004 年起，改爲每年農曆新年前七天開始停息弘法事務及共修課程，農曆正月 8 日回復所有共修及弘法事務。新春期間（每日 9.00~17.00）開放台北講堂，方便會員禮佛祈福及會外人士請書。大溪區的正覺祖師堂，開放參訪時間，詳見〈正覺電子報〉或成佛之道網站。本表得因時節因緣需要而隨時修改之，不另作通知。

佛教正覺同修會　贈閱書籍 目錄　2021/8/30

1.**無相念佛**　平實導師著　回郵 36 元
2.**念佛三昧修學次第**　平實導師述著　回郵 52 元
3.**正法眼藏—護法集**　平實導師述著　回郵 76 元
4.**真假開悟簡易辨正法&佛子之省思**　平實導師著　回郵 26 元
5.**生命實相之辨正**　平實導師著　回郵 31 元
6.**如何契入念佛法門**（附：印順法師否定極樂世界）平實導師著　回郵 26 元
7.**平實書箋**—答元覽居士書　平實導師著　回郵 52 元
8.**三乘唯識**—如來藏系經律彙編　平實導師編　回郵 80 元
（精裝本　長 27 cm　寬 21 cm　高 7.5 cm　重 2.8 公斤）
9.**三時繫念全集**—修正本　回郵掛號 52 元（長 26.5 cm×寬 19 cm）
10.**明心與初地**　平實導師述　回郵 31 元
11.**邪見與佛法**　平實導師述著　回郵 36 元
12.**甘露法雨**　平實導師述　回郵 36 元
13.**我與無我**　平實導師述　回郵 36 元
14.**學佛之心態**—修正錯誤之學佛心態始能與正法相應 孫正德老師著 回郵52元
附錄：平實導師著《**略說八、九識並存…等之過失**》
15.**大乘無我觀**—《悟前與悟後》別說　平實導師述著　回郵 36 元
16.**佛教之危機**—中國台灣地區現代佛教之真相（附錄：公案拈提六則）
平實導師著　回郵 52 元
17.**燈　影**—燈下黑（覆「求教後學」來函等）平實導師著　回郵 76 元
18.**護法與毀法**—覆上平居士與徐恒志居士網站毀法二文
張正圜老師著　回郵 76 元
19.**淨土聖道**—兼評**選擇本願念佛**　正德老師著　**由正覺同修會購贈** 回郵 52 元
20.**辨唯識性相**—對「紫蓮心海《辯唯識性相》書中否定阿賴耶識」之回應
正覺同修會 台南共修處法義組 著　回郵 52 元
21.**假如來藏**—對法蓮法師《如來藏與阿賴耶識》書中否定阿賴耶識之回應
正覺同修會 台南共修處法義組 著　回郵 76 元
22.**入不二門**—公案拈提集錦 第一輯（於平實導師公案拈提諸書中選錄約二十則，
合輯為一冊流通之）平實導師著　回郵 52 元
23.**真假邪說**—西藏密宗索達吉喇嘛《破除邪說論》真是邪說
釋正安法師著　上、下冊回郵各 52 元
24.**真假開悟**—真如、如來藏、阿賴耶識間之關係　平實導師述著　回郵 76 元
25.**真假禪和**—辨正釋傳聖之謗法謬說　孫正德老師著　回郵 76 元
26.**眼見佛性**—駁慧廣法師**眼見佛性的含義**文中謬說
游正光老師著　回郵 52 元

27.**普門自在**—公案拈提集錦 第二輯（於平實導師公案拈提諸書中選錄約二十則，合輯爲一冊流通之）平實導師著 回郵52元

28.**印順法師的悲哀**—以現代禪的質疑為線索 恒毓博士著 回郵52元

29.**識蘊真義**—現觀識蘊內涵、取證初果、親斷三縛結之具體行門。
—依《成唯識論》及《唯識述記》正義，略顯安慧《大乘廣五蘊論》之邪謬
平實導師著 回郵76元

30.**正覺電子報** 各期紙版本 免附回郵 每次最多函索三期或三本。
(已無存書之較早各期，不另增印贈閱)

31.**現代人應有的宗教觀** 蔡正禮老師 著 回郵31元

32.**遠惑趣道**—正覺電子報般若信箱問答錄 第一輯 回郵52元

33.**遠惑趣道**—正覺電子報般若信箱問答錄 第二輯 回郵52元

34.**確保您的權益**—器官捐贈應注意自我保護 游正光老師 著 回郵31元

35.**正覺教團電視弘法三乘菩提 DVD 光碟（一）**
由正覺教團多位親教師共同講述錄製 DVD 8片，MP3 一片，共9片。有二大講題：一爲「三乘菩提之意涵」，二爲「學佛的正知見」。內容精闢，深入淺出，精彩絕倫，幫助大眾快速建立三乘法道的正知見，免被外道邪見所誤導。有志修學三乘佛法之學人不可不看。（製作工本費100元，回郵 52元）

36.**正覺教團電視弘法 DVD 專輯（二）**
總有二大講題：一爲「三乘菩提之念佛法門」，一爲「學佛正知見（第二篇）」，由正覺教團多位親教師輪番講述，內容詳細闡述如何修學念佛法門、實證念佛三昧，以及學佛應具有的正確知見，可以幫助發願往生西方極樂淨土之學人，得以把握往生，更可令學人快速建立三乘法道的正知見，免於被外道邪見所誤導。有志修學三乘佛法之學人不可不看。（一套17片，工本費160元。回郵 76元）

37.**喇嘛性世界**—揭開假藏傳佛教譚崔瑜伽的面紗 張善思 等人合著
由正覺同修會購贈 回郵52元

38.**假藏傳佛教的神話**—性、謊言、喇嘛教 張正玄教授編著
由正覺同修會購贈 回郵52元

39.**隨 緣**—理隨緣與事隨緣 平實導師述 回郵52元。

40.**學佛的覺醒** 正枝居士 著 回郵52元

41.**導師之真實義** 蔡正禮老師 著 回郵31元

42.**淺談達賴喇嘛之雙身法**—兼論解讀「密續」之達文西密碼
吳明芷居士 著 回郵31元

43.**魔界轉世** 張正玄居士 著 回郵31元

44.**一貫道與開悟** 蔡正禮老師 著 回郵31元

45.**博愛**—愛盡天下女人 正覺教育基金會 編印 回郵36元

46.**意識虛妄經教彙編**—實證解脫道的關鍵經文 正覺同修會編印 回郵36元

47.**邪箭囈語**—破斥藏密外道多識仁波切《破魔金剛箭雨論》之邪說

陸正元老師著　上、下冊回郵各52元

48.**真假沙門**—依 佛聖教闡釋佛教僧寶之定義

蔡正禮老師著　俟正覺電子報連載後結集出版

49.**真假禪宗**—藉評論釋性廣《印順導師對變質禪法之批判

及對禪宗之肯定》以顯示真假禪宗

附論一：凡夫知見 無助於佛法之信解行證

附論二：世間與出世間一切法皆從如來藏實際而生而顯

余正偉老師著　俟正覺電子報連載後結集出版　回郵未定

★ 上列贈書之郵資，係台灣本島地區郵資，大陸、港、澳地區及外國地區，請另計酌增（大陸、港、澳、國外地區之郵票不許通用）。尚未出版之書，請勿先寄來郵資，以免增加作業煩擾。

★ 本目錄若有變動，唯於後印之書籍及「成佛之道」網站上修正公佈之，不另行個別通知。

函索書籍請寄：佛教正覺同修會　103台北市承德路3段277號9樓
台灣地區函索書籍者請附寄郵票，無時間購買郵票者可以等值現金抵用，但不接受郵政劃撥、支票、匯票。大陸地區得以人民幣計算，國外地區請以美元計算（請勿寄來當地郵票，在台灣地區不能使用）。欲以掛號寄遞者，請另附掛號郵資。

親自索閱：正覺同修會各共修處。　★請於共修時間前往取書，餘時無人在道場，請勿前往索取；共修時間與地點，詳見書末正覺同修會共修現況表（以近期之共修現況表爲準）。

註：正智出版社發售之局版書，請向各大書局購閱。若書局之書架上已經售出而無陳列者，請向書局櫃台指定洽購；若書局不便代購者，請於正覺同修會共修時間前往各共修處請購，正智出版社已派人於共修時間送書前往各共修處流通。 郵政劃撥購書及 大陸地區 購書，請詳別頁正智出版社發售書籍目錄最後頁之說明。

成佛之道 網站：http://www.a202.idv.tw　正覺同修會已出版之結緣書籍，多已登載於 成佛之道 網站，若住外國、或住處遙遠，不便取得正覺同修會贈閱書籍者，可以從本網站閱讀及下載。

＊＊假藏傳佛教修雙身法，非佛教＊＊

正智出版社 籌募弘法基金發售書籍目錄 2020/11/14

1.**宗門正眼**—公案拈提 第一輯 重拈 平實導師著 500 元
因重寫內容大幅度增加故，字體必須改小，並增爲 576 頁 主文 546 頁。比初版更精彩、更有內容。初版《禪門摩尼寶聚》之讀者，可寄回本公司免費調換新版書。免附回郵，亦無截止期限。（2007 年起，每冊附贈本公司精製公案拈提〈超意境〉CD 一片。市售價格 280 元，多購多贈。）
2.**禪淨圓融** 平實導師著 200 元（第一版舊書可換新版書。）
3.**真實如來藏** 平實導師著 400 元
4.**禪—悟前與悟後** 平實導師著 上、下冊，每冊 250 元
5.**宗門法眼**—公案拈提 第二輯 平實導師著 500 元
（2007 年起，每冊附贈本公司精製公案拈提〈超意境〉CD 一片）
6.**楞伽經詳解** 平實導師著 全套共 10 輯 每輯 250 元
7.**宗門道眼**—公案拈提 第三輯 平實導師著 500 元
（2007 年起，每冊附贈本公司精製公案拈提〈超意境〉CD 一片）
8.**宗門血脈**—公案拈提 第四輯 平實導師著 500 元
（2007 年起，每冊附贈本公司精製公案拈提〈超意境〉CD 一片）
9.**宗通與說通**—成佛之道 平實導師著 主文 381 頁 全書 400 頁售價 300 元
10.**宗門正道**—公案拈提 第五輯 平實導師著 500 元
（2007 年起，每冊附贈本公司精製公案拈提〈超意境〉CD 一片）
11.**狂密與真密 一～四輯** 平實導師著 西藏密宗是人間最邪淫的宗教，本質不是佛教，只是披著佛教外衣的印度教性力派流毒的喇嘛教。此書中將西藏密宗密傳之男女雙身合修樂空雙運所有祕密與修法，毫無保留完全公開，並將全部喇嘛們所不知道的部分也一併公開。內容比大辣出版社喧騰一時的《西藏慾經》更詳細。並且函蓋藏密的所有祕密及其錯誤的中觀見、如來藏見……等，藏密的所有法義都在書中詳述、分析、辨正。每輯主文三百餘頁 每輯全書約 400 頁 售價每輯 300 元
12.**宗門正義**—公案拈提 第六輯 平實導師著 500 元
（2007 年起，每冊附贈本公司精製公案拈提〈超意境〉CD 一片）
13.**心經密意**—心經與解脫道、佛菩提道、祖師公案之關係與密意 平實導師述 300 元
14.**宗門密意**—公案拈提 第七輯 平實導師著 500 元
（2007 年起，每冊附贈本公司精製公案拈提〈超意境〉CD 一片）
15.**淨土聖道**—兼評「選擇本願念佛」 正德老師著 200 元
16.**起信論講記** 平實導師述著 共六輯 每輯三百餘頁 售價各 250 元
17.**優婆塞戒經講記** 平實導師述著 共八輯 每輯三百餘頁 售價各 250 元
18.**真假活佛**—略論附佛外道盧勝彥之邪說（對前岳靈犀網站主張「盧勝彥是證悟者」之修正） 正犀居士（岳靈犀）著 流通價 140 元
19.**阿含正義**—唯識學探源 平實導師著 共七輯 每輯 300 元

20.**超意境** CD 以平實導師公案拈提書中超越意境之頌詞，加上曲風優美的旋律，錄成令人嚮往的超意境歌曲，其中包括正覺發願文及平實導師親自譜成的黃梅調歌曲一首。詞曲雋永，殊堪翫味，可供學禪者吟詠，有助於見道。內附設計精美的彩色小冊，解說每一首詞的背景本事。每片 280 元。【每購買公案拈提書籍一冊，即贈送一片。】

21.**菩薩底憂鬱** CD 將菩薩情懷及禪宗公案寫成新詞，並製作成超越意境的優美歌曲。 1.主題曲〈菩薩底憂鬱〉，描述地後菩薩能離三界生死而迴向繼續生在人間，但因尚未斷盡習氣種子而有極深沈之憂鬱，非三賢位菩薩及二乘聖者所知，此憂鬱在七地滿心位方才斷盡；本曲之詞中所說義理極深，昔來所未曾見；此曲係以優美的情歌風格寫詞及作曲，聞者得以激發嚮往諸地菩薩境界之大心，詞、曲都非常優美，難得一見；其中勝妙義理之解說，已印在附贈之彩色小冊中。 2.以各輯公案拈提中直示禪門入處之頌文，作成各種不同曲風之超意境歌曲，值得玩味、參究；聆聽公案拈提之優美歌曲時，請同時閱讀內附之印刷精美說明小冊，可以領會超越三界的證悟境界；未悟者可以因此引發求悟之意向及疑情，眞發菩提心而邁向求悟之途，乃至因此眞實悟入般若，成眞菩薩。 3.正覺總持咒新曲，總持佛法大意；總持咒之義理，已加以解說並印在隨附之小冊中。本 CD 共有十首歌曲，長達 63 分鐘。每盒各附贈二張購書優惠券。每片 280 元。

22.**禪意無限** CD 平實導師以公案拈提書中偈頌寫成不同風格曲子，與他人所寫不同風格曲子共同錄製出版，幫助參禪人進入禪門超越意識之境界。盒中附贈彩色印製的精美解說小冊，以供聆聽時閱讀，令參禪人得以發起參禪之疑情，即有機會證悟本來面目而發起實相智慧，實證大乘菩提般若，能如實證知般若經中的眞實意。本 CD 共有十首歌曲，長達 69 分鐘，每盒各附贈二張購書優惠券。每片 280 元。

23.**我的菩提路**第一輯　釋悟圓、釋善藏等人合著　售價 300 元

24.**我的菩提路**第二輯　郭正益等人合著　售價 300 元（停售，俟改版後另行發售）

25.**我的菩提路**第三輯　王美伶等人合著　售價 300 元

26.**我的菩提路**第四輯　陳晏平等人合著　售價 300 元

27.**我的菩提路**第五輯　林慈慧等人合著　售價 300 元

28.**我的菩提路**第六輯　劉惠莉等人合著　售價 300 元

29.**我的菩提路**第七輯　余正偉等人合著　售價 300 元　預定 2021/6/30 出版

30.**鈍鳥與靈龜**—考證後代凡夫對大慧宗杲禪師的無根誹謗。

平實導師著 共 458 頁 售價 350 元

31.**維摩詰經講記** 平實導師述 共六輯 每輯三百餘頁 售價各 250 元

32.**真假外道**—破劉東亮、杜大威、釋證嚴常見外道見　正光老師著　200 元

33.**勝鬘經講記**—兼論印順《勝鬘經講記》對於《勝鬘經》之誤解。

平實導師述　共六輯　每輯三百餘頁　售價 250 元

34.**楞嚴經講記** 平實導師述 共**15**輯，每輯三百餘頁 售價300元
35.**明心與眼見佛性**—駁慧廣〈蕭氏「眼見佛性」與「明心」之非〉文中謬說
正光老師著 共448頁 售價300元
36.**見性與看話頭** 黃正倖老師 著，本書是禪宗參禪的方法論。
內文375頁，全書416頁，售價300元。
37.**達賴真面目**—玩盡天下女人 白正偉老師 等著 中英對照彩色精裝大本800元
38.**喇嘛性世界**—揭開假藏傳佛教譚崔瑜伽的面紗 張善思 等人著 200元
39.**假藏傳佛教的神話**—性、謊言、喇嘛教 正玄教授編著 200元
40.**金剛經宗通** 平實導師述 共九輯 每輯售價250元。
41.**空行母**—性別、身分定位，以及藏傳佛教。
珍妮·坎貝爾著 呂艾倫 中譯 售價250元
42.**末代達賴**—性交教主的悲歌 張善思、呂艾倫、辛燕編著 售價250元
43.**霧峰無霧**—給哥哥的信 辨正釋印順對佛法的無量誤解
游宗明 老師著 售價250元
44.**霧峰無霧**—第二輯—救護佛子向正道 細說釋印順對佛法的各類誤解
游宗明 老師著 售價250元
45.**第七意識與第八意識？**—穿越時空「超意識」
平實導師述 每冊300元
46.**黯淡的達賴**—失去光彩的諾貝爾和平獎
正覺教育基金會編著 每冊250元
47.**童女迦葉考**—論呂凱文〈佛教輪迴思想的論述分析〉之謬。
平實導師 著 定價180元
48.**人間佛教**—實證者必定不悖三乘菩提
平實導師 述，定價400元
49.**實相經宗通** 平實導師述 共八輯 每輯250元
50.**真心告訴您(一)**—達賴喇嘛在幹什麼？
正覺教育基金會編著 售價250元
51.**中觀金鑑**—詳述應成派中觀的起源與其破法本質
孫正德老師著 分為上、中、下三冊，每冊250元
52.**藏傳佛教要義**—《狂密與真密》之簡體字版 平實導師 著 上、下冊
僅在大陸流通 每冊300元
53.**法華經講義** 平實導師述 共二十五輯 每輯300元
已於2015/05/31起開始出版，每二個月出版一輯
54.**西藏「活佛轉世」制度**—附佛、造神、世俗法
許正豐、張正玄老師合著 定價150元
55.**廣論三部曲** 郭正益老師著 定價150元
56.**真心告訴您(二)**—達賴喇嘛是佛教僧侶嗎？
—補祝達賴喇嘛八十大壽
正覺教育基金會編著 售價300元

57.**次法**—實證佛法前應有的條件

張善思居士著　分為上、下二冊，每冊 250 元

58.**涅槃**—解說四種涅槃之實證及內涵　平實導師著 上、下冊 各 350 元

59.**山法**—西藏關於他空與佛藏之根本論

篤補巴·喜饒堅贊著　　傑弗里·霍普金斯英譯

張火慶教授、呂艾倫老師中譯　精裝大本 1200 元

60.**佛藏經講義**　平實導師述　2019 年 7 月 31 日開始出版　共 21 輯

每二個月出版一輯，每輯 300 元。

61.**假鋒虛焰金剛乘**—揭示顯密正理，兼破索達吉師徒《般若鋒兮金剛焰》

釋正安法師著 簡體字版 即將出版 售價未定

62.**廣論之平議**—宗喀巴《菩提道次第廣論》之平議　正雄居士著

約二或三輯　俟正覺電子報連載後結集出版　書價未定

63.**大法鼓經講義**　平實導師講述 《佛藏經講義》出版後發行，每輯 300 元

64.**不退轉法輪經講義** 平實導師講述 《大法鼓經講義》出版後發行

65.**八識規矩頌**詳解　○○居士 註解　出版日期另訂　書價未定。

66.**中觀正義**—註解平實導師《中論正義頌》。

○○法師（居士）著　出版日期未定　書價未定

67.**中論正義**—釋龍樹菩薩《中論》頌正理。

孫正德老師著　出版日期未定　書價未定

68.**中國佛教史**—依中國佛教正法史實而論。 ○○老師 著　書價未定。

69.**印度佛教史**—法義與考證。依法義史實評論印順《印度佛教思想史、佛教史地考論》之謬說　正偉老師著　出版日期未定　書價未定

70.**阿含經講記**—將選錄四阿含中數部重要經典全經講解之，講後整理出版。

平實導師述　約二輯　每輯 300 元　出版日期未定

71.**實積經講記** 平實導師述　每輯三百餘頁 優惠價 300 元 出版日期未定

72.**解深密經講義**　平實導師述 約四輯　將於重講後整理出版

73.**成唯識論略解**　平實導師著　五～六輯　每輯300 元　出版日期未定

74.**修習止觀坐禪法要講記**　　平實導師述　每輯三百餘頁

將於正覺寺建成後重講、以講記逐輯出版　出版日期未定

75.**無門關**—《無門關》公案拈提　平實導師著　出版日期未定

76.**中觀再論**—兼述印順《中觀今論》謬誤之平議。正光老師著 出版日期未定

77.**輪迴與超度**—佛教超度法會之真義。

○○法師（居士）著　出版日期未定　書價未定

78.**《釋摩訶衍論》平議**—對偽稱龍樹所造《釋摩訶衍論》之平議

○○法師（居士）著　出版日期未定　書價未定

79.**正覺發願文**註解—以真實大願為因 得證菩提

正德老師著　　出版日期未定　　書價未定

80.**正覺總持咒**—佛法之總持　　正圜老師著　出版日期未定　書價未定

81.**三自性**—依四食、五蘊、十二因緣、十八界法，說三性三無性。

作者未定　出版日期未定

82.**道品**—從三自性說大小乘三十七道品　　作者未定　出版日期未定
83.**大乘緣起觀**—依四聖諦七真如現觀十二緣起 作者未定　出版日期未定
84.**三德**—論解脫德、法身德、般若德。　作者未定　出版日期未定
85.**真假如來藏**—對印順《如來藏之研究》謬說之平議　作者未定 出版日期未定
86.**大乘道次第**　　作者未定　出版日期未定　書價未定
87.**四緣**—依如來藏故有四緣。　作者未定　出版日期未定
88.**空之探究**—印順《空之探究》謬誤之平議　作者未定 出版日期未定
89.**十法義**—論阿含經中十法之正義　　作者未定　出版日期未定
90.**外道見**—論述外道六十二見　　作者未定　　出版日期未定

正智出版社有限公司 書籍介紹

禪淨圓融：言淨土諸祖所未曾言，示諸宗祖師所未曾示；禪淨圓融，另闢成佛捷徑，兼顧自力他力，闡釋淨土門之速行易行道，亦同時揭櫫聖教門之速行易行道；令廣大淨土行者得免緩行難證之苦，亦令聖道門行者得以藉著淨土速行道而加快成佛之時劫。乃前無古人之超勝見地，非一般弘揚禪淨法門典籍也，先讀爲快。平實導師著 200元。

宗門正眼—公案拈提第一輯：繼承克勤圜悟大師碧巖錄宗旨之禪門鉅作。先則舉示當代大法師之邪說，消弭當代禪門大師鄉愿之心態，摧破當今禪門「世俗禪」之妄談；次則旁通教法，表顯宗門正理；繼以道之次第，消弭古今狂禪；後藉言語及文字機鋒，直示宗門入處。悲智雙運，禪味十足，數百年來難得一睹之禪門鉅著也。平實導師著　500元（原初版書《禪門摩尼寶聚》，改版後補充爲五百餘頁新書，總計多達二十四萬字，內容更精彩，並改名爲《宗門正眼》，讀者原購初版《禪門摩尼寶聚》皆可寄回本公司免費換新，免附回郵，亦無截止期限）（2007年起，凡購買公案拈提第一輯至第七輯，每購一輯皆贈送本公司精製公案拈提〈超意境〉CD一片，市售價格280元，多購多贈）。

禪—悟前與悟後：本書能建立學人悟道之信心與正確知見，圓滿具足而有次第地詳述禪悟之功夫與禪悟之內容，指陳參禪中細微淆訛之處，能使學人明自眞心、見自本性。若未能悟入，亦能以正確知見辨別古今中外一切大師究係眞悟？或屬錯悟？便有能力揀擇，捨名師而選明師，後時必有悟道之緣。一旦悟道，遲者七次人天往返，便出三界，速者一生取辦。學人欲求開悟者，不可不讀。　平實導師著。上、下冊共500元，單冊250元。

真實如來藏：如來藏眞實存在，乃宇宙萬有之本體，並非印順法師、達賴喇嘛等人所說之「唯有名相、無此心體」。如來藏是涅槃之本際，是一切有智之人竭盡心智、不斷探索而不能得之生命實相；是古今中外許多大師自以爲悟而當面錯過之生命實相。如來藏即是阿賴耶識，乃是一切有情本自具足、不生不滅之眞實心。當代中外大師於此書出版之前所未能言者，作者於本書中盡情流露、詳細闡釋。眞悟者讀之，必能增益悟境、智慧增上；錯悟者讀之，必能檢討自己之錯誤，免犯大妄語業；未悟者讀之，能知參禪之理路，亦能以之檢查一切名師是否眞悟。此書是一切哲學家、宗教家、學佛者及欲昇華心智之人必讀之鉅著。　平實導師著　售價400元。

宗門法眼—公案拈提第二輯：列舉實例，闡釋土城廣欽老和尚之悟處；並直示這位不識字的老和尚妙智橫生之根由，繼而剖析禪宗歷代大德之開悟公案，解析當代密宗高僧卡盧仁波切之錯悟證據，並例舉當代顯宗高僧、大居士之錯悟證據（凡健在者，爲免影響其名聞利養，皆隱其名）。藉辨正當代名師之邪見，向廣大佛子指陳禪悟之正道，彰顯宗門法眼。悲勇兼出，強捋虎鬚；慈智雙運，巧探驪龍；摩尼寶珠在手，直示宗門入處，禪味十足；若非大悟徹底，不能爲之。禪門精奇人物，允宜人手一冊，供作參究及悟後印證之圭臬。本書於2008年4月改版，增寫爲大約500頁篇幅，以利學人研讀參究時更易悟入宗門正法，以前所購初版首刷及初版二刷舊書，皆可免費換取新書。平實導師著　500元（2007年起，凡購買公案拈提第一輯至第七輯，每購一輯皆贈送本公司精製公案拈提〈超意境〉CD一片，市售價格280元，多購多贈）。

宗門道眼—公案拈提第三輯：繼宗門法眼之後，再以金剛之作略、慈悲之胸懷、犀利之筆觸，舉示寒山、拾得、布袋三大士之悟處，消弭當代錯悟者對於寒山大士……等之誤會及誹謗。　亦舉出民初以來與虛雲和尚齊名之蜀郡鹽亭袁煥仙夫子——南懷瑾老師之師，其「悟處」何在？並蒐羅許多眞悟祖師之證悟公案，顯示禪宗歷代祖師之睿智，指陳部分祖師、奧修及當代顯密大師之謬悟，作爲殷鑑，幫助禪子建立及修正參禪之方向及知見。假使讀者閱此書已，一時尚未能悟，亦可一面加功用行，一面以此宗門道眼辨別眞假善知識，避開錯誤之印證及歧路，可免大妄語業之長劫慘痛果報。欲修禪宗之禪者，務請細讀。平實導師著　售價500元（2007年起，凡購買公案拈提第一輯至第七輯，每購一輯皆贈送本公司精製公案拈提〈超意境〉CD一片，市售價格280元，多購多贈）。

楞伽經詳解：本經是禪宗見道者印證所悟眞僞之根本經典，亦是禪宗見道者悟後起修之依據經典；故達摩祖師於印證二祖慧可大師之後，將此經典連同佛缽祖衣一併交付二祖，令其依此經典佛示金言、進入修道位，修學一切種智。由此可知此經對於眞悟之人修學佛道，是非常重要之一部經典。此經能破外道邪說，亦破佛門中錯悟名師之謬說，亦破禪宗部分祖師之狂禪：不讀經典、一向主張「一悟即成究竟佛」之謬執。並開示愚夫所行禪、觀察義禪、攀緣如禪、如來禪等差別，令行者對於三乘禪法差異有所分辨；亦糾正禪宗祖師古來對於如來禪之誤解，嗣後可免以訛傳訛之弊。此經亦是法相唯識宗之根本經典，禪者悟後欲修一切種智而入初地者，必須詳讀。平實導師著，全套共十輯，已全部出版完畢，每輯主文約320頁，每冊約352頁，定價250元。

宗門血脈—公案拈提第四輯：末法怪象—許多修行人自以爲悟，每將無念靈知認作眞實；崇尚二乘法諸師及其徒衆，則將外於如來藏之緣起性空—無因論之無常空、斷滅空、一切法空—錯認爲 佛所說之般若空性。這兩種現象已於當今海峽兩岸及美加地區顯密大師之中普遍存在；人人自以爲悟，心高氣壯，便敢寫書解釋祖師證悟之公案，大多出於意識思惟所得，言不及義，錯誤百出，因此誤導廣大佛子同陷大妄語之地獄業中而不能自知。彼等書中所說之悟處，其實處處違背第一義經典之聖言量。彼等諸人不論是否身披袈裟，都非佛法宗門血脈，或雖有禪宗法脈之傳承，亦只徒具形式；猶如螟蛉，非眞血脈，未悟得根本眞實故。禪子欲知 佛、祖之眞血脈者，請讀此書，便知分曉。平實導師著，主文452頁，全書464頁，定價500元（2007年起，凡購買公案拈提第一輯至第七輯，每購一輯皆贈送本公司精製公案拈提〈超意境〉CD一片，市售價格280元，多購多贈）。

宗通與說通：古今中外，錯誤之人如麻似粟，每以常見外道所說之靈知心，認作眞心；或妄想虛空之勝性能量爲眞如，或錯認物質四大元素藉冥性（靈知心本體）能成就吾人色身及知覺，或認初禪至四禪中之了知心爲不生不滅之涅槃心。此等皆非通宗者之見地。復有錯悟之人一向主張「宗門與教門不相干」，此即尚未通達宗門之人也。其實宗門與教門互通不二，宗門所證者乃是眞如與佛性，故教門所說者乃說宗門證悟之眞如佛性，故教門與宗門不二。本書作者以宗教二門互通之見地，細說「宗通與說通」，從初見道至悟後起修之道、細說分明；並將諸宗諸派在整體佛教中之地位與次第，加以明確之教判，學人讀之即可了知佛法之梗概也。欲擇明師學法之前，允宜先讀。平實導師著，主文共381頁，全書392頁，只售成本價300元。

宗門正道—公案拈提第五輯：修學大乘佛法有二果須證—解脫果及大菩提果。二乘人不證大菩提果，唯證解脫果；此果之智慧，名爲聲聞菩提、緣覺菩提。大乘佛子所證二果之菩提果爲佛菩提，故名大菩提果，其慧名爲一切種智—函蓋二乘解脫果。然此大乘二果修證，須經由禪宗之宗門證悟方能相應。而宗門證悟極難，自古已然；其所以難者，咎在古今佛教界普遍存在三種邪見：1.以修定認作佛法，2.以無因論之緣起性空—否定涅槃本際如來藏以後之一切法空作爲佛法，3.以常見外道邪見（離語言妄念之靈知性）作爲佛法。 如是邪見，或因自身正見未立所致，或因邪師之邪教導所致，或因無始劫來虛妄熏習所致。若不破除此三種邪見，永劫不悟宗門眞義、不入大乘正道，唯能外門廣修菩薩行。 平實導師於此書中，有極爲詳細之說明，有志佛子欲摧邪見、入於內門修菩薩行者，當閱此書。主文共496頁，全書512頁。售價500元（2007年起，凡購買公案拈提第一輯至第七輯，每購一輯皆贈送本公司精製公案拈提〈超意境〉CD一片，市售價格280元，多購多贈）。

狂密與真密：密教之修學，皆由有相之觀行法門而入，其最終目標仍不離顯教經典所說第一義諦之修證；若離顯教第一義經典、或違背顯教第一義經典，即非佛教。西藏密教之觀行法，如灌頂、觀想、遷識法、寶瓶氣、大聖歡喜雙身修法、喜金剛、無上瑜伽、大樂光明、樂空雙運等，皆是印度教兩性生生不息思想之轉化，自始至終皆以如何能運用交合淫樂之法達到全身受樂爲其中心思想，純屬欲界五欲的貪愛，不能令人超出欲界輪迴，更不能令人斷除我見；何況大乘之明心與見性，更無論矣！故密宗之法絕非佛法也。而其明光大手印、大圓滿法教，又皆同以常見外道所說離語言妄念之無念靈知心錯認爲佛地之眞如，不能直指不生不滅之眞如。西藏密宗所有法王與徒衆，都尚未開頂門眼，不能辨別眞僞，以依人不依法、依密續不依經典故，不肯將其上師喇嘛所說對照第一義經典，純依密續之藏密祖師所說爲準，因此而誇大其證德與證量，動輒謂彼祖師上師爲究竟佛、爲地上菩薩；如今台海兩岸亦有自謂其師證量高於 釋迦文佛者，然觀其師所述，猶未見道，仍在觀行即佛階段，尚未到禪宗相似即佛、分證即佛階位，竟敢標榜爲究竟佛及地上法王，誑惑初機學人。凡此怪象皆是狂密，不同於眞密之修行者。近年狂密盛行，密宗行者被誤導者極衆，動輒自謂已證佛地眞如，自視爲究竟佛，陷於大妄語業中而不知自省，反謗顯宗眞修實證者之證量粗淺；或如義雲高與釋性圓…等人，於報紙上公然誹謗眞實證道者爲「騙子、無道人、人妖、癩蛤蟆…」等，造下誹謗大乘勝義僧之大惡業；或以外道法中有爲有作之甘露、魔術……等法，誑騙初機學人，狂言彼外道法爲眞佛法。如是怪象，在西藏密宗及附藏密之外道中，不一而足，舉之不盡，學人宜應愼思明辨，以免上當後又犯毀破菩薩戒之重罪。密宗學人若欲遠離邪知邪見者，請閱此書，即能了知密宗之邪謬，從此遠離邪見與邪修，轉入眞正之佛道。 平實導師著 共四輯 每輯約400頁（主文約340頁） 每輯售價300元。

宗門正義—公案拈提第六輯：佛教有六大危機，乃是藏密化、世俗化、膚淺化、學術化、宗門密意失傳、悟後進修諸地之次第混淆；其中尤以宗門密意之失傳，爲當代佛教最大之危機。由宗門密意失傳故，易令 世尊本懷普被錯解，易令 世尊正法被轉易爲外道法，以及加以淺化、世俗化，是故宗門密意之廣泛弘傳與具緣佛弟子，極爲重要。然而欲令宗門密意之廣泛弘傳予具緣之佛弟子者，必須同時配合錯誤知見之解析、普令佛弟子知之，然後輔以公案解析之直示入處，方能令具緣之佛弟子悟入。而此二者，皆須以公案拈提之方式爲之，方易成其功、竟其業，是故平實導師續作宗門正義一書，以利學人。 全書500餘頁，售價500元（2007年起，凡購買公案拈提第一輯至第七輯，每購一輯皆贈送本公司精製公案拈提〈超意境〉CD一片，市售價格280元，多購多贈）。

心經密意—心經與解脫道、佛菩提道、祖師公案之關係與密意。 二乘菩提所證之解脫道，實依第八識心之斷除煩惱障現行而立解脫之名；大乘菩提所證之佛菩提道，實依親證第八識如來藏之涅槃性、清淨自性、及其中道性而立般若之名；禪宗祖師公案所證之眞心，即是此第八識如來藏；是故三乘佛法所修所證之三乘菩提，皆依此如來藏心而立名也。此第八識心，即是《心經》所說之心也。證得此如來藏已，即能漸入大乘佛菩提道，亦可因證知此心而了知二乘無學所不能知之無餘涅槃本際，是故《心經》之密意，與三乘佛菩提之關係極爲密切、不可分割，三乘佛法皆依此心而立名故。今者平實導師以其所證解脫道之無生智及佛菩提之般若種智，將《心經》與解脫道、佛菩提道、祖師公案之關係與密意，以演講之方式，用淺顯之語句和盤托出，發前人所未言，呈三乘菩提之眞義，令人藉此《心經密意》一舉而窺三乘菩提之堂奧，迥異諸方言不及義之說；欲求眞實佛智者、不可不讀！主文317頁，連同跋文及序文…等共384頁，售價300元。

宗門密意—公案拈提第七輯：佛教之世俗化，將導致學人以信仰作爲學佛，則將以感應及世間法之庇祐，作爲學佛之主要目標，不能了知學佛之主要目標爲親證三乘菩提。大乘菩提則以般若實相智慧爲主要修習目標，以二乘菩提解脫道爲附帶修習之標的；是故學習大乘法者，應以禪宗之證悟爲要務，能親入大乘菩提之實相般若智慧中故，般若實相智慧非二乘聖人所能知故。此書則以台灣世俗化佛教之三大法師，說法似是而非之實例，配合眞悟祖師之公案解析，提示證悟般若之關節，令學人易得悟入。平實導師著，全書五百餘頁，售價500元（2007年起，凡購買公案拈提第一輯至第七輯，每購一輯皆贈送本公司精製公案拈提〈超意境〉CD一片，市售價格280元，多購多贈）。

淨土聖道—兼評選擇本願念佛：佛法甚深極廣，般若玄微，非諸二乘聖僧所能知之，一切凡夫更無論矣！所謂一切證量皆歸淨土是也！是故大乘法中「聖道之淨土、淨土之聖道」，其義甚深，難可了知；乃至眞悟之人，初心亦難知也。今有正德老師眞實證悟後，復能深探淨土與聖道之緊密關係，憐憫衆生之誤會淨土實義，亦欲利益廣大淨土行人同入聖道，同獲淨土中之聖道門要義，乃振奮心神、書以成文，今得刊行天下。主文279頁，連同序文等共301頁，總有十一萬六千餘字，正德老師著，成本價200元。

起信論講記：詳解大乘起信論心生滅門與心眞如門之眞實意旨，消除以往大師與學人對起信論所說心生滅門之誤解，由是而得了知眞心如來藏之非常非斷中道正理；亦因此一講解，令此論以往隱晦而被誤解之眞實義，得以如實顯示，令大乘佛菩提道之正理得以顯揚光大；初機學者亦可藉此正論所顯示之法義，對大乘法理生起正信，從此得以眞發菩提心，眞入大乘法中修學，世世常修菩薩正行。平實導師演述，共六輯，都已出版，每輯三百餘頁，售價各250元。

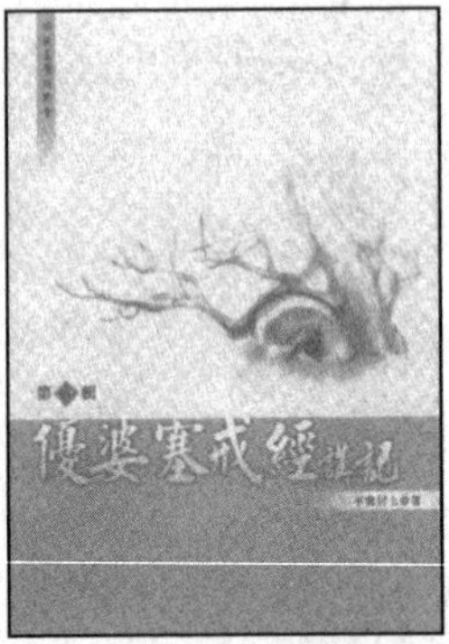

優婆塞戒經講記：本經詳述在家菩薩修學大乘佛法，應如何受持菩薩戒？對人間善行應如何看待？對三寶應如何護持？應如何正確地修集此世後世證法之福德？應如何修集後世「行菩薩道之資糧」？並詳述第一義諦之正義：五蘊非我非異我、自作自受、異作異受、不作不受……等深妙法義，乃是修學大乘佛法、行菩薩行之在家菩薩所應當了知者。出家菩薩今世或未來世登地已，捨報之後多數將如華嚴經中諸大菩薩，以在家菩薩身而修行菩薩行，故亦應以此經所述正理而修之，配合《楞伽經、解深密經、楞嚴經、華嚴經》等道次第正理，方得漸次成就佛道；故此經是一切大乘行者皆應證知之正法。平實導師講述，每輯三百餘頁，售價各250元；共八輯，已全部出版。

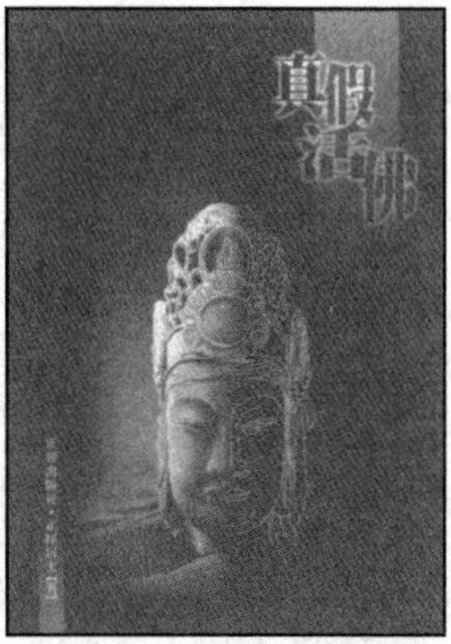

真假活佛—略論附佛外道盧勝彥之邪說：人人身中都有眞活佛，永生不滅而有大神用，但衆生都不了知，所以常被身外的西藏密宗假活佛籠罩欺瞞。本來就眞實存在的眞活佛，才是眞正的密宗無上密！諾那活佛因此而說禪宗是大密宗，但藏密的所有活佛都不知道、也不曾實證自身中的眞活佛。本書詳實宣示眞活佛的道理，舉證盧勝彥的「佛法」不是眞佛法，也顯示盧勝彥是假活佛，直接的闡釋第一義佛法見道的眞實正理。眞佛宗的所有上師與學人們，都應該詳細閱讀，包括盧勝彥個人在內。正犀居士著，優惠價140元。

阿含正義—唯識學探源：廣說四大部《阿含經》諸經中隱說之眞正義理，一一舉示佛陀本懷，令阿含時期初轉法輪根本經典之眞義，如實顯現於佛子眼前。並提示末法大師對於阿含眞義誤解之實例，一一比對之，證實唯識增上慧學確於原始佛法之阿含諸經中已隱覆密意而略說之，證實 世尊確於原始佛法中已曾密意而說第八識如來藏之總相；亦證實 世尊在四阿含中已說此藏識是名色十八界之因、之本—證明如來藏是能生萬法之根本心。佛子可據此修正以往受諸大師（譬如西藏密宗應成派中觀師：印順、昭慧、性廣、大願、達賴、宗喀巴、寂天、月稱、……等人）誤導之邪見，建立正見，轉入正道乃至親證初果而無困難；書中並詳說三果所證的心解脫，以及四果慧解脫的親證，都是如實可行的具體知見與行門。全書共七輯，已出版完畢。平實導師著，每輯三百餘頁，售價300元。

超意境CD：以平實導師公案拈提書中超越意境之頌詞，加上曲風優美的旋律，錄成令人嚮往的超意境歌曲，其中包括正覺發願文及平實導師親自譜成的黃梅調歌曲一首。詞曲雋永，殊堪翫味，可供學禪者吟詠，有助於見道。內附設計精美的彩色小冊，解說每一首詞的背景本事。每片280元。【每購買公案拈提書籍一冊，即贈送一片。】

我的菩提路第一輯：凡夫及二乘聖人不能實證的佛菩提證悟，末法時代的今天仍然有人能得實證，由正覺同修會釋悟圓、釋善藏法師等二十餘位實證如來藏者所寫的見道報告，已爲當代學人見證宗門正法之絲縷不絕，證明大乘義學的法脈仍然存在，爲末法時代求悟般若之學人照耀出光明的坦途。由二十餘位大乘見道者所繕，敘述各種不同的學法、見道因緣與過程，參禪求悟者必讀。全書三百餘頁，售價300元。

我的菩提路第二輯：由郭正益老師等人合著，書中詳述彼等諸人歷經各處道場學法，一一修學而加以檢擇之不同過程以後，因閱讀正覺同修會、正智出版社書籍而發起抉擇分，轉入正覺同修會中修學；乃至學法及見道之過程，都一一詳述之。（本書暫停發售，俟改版重新發售流通。）

我的菩提路第三輯：由王美伶老師等人合著。自從正覺同修會成立以來，每年夏初、冬初都舉辦精進禪三共修，藉以助益會中同修們得以證悟明心發起般若實相智慧；凡已實證而被平實導師印證者，皆書具見道報告用以證明佛法之眞實可證而非玄學，證明佛法並非純屬思想、理論而無實質，是故每年都能有人證明正覺同修會的「實證佛教」主張並非虛語。特別是眼見佛性一法，自古以來中國禪宗祖師實證者極寡，較之明心開悟的證境更難令人信受；至2017年初，正覺同修會中的證悟明心者已近五百人，然而其中眼見佛性者至今唯十餘人爾，可謂難能可貴，是故明心後欲冀眼見佛性者實屬不易。黃正倖老師是懸絕七年無人見性後的第一人，她於2009年的見性報告刊於本書的第二輯中，爲大衆證明佛性確實可以眼見；其後七年之中求見性者都屬解悟佛性而無人眼見，幸而又經七年後的2016冬初，以及2017夏初的禪三，復有三人眼見佛性，希冀鼓舞四衆佛子求見佛性之大心，今則具載一則於書末，顯示求見佛性之事實經歷，供養現代佛教界欲得見性之四衆弟子。全書四百頁，售價300元，已於2017年6月30日發行。

我的菩提路第四輯：由陳晏平等人著。中國禪宗祖師往往有所謂「見性」之言，所言多屬看見如來藏具有能令人發起成佛之自性，並非《大般涅槃經》中 如來所說之眼見佛性。眼見佛性者，於親見佛性之時，即能於山河大地眼見自己佛性，亦能於他人身上眼見自己佛性及對方之佛性，如是境界無法爲尚未實證者解釋；勉強說之，縱使眞實明心證悟之人聞之，亦只能以自身明心之境界想像之，但不論如何想像多屬非量，能有正確之比量者亦是稀有，故說眼見佛性極爲困難。眼見佛性之人若所見極分明時，在所見佛性之境界下所眼見之山河大地、自己五蘊身心皆是虛幻，自有異於明心者之解脫功德受用，此後永不思證二乘涅槃，必定邁向成佛之道而進入第十住位中，已超第一阿僧祇劫三分有一，可謂之爲超劫精進也。今又有明心之後眼見佛性之人出於人間，將其明心及後來見性之報告，連同其餘證悟明心者之精彩報告一同收錄於此書中，供養眞求佛法實證之四衆佛子。全書380頁，售價300元，已於2018年6月30日發行。

我的菩提路第五輯：林慈慧老師等人著，本輯中所舉學人從相似正法中來到正覺同修會的過程，各人都有不同，發生的因緣亦是各有差別，然而都會指向同一個目標——證實生命實相的源底，確證自己生從何來、死往何去的事實，所以最後都證明佛法眞實而可親證，絕非玄學；本書將彼等諸人的始修及末後證悟之實例，羅列出來以供學人參考。本期亦有一位會裡的老師，是從1995年即開始追隨 平實導師修學，1997年明心後持續進修不斷，直到2017年眼見佛性之實例，足可證明《大般涅槃經》中世尊開示眼見佛性之法正眞無訛，第十住位的實證在末法時代的今天仍有可能，如今一併具載於書中以供學人參考，並供養現代佛教界欲得見性之四衆弟子。全書四百頁，售價300元，已於2019年12月31日發行。

我的菩提路第六輯：劉惠莉老師等人著，本輯中舉示劉老師明心多年以後的眼見佛性實錄，供末法時代學人了知明心之異於見性本質，足可證明《大般涅槃經》中世尊開示眼見佛性之法正眞無訛。亦列舉多篇學人從各道場來到正覺學法之不同過程，以及如何發覺邪見之異於正法的所在，最後終能在正覺禪三中悟入的實況，以證明佛教正法仍在末法時代的人間繼續弘揚的事實，鼓舞一切眞實學法的菩薩大衆思之：我等諸人亦可有因緣證悟，絕非空想白思。約四百頁，售價300元，已於2020年6月30日發行。

鈍鳥與靈龜：鈍鳥及靈龜二物，被宗門證悟者說爲二種人：前者是精修禪定而無智慧者，也是以定爲禪的愚癡禪人；後者是或有禪定、或無禪定的宗門證悟者，凡已證悟者皆是靈龜。但後者被人虛造事實，用以嘲笑大慧宗杲禪師，說他雖是靈龜，卻不免被天童禪師預記「患背」痛苦而亡：「鈍鳥離巢易，靈龜脫殼難。」藉以貶低大慧宗杲的證量。同時將天童禪師實證如來藏的證量，曲解爲意識境界的離念靈知。自從大慧禪師入滅以後，錯悟凡夫對他的不實毀謗就一直存在著，不曾止息，並且捏造的假事實也隨著年月的增加而越來越多，終至編成「鈍鳥與靈龜」的假公案、假故事。本書是考證大慧與天童之間的不朽情誼，顯現這件假公案的虛妄不實；更見大慧宗杲面對惡勢力時的正直不阿，亦顯示大慧對天童禪師的至情深義，將使後人對大慧宗杲的誣謗至此而止，不再有人誤犯毀謗賢聖的惡業。書中亦舉證宗門的所悟確以第八識如來藏爲標的，詳讀之後必可改正以前被錯悟大師誤導的參禪知見，日後必定有助於實證禪宗的開悟境界，得階大乘眞見道位中，即是實證般若之賢聖。全書459頁，售價350元。

維摩詰經講記：本經係 世尊在世時，由等覺菩薩維摩詰居士藉疾病而演說之大乘菩提無上妙義，所說函蓋甚廣，然極簡略，是故今時諸方大師與學人讀之悉皆錯解，何況能知其中隱含之深妙正義，是故普遍無法爲人解說；若強爲人說，則成依文解義而有諸多過失。今由平實導師公開宣講之後，詳實解釋其中密意，令維摩詰菩薩所說大乘不可思議解脫之深妙正法得以正確宣流於人間，利益當代學人及與諸方大師。書中詳實演述大乘佛法深妙不共二乘之智慧境界，顯示諸法之中絕待之實相境界，建立大乘菩薩妙道於永遠不敗不壞之地，以此成就護法偉功，欲冀永利娑婆人天。已經宣講圓滿整理成書流通，以利諸方大師及諸學人。全書共六輯，每輯三百餘頁，售價各250元。

真假外道：本書具體舉證佛門中的常見外道知見實例，並加以教證及理證上的辨正，幫助讀者輕鬆而快速的了知常見外道的錯誤知見，進而遠離佛門內外的常見外道知見，因此即能改正修學方向而快速實證佛法。游正光老師著　。成本價200元。

勝鬘經講記：如來藏爲三乘菩提之所依，若離如來藏心體及其含藏之一切種子，即無三界有情及一切世間法，亦無二乘菩提緣起性空之出世間法；本經詳說無始無明、一念無明皆依如來藏而有之正理，藉著詳解煩惱障與所知障間之關係，令學人深入了知二乘菩提與佛菩提相異之妙理；聞後即可了知佛菩提之特勝處及三乘修道之方向與原理，邁向攝受正法而速成佛道的境界中。平實導師講述，共六輯，每輯三百餘頁，售價各250元。

楞嚴經講記：楞嚴經係密教部之重要經典，亦是顯教中普受重視之經典；經中宣說明心與見性之內涵極爲詳細，將一切法都會歸如來藏及佛性—妙眞如性；亦闡釋佛菩提道修學過程中之種種魔境，以及外道誤會涅槃之狀況，旁及三界世間之起源。然因言句深澀難解，法義亦復深妙寬廣，學人讀之普難通達，是故讀者大多誤會，不能如實理解佛所說之明心與見性內涵，亦因是故多有悟錯之人引爲開悟之證言，成就大妄語罪。今由平實導師詳細講解之後，整理成文，以易讀易懂之語體文刊行天下，以利學人。全書十五輯，全部出版完畢。每輯三百餘頁，售價每輯300元。

明心與眼見佛性：本書細述明心與眼見佛性之異同，同時顯示了中國禪宗破初參明心與重關眼見佛性二關之間的關聯；書中又藉法義辨正而旁述其他許多勝妙法義，讀後必能遠離佛門長久以來積非成是的錯誤知見，令讀者在佛法的實證上有極大助益。也藉慧廣法師的謬論來教導佛門學人回歸正知正見，遠離古今禪門錯悟者所墮的意識境界，非唯有助於斷我見，也對未來的開悟明心實證第八識如來藏有所助益，是故學禪者都應細讀之。游正光老師著　共448頁　售價300元。

菩薩底憂鬱CD：將菩薩情懷及禪宗公案寫成新詞，並製作成超越意境的優美歌曲。 1.主題曲〈菩薩底憂鬱〉，描述地後菩薩能離三界生死而迴向繼續生在人間，但因尚未斷盡習氣種子而有極深沈之憂鬱，非三賢位菩薩及二乘聖者所知，此憂鬱在七地滿心位方才斷盡；本曲之詞中所說義理極深，昔來所未曾見；此曲係以優美的情歌風格寫詞及作曲，聞者得以激發嚮往諸地菩薩境界之大心，詞、曲都非常優美，難得一見；其中勝妙義理之解說，已印在附贈之彩色小冊中。 2.以各輯公案拈提中直示禪門入處之頌文，作成各種不同曲風之超意境歌曲，值得玩味、參究；聆聽公案拈提之優美歌曲時，請同時閱讀內附之印刷精美說明小冊，可以領會超越三界的證悟境界；未悟者可以因此引發求悟之意向及疑情，眞發菩提心而邁向求悟之途，乃至因此眞實悟入般若，成眞菩薩。 3.正覺總持咒新曲，總持佛法大意；總持咒之義理，已加以解說並印在隨附之小冊中。本CD共有十首歌曲，長達63分鐘，附贈二張購書優惠券。每片280元。

金剛經宗通：三界唯心，萬法唯識，是成佛之修證內容，是諸地菩薩之所修；般若則是成佛之道（實證三界唯心、萬法唯識）的入門，若未證悟實相般若，即無成佛之可能，必將永在外門廣行菩薩六度，永在凡夫位中。然而實相般若的發起，全賴實證萬法的實相；若欲證知萬法的眞相，則必須探究萬法之所從來，則須實證自心如來—金剛心如來藏，然後現觀這個金剛心的金剛性、眞實性、如如性、清淨性、涅槃性、能生萬法的自性性、本住性，名爲證眞如；進而現觀三界六道唯是此金剛心所成，人間萬法須藉八識心王和合運作方能現起。如是實證《華嚴經》的「三界唯心、萬法唯識」以後，由此等現觀而發起實相般若智慧，繼續進修第十住位的如幻觀、第十行位的陽焰觀、第十迴向位的如夢觀，再生起增上意樂而勇發十無盡願，方能滿足三賢位的實證，轉入初地；自知成佛之道而無偏倚，從此按部就班、次第進修乃至成佛。第八識自心如來是般若智慧之所依，般若智慧的修證則要從實證金剛心自心如來開始；《金剛經》則是解說自心如來之經典，是一切三賢位菩薩所應進修之實相般若經典。這一套書，是將平實導師宣講的《金剛經宗通》內容，整理成文字而流通之；書中所說義理，迥異古今諸家依文解義之說，指出大乘見道方向與理路，有益於禪宗學人求開悟見道，及轉入內門廣修六度萬行。已於2013年9月出版完畢，總共9輯，每輯約三百餘頁，售價各250元。

禪意無限CD：平實導師以公案拈提書中偈頌寫成不同風格曲子，與他人所寫不同風格曲子共同錄製出版，幫助參禪人進入禪門超越意識之境界。盒中附贈彩色印製的精美解說小冊，以供聆聽時閱讀，令參禪人得以發起參禪之疑情，即有機會證悟本來面目，實證大乘菩提般若。本CD共有十首歌曲，長達69分鐘，每盒各附贈二張購書優惠券。每片280元。

空行母—性別、身分定位，以及藏傳佛教：本書作者爲蘇格蘭哲學家，因爲嚮往佛教深妙的哲學內涵，於是進入當年盛行於歐美的假藏傳佛教密宗，擔任卡盧仁波切的翻譯工作多年以後，被邀請成爲卡盧的空行母（又名佛母、明妃），開始了她在密宗裡的實修過程；後來發覺在密宗雙身法中的修行，其實無法使自己成佛，也發覺密宗對女性岐視而處處貶抑，並剝奪女性在雙身法中擔任一半角色時應有的身分定位。當她發覺自己只是雙身法中被喇嘛利用的工具，沒有獲得絲毫應有的尊重與基本定位時，發現了密宗的父權社會控制女性的本質；於是作者傷心地離開了卡盧仁波切與密宗，但是卻被恐嚇不許講出她在密宗裡的經歷，也不許她說出自己對密宗的教義與教制下對女性剝削的本質，否則將被咒殺死亡。後來她去加拿大定居，十餘年後方才擺脫這個恐嚇陰影，下定決心將親身經歷的實情及觀察到的事實寫下來並且出版，公諸於世。出版之後，她被流亡的達賴集團人士大力攻訐，誣指她爲精神狀態失常、說謊……等。但有智之士並未被達賴集團的政治操作及各國政府政治運作吹捧達賴的表相所欺，使她的書銷售無阻而又再版。正智出版社鑑於作者此書是親身經歷的事實，所說具有針對「藏傳佛教」而作學術研究的價值，也有使人認清假藏傳佛教剝削佛母、明妃的男性本位實質，因此洽請作者同意中譯而出版於華人地區。珍妮·坎貝爾女士著，呂艾倫 中譯，每冊250元。

霧峰無霧—給哥哥的信　本書作者藉兄弟之間信件往來論義，略述佛法大義；並以多篇短文辨義，舉出釋印順對佛法的無量誤解證據，並一一給予簡單而清晰的辨正，令人一讀即知。久讀、多讀之後即能認清楚釋印順的六識論見解，與眞實佛法之牴觸是多麼嚴重；於是在久讀、多讀之後，於不知不覺之間提升了對佛法的極深入理解，正知正見就在不知不覺間建立起來了。當三乘佛法的正知見建立起來之後，對於三乘菩提的見道條件便將隨之具足，於是聲聞解脫道的見道也就水到渠成；接著大乘見道的因緣也將次第成熟，未來自然也會有親見大乘菩提之道的因緣，悟入大乘實相般若也將自然成功，自能通達般若系列諸經而成實義菩薩。作者居住於南投縣霧峰鄉，自喻見道之後不復再見霧峰之霧，故鄉原野美景一一明見，於是立此書名爲《霧峰無霧》；讀者若欲撥霧見月，可以此書爲緣。游宗明　老師著　已於2015年出版　售價250元。

霧峰無霧—第二輯—救護佛子向正道　本書作者藉釋印順著作中之各種錯謬法義提出辨正，以詳實的文義一一提出理論上及實證上之解析，列舉釋印順對佛法的無量誤解證據，藉此教導佛門大師與學人釐清佛法義理，遠離岐途轉入正道，然後知所進修，久之便能見道明心而入大乘勝義僧數。被釋印順誤導的大師與學人極多，很難救轉，是故作者大發悲心深入解說其錯謬之所在，佐以各種義理辨正而令讀者在不知不覺之間轉歸正道。如是久讀之後欲得斷身見、證初果，即不爲難事；乃至久之亦得大乘見道而得證眞如，脫離空有二邊而住中道，實相般若智慧生起，於佛法不再茫然，漸漸亦知悟後進修之道。屆此之時，對於大乘般若等深妙法之迷雲暗霧亦將一掃而空，生命及宇宙萬物之故鄉原野美景一一明見，是故本書仍名《霧峰無霧》，爲第二輯；讀者若欲撥雲見日、離霧見月，可以此書爲緣。游宗明　老師著　已於2019年出版　售價250元。

假藏傳佛教的神話—性、謊言、喇嘛教：本書編著者是由一首名爲「阿姊鼓」的歌曲爲緣起，展開了序幕，揭開假藏傳佛教—喇嘛教—的神秘面紗。其重點是蒐集、摘錄網路上質疑「喇嘛教」的帖子，以揭穿「假藏傳佛教的神話」爲主題，串聯成書，並附加彩色插圖以及說明，讓讀者們瞭解西藏密宗及相關人事如何被操作爲「神話」的過程，以及神話背後的眞相。作者：張正玄教授。售價200元。

達賴真面目—玩盡天下女人：假使您不想戴綠帽子，請記得詳細閱讀此書；假使您不想讓好朋友戴綠帽子，請您將此書介紹給您的好朋友。假使您想保護家中的女性，也想要保護好朋友的女眷，請記得將此書送給家中的女性和好友的女眷都來閱讀。本書爲印刷精美的大本彩色中英對照精裝本，爲您揭開達賴喇嘛的眞面目，內容精彩不容錯過，爲利益社會大衆，特別以優惠價格嘉惠所有讀者。編著者：白志偉等。大開版雪銅紙彩色精裝本。售價800元。

童女迦葉考—論呂凱文〈佛教輪迴思想的論述分析〉之謬：童女迦葉是佛世率領五百大比丘遊行於人間的歷史事實，是以童貞行而依止菩薩戒弘化於人間的大菩薩，不依別解脫戒（聲聞戒）來弘化於人間。這是大乘佛教與聲聞佛教同時存在於佛世的歷史明證，證明大乘佛教不是從聲聞法中分裂出來的部派佛教的產物，卻是聲聞佛教分裂出來的部派佛教聲聞凡夫僧所不樂見的史實；於是古今聲聞法中的凡夫都欲加以扭曲而作詭說，更是末法時代高聲大呼「大乘非佛說」的六識論聲聞凡夫極力想要扭曲的佛教史實之一，於是想方設法扭曲迦葉菩薩爲聲聞僧，以及扭曲迦葉童女爲比丘僧等荒謬不實之論著便陸續出現，古時聲聞僧寫作的《分別功德論》是最具體之事例，現代之代表作則是呂凱文先生的〈佛教輪迴思想的論述分析〉論文。鑑於如是假藉學術考證以籠罩大衆之不實謬論，未來仍將繼續造作及流竄於佛教界，繼續扼殺大乘佛教學人法身慧命，必須舉證辨正之，遂成此書。平實導師 著，每冊180元。

末代達賴—性交教主的悲歌：簡介從藏傳僞佛教（喇嘛教）的修行核心—性力派男女雙修，探討達賴喇嘛及藏傳僞佛教的修行內涵。書中引用外國知名學者著作、世界各地新聞報導，包含：歷代達賴喇嘛的祕史、達賴六世修雙身法的事蹟，以及《時輪續》中的性交灌頂儀式……等；達賴喇嘛書中開示的雙修法、達賴喇嘛的黑暗政治手段；達賴喇嘛所領導的寺院爆發喇嘛性侵兒童；新聞報導《西藏生死書》作者索甲仁波切性侵女信徒、澳洲喇嘛秋達公開道歉、美國最大假藏傳佛教組織領導人邱陽創巴仁波切的性氾濫，等等事件背後眞相的揭露。作者：張善思、呂艾倫、辛燕。售價250元。

黯淡的達賴—失去光彩的諾貝爾和平獎：本書舉出很多證據與論述，詳述達賴喇嘛不爲世人所知的一面，顯示達賴喇嘛並不是眞正的和平使者，而是假借諾貝爾和平獎的光環來欺騙世人；透過本書的說明與舉證，讀者可以更清楚的瞭解，達賴喇嘛是結合暴力、黑暗、淫欲於喇嘛教裡的集團首領，其政治行爲與宗教主張，早已讓諾貝爾和平獎的光環染污了。本書由財團法人正覺教育基金會寫作、編輯，由正覺出版社印行，每冊250元。

第七意識與第八意識？—穿越時空「超意識」：「三界唯心，萬法唯識」是佛教中應該實證的聖教，也是《華嚴經》中明載而可以實證的法界實相。唯心者，三界一切境界、一切諸法唯是一心所成就，即是每一個有情的第八識如來藏，不是意識心。唯識者，即是人類各各都具足的八識心王——眼識、耳鼻舌身意識、意根、阿賴耶識，第八阿賴耶識又名如來藏，人類五陰相應的萬法，莫不由八識心王共同運作而成就，故說萬法唯識。依聖教量及現量、比量，都可以證明意識是二法因緣生，是由第八識藉意根與法塵二法爲因緣而出生，又是夜夜斷滅不存之生滅心，即無可能反過來出生第七識意根、第八識如來藏，當知不可能從生滅性的意識心中，細分出恆審思量的第七識意根，更無可能細分出恆而不審的第八識如來藏。本書是將演講內容整理成文字，細說如是內容，並已在《正覺電子報》連載完畢，今彙集成書以廣流通，欲幫助佛門有緣人斷除意識我見，跳脫於識陰之外而取證聲聞初果；嗣後修學禪宗時即得不墮外道神我之中，得以求證第八識金剛心而發起般若實智。平實導師 述，每冊300元。

中觀金鑑—詳述應成派中觀的起源與其破法本質：學佛人往往迷於中觀學派之不同學說，被應成派與自續派所迷惑；修學般若中觀二十年後自以爲實證般若中觀了，卻仍不曾入門，甫聞實證般若中觀者之所說，則茫無所知，迷惑不解；隨後信心盡失，不知如何實證佛法；凡此，皆因惑於這二派中觀學說所致。自續派中觀所說同於常見，以意識境界立爲第八識如來藏之境界，應成派所說則同於斷見，但又同立意識爲常住法，故亦具足斷常二見。今者孫正德老師有鑑於此，乃將起源於密宗的應成派中觀學說，追本溯源，詳考其來源之外，亦一一舉證其立論內容，詳加辨正，令密宗雙身法祖師以識陰境界而造之應成派中觀學說本質，詳細呈現於學人眼前，令其維護雙身法之目的無所遁形。若欲遠離密宗此二大派中觀謬說，欲於三乘菩提有所進道者，允宜具足閱讀並細加思惟，反覆讀之以後將可捨棄邪道返歸正道，則於般若之實證即有可能，證後自能現觀如來藏之中道境界而成就中觀。本書分上、中、下三冊，每冊250元，全部出版完畢。

人間佛教—實證者必定不悖三乘菩提：「大乘非佛說」的講法似乎流傳已久，卻只是日本人企圖擺脫中國正統佛教的影響，而在明治維新時期才開始提出來的說法；台灣佛教、大陸佛教的淺學無智之人，由於未曾實證佛法而迷信日本人錯誤的學術考證，錯認爲這些別有用心的日本佛學考證的講法爲天竺佛教的眞實歷史；甚至還有更激進的反對佛教者提出「釋迦牟尼佛並非眞實存在，只是後人捏造的假歷史人物」，竟然也有少數佛教徒願意跟著「學術」的假光環而信受不疑，亦導致部分台灣佛教界人士，造作了反對中國大乘佛教而推崇南洋小乘佛教的行爲，使台灣佛教的信仰者難以檢擇，亦導致一般大陸人士開始轉入基督教的盲目迷信中。在這些佛教及外教人士之中，也就有一分人根據此邪說而大聲主張「大乘非佛說」的謬論，這些人以「人間佛教」的名義來抵制中國正統佛教，公然宣稱中國的大乘佛教是由聲聞部派佛教的凡夫僧所創造出來的。這樣的說法流傳於台灣及大陸佛教界凡夫僧之中已久，卻非眞正的佛教歷史中曾經發生過的事，只是繼承六識論的聲聞法中凡夫僧，以及別有居心的日本佛教界，依自己的意識境界立場，純憑臆想而編造出來的妄想說法，卻已經影響許多無智之凡夫僧俗信受不移。本書則是從佛教的經藏法義實質及實證的現量內涵本質立論，證明大乘佛法本是佛說，是從《阿含正義》尚未說過的不同面向來討論「人間佛教」的議題，證明「大乘眞佛說」。閱讀本書可以斷除六識論邪見，迴入三乘菩提正道發起實證的因緣；也能斷除禪宗學人學禪時普遍存在之錯誤知見，對於建立參禪時的正知見有很深的著墨。平實導師　述，內文488頁，全書528頁，定價400元。

喇嘛性世界—揭開假藏傳佛教譚崔瑜伽的面紗：這個世界中的喇嘛，號稱來自世外桃源的香格里拉，穿著或紅或黃的喇嘛長袍，散布於我們的身邊傳教灌頂，吸引了無數的人嚮往學習；這些喇嘛虔誠地爲大眾祈福，手中拿著寶杵（金剛）與寶鈴（蓮花），口中唸著咒語：「唵．嘛呢．叭咪．吽……」，咒語的意思是說：「我至誠歸命金剛杵上的寶珠伸向蓮花寶穴之中」！「喇嘛性世界」是什麼樣的「世界」呢？本書將爲您呈現喇嘛世界的面貌。當您發現眞相以後，您將會唸：「噢！喇嘛．性．世界，譚崔性交嘛！」作者：張善思、呂艾倫。售價200元。

見性與看話頭：黃正倖老師的《見性與看話頭》於《正覺電子報》連載完畢，今結集出版。書中詳說禪宗看話頭的詳細方法，並細說看話頭與眼見佛性的關係，以及眼見佛性者求見佛性前必須具備的條件。本書是禪宗實修者追求明心開悟時參禪的方法書，也是求見佛性者作功夫時必讀的方法書，內容兼顧眼見佛性的理論與實修之方法，是依實修之體驗配合理論而詳述，條理分明而且極爲詳實、周全、深入。本書內文375頁，全書416頁，售價300元。

實相經宗通：學佛之目的在於實證一切法界背後之實相，禪宗稱之爲本來面目或本地風光，佛菩提道中稱之爲實相法界；此實相法界即是金剛藏，又名佛法之祕密藏，即是能生有情五陰、十八界及宇宙萬有（山河大地、諸天、三惡道世間）的第八識如來藏，又名阿賴耶識心，即是禪宗祖師所說的眞如心，此心即是三界萬有背後的實相。證得此第八識心時，自能瞭解般若諸經中隱說的種種密意，即得發起實相般若—實相智慧。每見學佛人修學佛法二十年後仍對實相般若茫然無知，亦不知如何入門，茫無所趣；更因不知三乘菩提的互異互同，是故越是久學者對佛法越覺茫然，都肇因於尚未瞭解佛法的全貌，亦未瞭解佛法的修證內容即是第八識心所致。本書對於修學佛法者所應實證的實相境界提出明確解析，並提示趣入佛菩提道的入手處，有心親證實相般若的佛法實修者，宜詳讀之，於佛菩提道之實證即有下手處。平實導師述著，共八輯，已於2016年出版完畢，每輯成本價250元。

真心告訴您(一)——達賴喇嘛在幹什麼？這是一本報導篇章的選集，更是「破邪顯正」的暮鼓晨鐘。「破邪」是戳破假象，說明達賴喇嘛及其所率領的密宗四大派法王、喇嘛們，弘傳的佛法是仿冒的佛法；他們是假藏傳佛教，是坦特羅(譚崔性交)外道法和藏地崇奉鬼神的苯教混合成的「喇嘛教」，推廣的是以所謂「無上瑜伽」的男女雙身法冒充佛法的假佛教，詐財騙色誤導眾生，常常造成信徒家庭破碎、家中兒少失怙的嚴重後果。「顯正」是揭櫫眞相，指出眞正的藏傳佛教只有一個，就是覺囊巴，傳的是 釋迦牟尼佛演繹的第八識如來藏妙法，稱爲他空見大中觀。正覺教育基金會即以此古今輝映的如來藏正法正知見，在眞心新聞網中逐次報導出來，將箇中原委「眞心告訴您」，如今結集成書，與想要知道密宗眞相的您分享。售價250元。

法華經講義：此書爲平實導師始從2009/7/21演述至2014/1/14之講經錄音整理所成。世尊一代時教，總分五時三教，即是華嚴時、聲聞緣覺教、般若教、種智唯識教、法華時；依此五時三教區分爲藏、通、別、圓四教。本經是最後一時的圓教經典，圓滿收攝一切法教於本經中，是故最後的圓教聖訓中，特地指出無有三乘菩提，其實唯有一佛乘；皆因眾生愚迷故，方便區分爲三乘菩提以助眾生證道。世尊於此經中特地說明如來示現於人間的唯一大事因緣，便是爲有緣眾生「開、示、悟、入」諸佛的所知所見——第八識如來藏妙眞如心，並於諸品中隱說「妙法蓮花」如來藏心的密意。然因此經所說甚深難解，眞義隱晦，古來難得有人能窺堂奧；平實導師以知如是密意故，特爲末法佛門四眾演述《妙法蓮華經》中各品蘊含之密意，使古來未曾被古德註解出來的「此經」密意，如實顯示於當代學人眼前。乃至〈藥王菩薩本事品〉、〈妙音菩薩品〉、〈觀世音菩薩普門品〉、〈普賢菩薩勸發品〉中的微細密意，亦皆一併詳述之，可謂開前人所未曾言之密意，示前人所未見之妙法。最後乃至以〈法華大義〉而總其成，全經妙旨貫通始終，而依佛旨圓攝於一心如來藏妙心，厥爲曠古未有之大說也。平實導師述，共有25輯，已於2019/05/31出版完畢。每輯300元。

西藏「活佛轉世」制度—附佛、造神、世俗法：歷來關於喇嘛教活佛轉世的研究，多針對歷史及文化兩部分，於其所以成立的理論基礎，較少系統化的探討。尤其是此制度是否依據「佛法」而施設？是否合乎佛法眞實義？現有的文獻大多含糊其詞，或人云亦云，不曾有明確的闡釋與如實的見解。因此本文先從活佛轉世的由來，探索此制度的起源、背景與功能，並進而從活佛的尋訪與認證之過程，發掘活佛轉世的特徵，以確認「活佛轉世」在佛法中應具足何種果德。定價150元。

真心告訴您(二)—達賴喇嘛是佛教僧侶嗎？補祝達賴喇嘛八十大壽：這是一本針對當今達賴喇嘛所領導的喇嘛教，冒用佛教名相，於師徒間或師兄姊間，實修男女邪淫，而從佛法三乘菩提的現量與聖教量，揭發其謊言與邪術，證明達賴及其喇嘛教是仿冒佛教的外道，是「假藏傳佛教」。藏密四大派教義雖有「八識論」與「六識論」的表面差異，然其實修之內容，皆共許「無上瑜伽」四部灌頂爲究竟「成佛」之法門，也就是共以男女雙修之邪淫法爲「即身成佛」之密要，雖美其名曰「欲貪爲道」之「金剛乘」，並誇稱其成就超越於（應身佛）釋迦牟尼佛所傳之顯教般若乘之上；然詳考其理論，則或以意識離念時之粗細心爲第八識如來藏，或以中脈裡的明點爲第八識如來藏，或如宗喀巴與達賴堅決主張第六意識爲常恆不變之眞心者，分別墮於外道之常見與斷見中；全然違背 佛說能生五蘊之如來藏的實質。售價300元。

涅槃—解說四種涅槃之實證及內涵：眞正學佛之人，首要即是見道，由見道故方有涅槃之實證，證涅槃者方能出生死，但涅槃有四種：二乘聖者的有餘涅槃、無餘涅槃，以及大乘聖者的本來自性清淨涅槃、佛地的無住處涅槃。大乘聖者實證本來自性清淨涅槃，入地前再取證二乘涅槃，然後起惑潤生捨離二乘涅槃，繼續進修而在七地心前斷盡三界愛之習氣種子，依七地無生法忍之具足而證得念念入滅盡定；八地後進斷異熟生死，直至妙覺地下生人間成佛，具足四種涅槃，方是眞正成佛。此理古來少人言，以致誤會涅槃正理者比比皆是，今於此書中廣說四種涅槃、如何實證之理、實證前應有之條件，實屬本世紀佛教界極重要之著作，令人對涅槃有正確無訛之認識，然後可以依之實行而得實證。本書共有上下二冊，每冊各四百餘頁，對涅槃詳加解說，每冊各350元。

佛藏經講義：本經說明爲何佛菩提難以實證之原因，都因往昔無數阿僧祇劫前的邪見，引生此世求證時之業障而難以實證。即以諸法實相詳細解說，繼之以念佛品、念法品、念僧品，說明諸佛與法之實質；然後以淨戒品之說明，期待佛弟子四眾堅持清淨戒而轉化心性，並以往古品的實例說明，教導四眾務必滅除邪見轉入正見中，然後以了戒品的說明和囑累品的付囑，期望末法時代的佛門四眾弟子皆能清淨知見而得以實證。平實導師於此經中有極深入的解說，總共21輯，每輯300元，於2019/07/31開始發行。

我的菩提路第七輯：余正偉老師等人著，本輯中舉示余老師明心二十餘年以後的眼見佛性實錄，供末法時代學人了知明心異於見性之本質，並且舉示其見性後與平實導師互相討論眼見佛性之諸多疑訛處；除了證明《大般涅槃經》中 世尊開示眼見佛性之法正眞無訛以外，亦得一解明心後尚未見性者之所未知處，甚爲精彩。此外亦列舉多篇學人從各不同宗教進入正覺學法之不同過程，以及發覺諸方道場邪見之內容與過程，最終得於正覺精進禪三中悟入的實況，足供末法精進學人借鑑，以彼鑑己而生信心，得以投入了義正法中修學及實證。凡此，皆足以證明不唯明心所證之第七住位般若智慧及解脫功德仍可實證，乃至第十住位的實證與當場發起如幻觀之實證，於末法時代的今天皆仍有可能。本書約四百頁，售價300元，將於2021年6月30日發行。

大法鼓經講義：本經解說佛法的總成：法、非法。由開解法、非法二義，說明了義佛法與世間戲論法的差異，指出佛法實證之標的即是法——第八識如來藏；並顯示實證後的智慧，如實擊大法鼓、演深妙法，演說如來祕密教法，非二乘定性及諸凡夫所能得聞，唯有具足菩薩性者方能得聞。正聞之後即得依於 世尊大願而拔除邪見，入於正法而得實證；深解不了義經之方便說，亦能實解了義經所說之眞實義，得以證法——如來藏，而得發起根本無分別智，乃至進修而發起後得無分別智；並堅持布施及受持清淨戒而轉化心性，得以現觀眞我如來藏之各種層面。此爲第一義諦聖教，於末法最後餘四十年時，一切世間樂見離車童子將繼續護持此經所說正法。平實導師於此經中有極深入的解說，總共約六輯，每輯300元，於《佛藏經講義》出版完畢後開始發行，每二個月發行一輯。

解深密經講義：本經係 世尊晚年第三轉法輪，宣說地上菩薩所應熏修之唯識正義經典，經中所說義理乃是大乘一切種智增上慧學，以阿陀那識—如來藏—阿賴耶識為主體。禪宗之證悟者，若欲修證初地無生法忍乃至八地無生法忍者，必須修學《楞伽經、解深密經》所說之八識心王一切種智；此二經所說正法，方是真正成佛之道；印順法師否定第八識如來藏之後所說萬法緣起性空之法，是以誤會後之二乘解脫道取代大乘真正成佛之道，尚且不符二乘解脫道正理，亦已墮於斷滅見中，不可謂為成佛之道也。平實導師曾於本會郭故理事長往生時，於喪宅中從首七開始宣講，於每一七各宣講三小時，至第十七而快速略講圓滿，作為郭老之往生佛事功德，迴向郭老早證八地、速返娑婆住持正法。茲為今時後世學人故，將擇期重講《解深密經》，以淺顯之語句講畢後，將會整理成文，用供證悟者進道；亦令諸方未悟者，據此經中佛語正義，修正邪見，依之速能入道。平實導師述著，全書輯數未定，每輯三百餘頁，將於未來重講完畢後逐輯出版。

修習止觀坐禪法要講記：修學四禪八定之人，往往錯會禪定之修學知見，欲以無止盡之坐禪而證禪定境界，卻不知修除性障之行門才是修證四禪八定不可或缺之要素，故智者大師云「性障初禪」；性障不除，初禪永不現前，云何修證二禪等？又：行者學定，若唯知數息，而不解六妙門之方便善巧者，欲求一心入定，未到地定極難可得，智者大師名之為「事障未來」：障礙未到地定之修證。又禪定之修證，不可違背二乘菩提及第一義法，否則縱使具足四禪八定，亦不能實證涅槃而出三界。此諸知見，智者大師於《修習止觀坐禪法要》中皆有闡釋。作者平實導師以其第一義之見地及禪定之實證證量，曾加以詳細解析。將俟正覺寺竣工啓用後重講，不限制聽講者資格；講後將以語體文整理出版。欲修習世間定及增上定之學者，宜細讀之。平實導師述著。

阿含經講記—小乘解脫道之修證：數百年來，南傳佛法所說證果之不實，所說解脫道之虛妄，所弘解脫道法義之世俗化，皆已少人知之；從南洋傳入台灣與大陸之後，所說法義虛謬之事，亦復少人知之；今時台灣全島印順系統之法師居士，多不知南傳佛法數百年來所說解脫道之義理已然偏斜、已然世俗化、已非眞正之二乘解脫正道，猶極力推崇與弘揚。彼等南傳佛法近代所謂之證果者皆非眞實證果者，譬如阿迦曼、葛印卡、帕奧禪師、一行禪師……等人，悉皆未斷我見故。近年更有台灣南部大願法師，高抬南傳佛法之二乘修證行門爲「捷徑究竟解脫之道」者，然而南傳佛法縱使眞修實證，得成阿羅漢，至高唯是二乘菩提解脫之道，絕非究竟解脫，無餘涅槃中之實際尚未得證故，法界之實相尚未了知故，習氣種子待除故，一切種智未實證故，焉得謂爲「究竟解脫」？即使南傳佛法近代眞有實證之阿羅漢，尚且不及三賢位中之七住明心菩薩本來自性清淨涅槃智慧境界，則不能知此賢位菩薩所證之無餘涅槃實際，仍非大乘佛法中之見道者，何況普未實證聲聞果乃至未斷我見之人？謬充證果已屬逾越，更何況是誤會二乘菩提之後，以未斷我見之凡夫知見所說之二乘菩提解脫偏斜法道，焉可高抬爲「究竟解脫」？而且自稱「捷徑之道」？又妄言解脫之道即是成佛之道，完全否定般若實智、否定三乘菩提所依之如來藏心體，此理大大不通也！平實導師爲令修學二乘菩提欲證解脫果者，普得迴入二乘菩提正見、正道中，是故選錄四阿含諸經中，對於二乘解脫道法義有具足圓滿說明之經典，預定未來十年內將會加以詳細講解，令學佛人得以了知二乘解脫道之修證理路與行門，庶免被人誤導之後，未證言證，梵行未立，干犯道禁自稱阿羅漢或成佛，成大妄語，欲升反墮。本書首重斷除我見，以助行者斷除我見而實證初果爲著眼之目標，若能根據此書內容，配合平實導師所著《識蘊眞義》《阿含正義》內涵而作實地觀行，實證初果非爲難事，行者可以藉此三書自行確認聲聞初果爲實際可得現觀成就之事。此書中除依二乘經典所說加以宣示外，亦依斷除我見等之證量，及大乘法中道種智之證量，對於意識心之體性加以細述，令諸二乘學人必定得斷我見、常見，免除三縛結之繫縛。次則宣示斷除我執之理，欲令升進而得薄貪瞋痴，乃至斷五下分結…等。平實導師將擇期講述，然後整理成書。共二冊，每冊三百餘頁。每輯300元。

＊喇嘛教修外道雙身法，墮識陰境界，非佛教＊

＊弘揚如來藏他空見的覺囊派才是真正藏傳佛教＊

總經銷： 聯合發行股份有限公司

231 新北市新店區寶橋路 235 巷 6 弄 6 號 4F

Tel.02－2917-8022（代表號） Fax.02－2915-6275（代表號）

零售：1.**全台連鎖經銷書局：**

三民書局、誠品書局、何嘉仁書店

敦煌書店、紀伊國屋、金石堂書局、建宏書局

諾貝爾圖書城、墊腳石圖書文化廣場

2.**台北市：**佛化人生 **大安區**羅斯福路 3 段 325 號 6 樓之 4　台電大樓對面

3.**新北市：**春大地書店 **蘆洲區**中正路 117 號

4.**桃園市：**御書堂 **龍潭區**中正路 123 號

5.**新竹市：**大學書局 **東區**建功路 10 號

6.**台中市：**瑞成書局 **東區**雙十路 1 段 4 之 33 號

佛教詠春書局 **南屯區**永春東路 884 號

文春書店 **霧峰區**中正路 1087 號

7.**彰化市：**心泉佛教文化中心 南瑤路 286 號

8.**高雄市：**政大書城 **前鎮區**中華五路 789 號 2 樓（高雄夢時代店）

明儀書局 **三民區**明福街 2 號

青年書局 **苓雅區**青年一路 141 號

9.**台東市：**東普佛教文物流通處 博愛路 282 號

10.**其餘鄉鎮市經銷書局：**請電詢總經銷**聯合**公司。

11.**大陸地區請洽：**

香港：樂文書店

旺角店 :香港九龍旺角西洋菜街 62 號 3 樓

電話 :(852) 2390 3723 email: luckwinbooks@gmail.com

銅鑼灣店 :香港銅鑼灣駱克道 506 號 2 樓

電話 :(852) 2881 1150 email: luckwinbs@gmail.com

廈門：廈門外圖臺灣書店有限公司

地址：廈門市思明區湖濱南路809 號 廈門外圖書城3 樓 郵編：361004

電話：0592-5061658（臺灣地區請撥打 86-592-5061658）

E-mail：JKB118＠188.COM

12.**美國：世界日報圖書部：**紐約圖書部　電話 7187468889#6262

洛杉磯圖書部　電話 3232616972#202

13.**國內外地區網路購書：**

正智出版社 書香園地 http://books.enlighten.org.tw/

（書籍簡介、經銷書局可直接聯結下列網路書局購書）

三民 網路書局 http://www.sanmin.com.tw

誠品 網路書局 http://www.eslitebooks.com

博客來 網路書局 http://www.books.com.tw

金石堂 網路書局　http://www.kingstone.com.tw

聯合 網路書局　http:// www.nh.com.tw

附註：1.請儘量向各經銷書局購買：郵政劃撥需要八天才能寄到（本公司在您劃撥後第四天才能接到劃撥單，次日寄出後第二天您才能收到書籍，此六天中可能會遇到週休二日，是故共需八天才能收到書籍）若想要早日收到書籍者，請劃撥完畢後，將劃撥收據貼在紙上，旁邊寫上您的姓名、住址、郵區、電話、買書詳細內容，直接傳眞到本公司 02-28344822，並來電 02-28316727、28327495 確認是否已收到您的傳眞，即可提前收到書籍。 2.因台灣每月皆有五十餘種宗教類書籍上架，書局書架空間有限，故唯有新書方有機會上架，通常每次只能有一本新書上架；本公司出版新書，大多上架不久便已售出，若書局未再叫貨補充者，書架上即無新書陳列，則請直接向書局櫃台訂購。 3.若書局不便代購時，可於晚上共修時間向正覺同修會各共修處請購（共修時間及地點，詳閱**共修現況表**。每年例行年假期間請勿前往請書，年假期間請見共修現況表）。 4.郵購：郵政劃撥帳號 19068241。 5.正覺同修會會員購書都以八折計價（戶籍台北市者爲一般會員，外縣市爲護持會員）都可獲得優待，欲一次購買全部書籍者，可以考慮入會，節省書費。入會費一千元（第一年初加入時才需要繳），年費二千元。**6.尚未出版之書籍，請勿預先郵寄書款與本公司，謝謝您！** 7.若欲一次購齊本公司書籍，或同時取得正覺同修會贈閱之全部書籍者，請於正覺同修會共修時間，親到各共修處請購及索取；**台北市讀者**請洽：103 台北市承德路三段 267 號 10 樓（捷運淡水線 圓山站旁）請書時間：週一至週五爲 18.00~21.00，第一、三、五週週六爲 10.00~21.00，雙週之週六爲 10.00~18.00 請購處專線電話：25957295-分機 14（於請書時間方有人接聽）。

敬告大陸讀者：

大陸讀者購書、索書捷徑（尚未在大陸出版的書籍，以下二個途徑都可以購得，電子書另包括結緣書籍）：

1.廈門外國圖書公司：廈門市思明區湖濱南路 809 號 廈門外圖書城 3F
郵編：361004 電話：0592-5061658 網址：http://www.xibc.com.cn/

2.電子書：正智出版社有限公司及正覺同修會在台灣印行的各種局版書、結緣書，已有『**正覺電子書**』陸續上線中，提供讀者於手機、平板電腦上購書、下載、閱讀正智出版社、正覺同修會及正覺教育基金會所出版之電子書，詳細訊息敬請參閱『正覺電子書』專頁：http://books.enlighten.org.tw/ebook

關於平實導師的書訊，請上網查閱：

成佛之道 http://www.a202.idv.tw

正智出版社 書香園地 http://books.enlighten.org.tw/

★ 正智出版社有限公司售書之稅後盈餘，全部捐助財團法人正覺寺籌備處、佛教正覺同修會、正覺教育基金會，供作弘法及購建道場之用；懇請諸方大德支持，功德無量。

★ 聲 明 ★

本社於 2015/01/01 開始調整本目錄中部分書籍之售價，以因應各項成本的持續增加。

＊ 喇嘛教修外道雙身法、墮識陰境界，非佛教 ＊

＊ 弘揚如來藏他空見的覺囊派才是真正藏傳佛教 ＊

售後服務—換書啓事(免附回郵)　2017/12/05

《楞伽經詳解》第三輯初版免費調換新書啓事：茲因 平實導師弘法早期尚未回復往世全部證量，有些法義接受他人的說法，寫書當時並未察覺而有二處（同一種法義）跟著誤說，如今發現已將之修正。茲爲顧及讀者權益，已開始免費調換新書；敬請所有讀者將以前所購第三輯（不論第幾刷），攜回或寄回本公司免費換新；郵寄者之回郵由本公司負擔，不需寄來郵票。因此而造成讀者閱讀、以及換書的不便，在此向所有讀者致上萬分的歉意，祈請讀者大眾見諒！

《楞嚴經講記》第 14 輯初版首刷本免費調換新書啓事：本講記第 14 輯出版前因 平實導師諸事繁忙，未將之重新閱讀而只改正校對時發現的錯別字，故未能發覺十年前所說法義有部分錯誤，於第 15 輯付印前重閱時才發覺第 14 輯中有部分錯誤尚未改正。今已重新審閱修改並已重印完成，煩請所有讀者將以前所購第 14 輯初版首刷本，寄回本公司免費換新（初版二刷本無錯誤），本公司將於寄回新書時同時附上您寄書來換新時的郵資，並在此向所有讀者致上最誠懇的歉意。

《心經密意》初版書免費調換二版新書啓事：本書係演講錄音整理成書，講時因時間所限，省略部分段落未講。後於再版時補寫增加 13 頁，維持原價流通之。茲爲顧及初版讀者權益，自 2003/9/30 開始免費調換新書，原有初版一刷、二刷書籍，皆可寄來本公司換書。

《宗門法眼》已經增寫改版爲 464 頁新書，2008 年 6 月中旬出版。讀者原有初版之第一刷、第二刷書本，都可以寄回本公司免費調換改版新書。改版後之公案及錯悟事例維持不變，但將內容加以增說，較改版前更具有廣度與深度，將更能助益讀者參究實相。

換書者**免附回郵**，亦無截止期限；舊書請寄：111 台北郵政 73-151 號信箱 或 103 台北市承德路三段 267 號 10 樓 正智出版社有限公司。舊書若有塗鴨、殘缺、破損者，仍可換取新書；但缺頁之舊書至少應仍有五分之三頁數，方可換書。所有讀者不必顧念本公司是否有盈餘之問題，都請踴躍寄來換書；本公司成立之目的不是營利，只要能眞實利益學人，即已達到成立及運作之目的。若以郵寄方式換書者，免附回郵；並於寄回新書時，由本公司附上您寄來書籍時耗用的郵資。造成您不便之處，再次致上萬分的歉意。

正智出版社有限公司 啓

國家圖書館出版品預行編目(CIP)資料

佛藏經講義 / 平實導師述著. -- 初版.
-- 臺北市 : 正智, 2019.07 面 ; 公分
ISBN 978-986-97233-8-1(第一輯;平裝)
ISBN 978-986-98038-1-6(第二輯;平裝)
ISBN 978-986-98038-5-4(第三輯;平裝)
ISBN 978-986-98038-8-5(第四輯;平裝)
ISBN 978-986-98038-9-2(第五輯;平裝)
ISBN 978-986-98891-3-1(第六輯;平裝)
ISBN 978-986-98891-5-5(第七輯;平裝)
ISBN 978-986-98891-9-3(第八輯;平裝)
ISBN 978-986-99558-0-5(第九輯;平裝)
ISBN 978-986-99558-3-6(第十輯;平裝)
ISBN 978-986-99558-5-0(第十一輯;平裝)
ISBN 978-986-99558-6-7(第十二輯;平裝)
ISBN 978-986-99558-9-8(第十三輯;平裝)
ISBN 978-986-06961-2-7(第十四輯;平裝)
1. 經集部
221.733 108011014

佛藏經講義——第十四輯

著述者：平實導師
音文轉換：蔡正利 黃昇金
校對：章乃鈞 陳介源 孫淑貞 傅素嫻 王美伶
出版者：正智出版社有限公司
電話：〇二 28327495 28316727（白天）
傳眞：〇二 28344822
111台北郵政73-151號信箱
郵政劃撥帳號：一九〇六八二四一
正覺講堂：總機〇二 25957295（夜間）
總經銷：聯合發行股份有限公司
231新北市新店區寶橋路235巷6弄6號4樓
電話：〇二 29178022（代表號）
傳眞：〇二 29156275
初版首刷：二〇二一年九月三十日 二千冊
初版二刷：二〇二一年十月一日 二千冊
定價：三〇〇元